Rohköstlich leben

Mimi Kirk

Rohköstlich leben

Eine praktische Einführung in die Rohkost-Küche
mit 120 leckeren Rezepten
für Gesundheit und zeitlose Schönheit

Aus dem Amerikanischen
von Elisabeth Liebl

Hans-Nietsch-Verlag

Titel der Originalausgabe: *Live Raw. Raw Food Recipes for Good Health and Timeless Beauty*,
erschienen bei *Skyhorse Publishing, Inc.*, New York

Translation Right arranged with *Skyhorse Publishing, Inc.*, New York

4. Auflage, Mai 2021

Lektorat: Ute Orth, Ulrich Magin
Korrektorat: Hans Jürgen Kugler
Fotos: Michael Mendell, Michael Keller, Omid Jaffari und shutterstock
Gestaltung: Kurt Liebig
Druck: Dimograf Druckerei GmbH, Bielsko-Biała/Polen

Hans-Nietsch-Verlag
Industriestraße 20
64380 Roßdorf

www.nietsch.de
info@nietsch.de

ISBN 978-3-86264-205-2

Inhalt

Einleitung

Ich kam 1938 in Hollywood als jüngstes von sieben Kindern zur Welt. Meine Mutter überlebte meinen Vater und vier meiner Geschwister um mehr als dreißig Jahre. Meine Familie zählte wohl kaum zur Mittelschicht, unser Leben war also alles andere als glanzvoll. Meine geliebte Mutter setzte uns keine raffinierten Gerichte vor, und wir gingen nur selten zum Essen aus. Als Kind und Jugendliche wusste ich daher nur wenig über Ernährung.

Mit siebzehn war ich bereits verheiratet, mit neunundzwanzig verwitwet. Ich bin stolze Mutter von zwei Mädchen und zwei Jungen und habe insgesamt sieben Enkelkinder.

Bevor mein Mann 1968 beim Absturz eines Privatflugzeuges ums Leben kam, war ich Hausfrau und Mutter. Erst nach seinem Tod fand ich heraus, dass er keinerlei Ersparnisse hatte, nicht einmal eine Lebensversicherung. Ich musste also schleunigst einen Job finden, um meine Familie zu ernähren. Drei Monate nach dem Tod meines Mannes und vier Monate vor meinem dreißigsten Geburtstag verschaffte mir ein Freund, der Fernsehproduzent war, einen Job als Statistin und anschließend eine kleine Sprechrolle in einem seiner Fernsehfilme. 1970 entdeckte mich der Produzent James L. Brooks, der damals noch für die Paramount-Filmstudios arbeitete. Er produzierte unter anderem *Oh Mary!*, eine bekannte Sitcom aus den Siebzigern, und fand, ich sähe der Hauptdarstellerin zum Verwechseln ähnlich. So arrangierte er ein Treffen mit Mary Tyler More. Sie engagierte mich vom Fleck weg als ihr Double.

Mein flippiger Kleidungsstil fiel bald auch Valerie Harper auf, die in der Serie die Rhoda Morgenstern spielte. Als sie ihre eigene Sitcom mit dem Titel *Rhoda*

bekam, entwarf ich ihr Markenzeichen, den berühmten Glitzerschal, den sie stets als Kopfschmuck trug. Ich arbeitete mehr als achtzehn Jahre für Film und Fernsehen und stand nicht selten selbst vor der Kamera.

1969 begann ich, mich für spirituelle Themen zu interessieren. Eine Freundin führte mich in verschiedene Meditationstechniken ein, die mir helfen sollten, über den tragischen Verlust meines Ehemannes hinwegzukommen. Die Meditation linderte meinen Schmerz und schenkte mir Kraft. Sie zeigte mir, dass das Leben ein ständiges Auf und Ab ist, dem wir nur begegnen können, wenn wir lernen, ganz im Hier und Jetzt zu leben. Ich hatte stets das Gefühl, dass sich mir in der Meditation Geheimnisse des Lebens erschließen, von denen die meisten Menschen nicht einmal etwas ahnen. Diese aufregenden und zutiefst erfüllenden Erfahrungen haben meinen weiteren Lebensweg geprägt. Meine Kinder begleiteten mich gern zu den Übungsabenden und liebten es, in dem kleinen Meditationsraum zu sitzen, den ich in unserem Haus eingerichtet hatte. Ich hatte das Glück, zwei großartige Lehrer zu finden: Swami Prabhavananda von der *Vedanta Gesellschaft* und – nach dessen Tod – Swami Muktananda von *Siddah Yoga*.

1980, als meine drei älteren Kinder aus dem Haus waren, zog ich mit meiner jüngsten Tochter Mia nach South Fallsburg im Bundesstaat New York, wo wir einige Monate lang in Swami Muktanandas Ashram meditierten. Als Swami Muktananda verstorben war, reiste ich nach Ganeshpuri in Indien, um in seinem Ashram bei seiner Nachfolgerin Swami Chidvilasananda zu meditieren. In diesem Ashram hat auch Elizabeth Gilbert für kurze Zeit gelebt, wie sie in ihrem Buch *Eat, Pray, Love* schreibt.

1984 verabschiedete ich mich von Film und Fernsehen und wurde Unternehmerin. Unter meinem spirituellen Namen – »Prasuti« *Accessories* – designte und verkaufte ich Modeschmuck. (»Prasuti« ist eine Göttin in der hinduistischen Mythologie, ihr Name bedeutet »Mutter göttlicher Kinder«.) Anfang 1986 verkaufte ich mein Unternehmen und nahm mich einer neuen Aufgabe an: Ich wurde Hausdame einer wohlhabenden Familie in Beverly Hills. Ich kümmerte mich um ihr Anwesen und um die diversen Wohltätigkeitsbälle und -basare, die dort veranstaltet wurden. Das war ohne Zweifel eine aufregende Zeit in meinem Leben mit vielen rauschenden Partys und Events, Reisen durch Europa, Privatjets, Yachten und einem Hauch Lifestyle der Reichen und Berühmten.

Da mein Interesse am Umweltschutz mit der Zeit aber immer stärker in den Vordergrund trat, gab ich meine Anstellung nach drei Jahren auf und gründete in Los Angeles unter dem Namen »City Planet« eine Zeitung für Umweltschutz. Später zog ich dann nach Taos in New Mexico, wo ich endlich das einfache Leben zu finden hoffte. Hier organisierte ich das erste Filmfestival der Stadt mit, und ich arbeitete mit mehreren gemeinnützigen Organisationen zusammen, die es sich zum Ziel gesetzt hatten, die breite Öffentlichkeit über Gesundheits- und Umweltschutzthemen zu informieren. 1998 entwarf ich das erste Brettspiel nur für Frauen, das unter dem Titel »Cowgirls Ride the Trail of Truth« auf den Markt kam. Im Jahr 2000 veröffentlichte ich ein Buch über starke Frauen und Frauenfreundschaften: *Cowgirl Spirit*. All das ist nur ein kleiner Teil der zahlreichen »Leben«, die ich in diesem Leben geführt habe. Ebenso wie meine Zeit als Showgirl im Flamingo Hotel in Las Vegas, wo ich 1957 für kurze Zeit auftrat. Doch Ihnen mein gesamtes Leben zu erzählen, würde ein ganzes Buch füllen.

Meine Familie spielt in jeder Hinsicht die wichtigste Rolle in meinem Leben. Ich habe einen sehr engen Kontakt zu meinen Kindern und Enkeln und lebe seit acht Jahren in einer großartigen Beziehung mit einem Mann, der fast zwanzig Jahre jünger ist als ich.

Vor zwei Jahren verkaufte ich schließlich mein Cowgirl-Unternehmen und zog mich aus dem Arbeitsleben zurück. Jetzt widme ich meine Zeit meinem preisgekrönten Kaktus, meinem Gemüsegarten und meinem Freund, mit dem ich viele Reisen unternehme. Ich halte Vorträge, zeige den Leuten, wie lecker Rohkost ist, und kümmere mich um meine ständig wachsende Schar von Online-Freunden, die schon mehrere Tausend Menschen aus aller Welt umfasst. Ich liebe es, anderen Menschen zu einem gesünderen Lebensstil zu verhelfen und die Erfahrungen, die ich im Laufe von Jahrzehnten auf dieser Erde gemacht habe, mit ihnen zu teilen. Wenn dieses Buch nur einem einzigen Menschen weiterhilft, der gerade einen kleinen Anstoß braucht, würde mich das zufrieden und glücklich machen.

Wo ich heute stehe

Ich habe einen Wettbewerb der Tierschutzorganisation PETA gewonnen: Ich wurde zur *Sexiest Vegetarian Over 50* gewählt, der erotischsten Vegetarierin über 50. Sex-Appeal hat für mich viel damit zu tun, ob ich mich in meiner Haut wohlfühle, innerlich ebenso wie äußerlich. Sex-Appeal hat mit Energie zu tun, mit Vitalität, aber auch mit der Liebe und Güte, die man anderen lebenden Wesen schenkt.

Tag für Tag mache ich mir bewusst, wie viel Glück ich habe, weil ich gesund bin und ausreichend informiert, um es auch bleiben zu können. Gerade in meinem Alter weiß ich, dass ein Leben ohne das kostbare Gut »Gesundheit« sehr schwierig ist. Überall lauern Gefahren: Botoxspritzen, Schönheitschirurgie und tausend andere unnatürliche Eingriffe zur Erhaltung von Jugend und Schönheit. Ich habe Freundinnen, die »etwas haben machen lassen« und danach aussahen wie Plastikpuppen. Was nützen die prallsten Brüste, wenn man nicht fit und gesund ist?

Ich bin gesund. Daher muss ich meinen Träumen auch keine Zügel anlegen. Ich will meine Familie wachsen sehen, will sehen, wie meine Enkel Kinder bekommen und vielleicht sogar erleben, wie meine Urgroßenkel ihren Collegeabschluss machen. Ich möchte noch viel anpacken in meinem Leben und träume davon, Dinge zu tun, die ich noch nie getan habe. Ich frage mich erst gar nicht, ob ich dies oder jenes in meinem Alter noch machen kann. Nein, ich stelle mir vielmehr die Frage, was ich tun möchte. Für mich ist mein Leben ein Fluss, der immer weiter und weiter fließt.

Ob Sie nun überzeugter Rohköstler sind oder Einsteiger, ob Sie sich weitgehend roh ernähren, vegetarisch, vegan oder mit Fleisch: Ich hoffe, *Rohköstlich leben* kann Sie dazu bewegen, sich Gedanken um Ihre Gesundheit zu machen. Wenn wir uns bewusst dafür entscheiden, das Leben zu genießen und das Leben auf der Erde zu schützen, indem wir uns von Nahrungsmitteln und Zubereitungsarten verabschieden, die uns nicht guttun, können wir, so glaube ich, ein Leben in Harmonie führen, ein langes, gesundes, glückliches, produktives Leben – und dabei auch noch unverschämt gut aussehen.

Ob Sie nun für sich, Ihre Familie oder Ihre Freunde kochen, schon der erste Bissen rohköstlicher Ernährung wird ein überraschtes Lächeln auf die Gesichter der Genießer zaubern. Nichts ist so gut wie frische, saftige, rohe Pflanzenkost. Nichts macht uns so sexy und so lebendig.

Nahrung rohköstlich zuzubereiten ist zwar eine Kunst, doch diese ist leicht zu erlernen. Sobald Sie sich für einen gesünderen Lebensstil entschieden haben, wird Ihre kulinarische Kreativität die leckersten Dinge hervorzaubern, die Sie je gegessen haben. In *Rohköstlich leben* finden Sie fantastische Rezepte. Möglicherweise kennen Sie noch nicht alle Küchengeräte und Zubereitungsmethoden, doch Sie werden sich – wie ich – mit der Zeit daran gewöhnen. Bald schon können Sie sich das Zubereiten von Speisen gar nicht mehr anders vorstellen.

Ich habe bereits Anfang der Siebzigerjahre aufgehört, Tiere zu essen. Ich wurde Vegetarierin. Das kam so: Eines Tages fuhr ich an den Set von *Oh Mary!* zurück. Ich hatte mir ein paar Scheiben Roastbeef als Mittagessen besorgt, die nun auf dem Beifahrersitz lagen. Ich griff hinüber und zwickte mir ein kleines Stück ab, sozusagen als Appetithäppchen. Als ich mir das Stück zwischen die

Zähne schob und zu kauen begann, hatte ich plötzlich das Gefühl, ich hätte mir ein Stück Fleisch aus der Hand gebissen. Plötzlich wurde mir klar, dass ich tatsächlich einen anderen Körper aß. Und das war's dann. Mir wurde schlecht. Das war der Moment, in dem ich beschloss, keine Tiere mehr zu essen. Im Grunde war das eine spirituelle Entscheidung: Ich wollte nicht mehr, dass Tiere getötet werden, damit ich sie essen kann.

Bald darauf erfuhr ich, mit welch unendlicher Grausamkeit Tiere in den Fleisch- und Milchfabriken gehalten werden. Mitfühlend zu leben war mir damals schon ein Anliegen. Ich aß zwar kein Fleisch mehr, aber industriell verarbeitete Lebensmittel wie Kekse, Chips oder andere wenig gesunde Dinge standen weiter auf dem Speiseplan. Trotzdem wusste ich, dass ich für meine Familie und für die Tiere das Richtige tat.

Damals war es noch vergleichsweise schwierig, an entsprechende Informationen heranzukommen. Ich war in dem Glauben erzogen worden, der Mensch benötige Fleisch als Proteinquelle, musste also noch eine Menge lernen, um meine Familie richtig ernähren zu können.

Außerdem brachte ich immer mehr über die Umweltprobleme auf unserer Erde in Erfahrung. Man weiß ja, dass zahllose Hektar Wald abgeholzt werden, um sie als Viehweiden zu nutzen. Und um Getreide anbauen zu können, das als Viehfutter dient. Sachverständige gehen davon aus, dass wir sieben Pfund Getreide- und Sojabohnenproteine brauchen, um ein Pfund Fleischproteine zu erzeugen. Würden wir die Proteine von Getreide und Sojabohnen nutzen, um Menschen zu ernähren, würden sieben Mal mehr Menschen satt. Ich und zahlreiche andere Menschen sind der Meinung, dass es unserer spirituellen Entwicklung schadet, Fleisch zu essen. Unser Geist wird dadurch empfindlich gestört. All das wusste ich schon, bevor ich 1989 meine Umweltzeitschrift gründete.

Es ist an der Zeit, dass wir unsere Art der Ernährung umstellen. Wenn wir es nicht um unserer Gesundheit willen tun, dann sollten wir wenigstens an die Umwelt denken. Und doch haben viele Menschen immer noch Schwierigkeiten mit der damit verbundenen radikalen Umstellung. Trotz gravierender Umweltprobleme zum Beispiel durch das Abholzen des tropischen Regenwalds: Seit 1970 wurden im Amazonasgebiet 600.000 Quadratkilometer Regenwald abgeholzt. Ob es sich nun um Mittelamerika, Costa Rica oder Brasilien handelt, alle Länder der Region sind gleichermaßen betroffen. Ich weiß: Die Vorstellung, etwas aufzugeben, was wir mögen und was, auf den ersten Blick betrachtet, niemandem zu schaden scheint, ist schwer zu vermitteln, vor allem, wenn wir als einzigen – und reichlich nebulösen – Grund nur haben, dass es irgendwie »gut für uns« ist. Doch wenn wir weiter abwarten, wird das Problem immer größer, vielleicht so groß, dass wir es nicht mehr in den Griff bekommen.

Wir wollen, dass es uns gut geht, vor allem im Alter. 2007 sagte mein Arzt mir plötzlich, mein Blutdruck sei zu hoch. Außerdem hatte ich Verschleißerscheinungen in den Gelenken. Da ich immer sehr gesund gewesen war, erschütterte mich das sehr. Ich hatte fast zwanzig Pfund zugenommen, weil ich meinen Freund mit meinen Kochkünsten beeindrucken wollte. Ich hatte sogar schon ein paar von meinen schicken Sachen in die Garage gepackt, weil ich ohne eine längere Diät nicht mehr hineinpasste.

Ohnehin sah meine gesundheitliche Familiengeschichte nicht gerade rosig aus. Wir hatten von allem ein bisschen: Bluthochdruck, zu hohe Cholesterinwerte, Krebs, Diabetes, Herzinfarkte, Schlaganfälle, Asthma, Leukämie und Parkinson. Und das ist noch längst nicht alles, aber mittlerweile ist Ihnen vermutlich klar geworden, was ich meine. Mir jedenfalls war klar, was das bedeutete. So wollte ich nicht enden. Ich wusste, dass ich etwas tun musste, wenn ich künftige gesundheitliche Probleme vermeiden und nicht in die Fußstapfen meiner Familie treten wollte. Also fing ich an, mich zu informieren und herauszufinden, welche Nährstoffe und Vitamine in welchen Lebensmitteln enthalten sind und wie sich diese auf den Körper auswirken.

Mittlerweile beschäftige ich mich seit über vierzig Jahren mit dem Thema »Ernährung«, aber noch nie hat mich etwas so sehr beeindruckt wie die positiven Eigenschaften von Rohkost. Ich werde Ihnen in diesem Buch einen Weg weisen, wie Sie gesund bleiben, Tiere und Umwelt schützen und gleichzeitig jung und gesund bleiben können. Und für alle, die wie ich absolute Feinschmecker sind: Keine Sorge, Rohkost ist echte Gourmetküche, frisch, knackig und ausgesprochen lecker.

Ich fühle mich heute wohler als je zuvor. Ich bin besser in Form als je zuvor. Nein, ich habe keinen »perfekten Körper«, zumindest nicht nach den Maßstäben der Modezeitschriften mit ihren Magermodels. Aber stehen denn nicht die meisten Menschen ihrem Körper skeptisch gegenüber, egal, wie nahe wir diesem Ideal auch kommen mögen? Ich jedenfalls bin in meinem Alter mehr als zufrieden damit, wie ich mich fühle und wie ich aussehe. Ich verfüge über eine ordentliche Portion Energie und bleibe oft bis tief in die Nacht frisch und munter. Ich liebe alles und jeden um mich herum. Meine Haut, Haare und Nägel lassen mich weit jünger wirken, als ich wirklich bin. Viele Frauen, die in die Jahre kamen, hatten mir früher gesagt: »Wenn du älter wirst, wird alles anders. Deine Gesundheit leidet, dein Aussehen auch. Du hast nicht mehr so viel Kraft wie früher und interessierst dich auch nicht mehr so für deine Umwelt.« Ich möchte mit diesem Buch dazu beitragen, diesen Mythos zu widerlegen.

Einfacher ausgedrückt: »Essen Sie gesund, das hält Sie gesund!« Mit meinem Buch möchte ich Ihnen den Weg zu einem gesünderen, glücklicheren Leben zeigen, unabhängig vom Alter.

Viele Menschen scheinen zu glauben, dass man Krankheiten nur mit Medikamenten bekämpfen kann. Die meisten zucken mit den Achseln und denken, ob sie gesund oder krank seien, hänge in erster Linie von ihren Genen ab. Viele Männer und Frauen unterziehen sich ebenso drastischen wie unnötigen Eingriffen, um Jugend und Schönheit zu erhalten. Was für ein Unsinn! Ich glaube, wir können bis ins hohe Alter gesund bleiben, wenn wir uns richtig ernähren, uns regelmäßig bewegen und positiv und mit Liebe und Mitgefühl durchs Leben gehen.

Ich weiß, dass das geht, denn ich habe es persönlich erlebt. Meine Ernährung hat mich von meiner Arthrose befreit und mein Blutdruck bleibt seitdem ohne alle Medikamente im Normalbereich. Ich habe die Energie einer Zwanzigjährigen und – wenn ich das selbst so sagen darf: Für eine Frau meines Alters sehe ich verdammt gut aus.

Probieren Sie ruhig einmal meine Ratschläge und Rezepte aus. Sie werden erstaunt sein, wie schnell Ihre Gesundheit sich verbessert und wie viel Energie Sie plötzlich haben. Sie werden Ihr Gewicht im Griff haben, ohne auch nur darüber nachdenken zu müssen. Sie werden morgens schmerzfrei und putzmunter aus dem Bett springen. Sie werden zufrieden sein, wenn Sie in den Spiegel blicken, und sich sowohl körperlich als auch seelisch wohlfühlen – beinahe wie in der Kindheit.

Ich habe mich für einen rohköstlichen, veganen Lebensstil entschieden, weil ich Tieren helfen und selbst gesund werden wollte. Damals war mir einfach nicht klar, dass ein Leben als vegane Rohköstlerin bedeutet, dass ich mich nur von meinen Leibspeisen ernähren kann! Biologisch-organisch angebaute, lebendige pflanzliche Nahrung weist mehr Nährstoffe auf als unsere traditionelle Ernährung. Anders als industriell verarbeitete tierische Produkte enthält sie keine schädlichen Chemikalien und keine Karzinogene.

Essen mit Lust und Liebe

Geht es nicht überall um Liebe? In Songs, Filmen, Romanen, Gedichten ... und beim Essen.

Ich finde Nahrungsmittel einfach sexy. Ich sehe gerne zu, wie die grünen Sprösslinge sich durch die Erde kämpfen. Ich mag das satte Knacken, wenn sich die Schale einer Wassermelone öffnet. Wenn ich eine Orange schäle, sauge ich ihren Duft gierig ein. Nahrungsmittel im Urzustand versetzen mich in Euphorie.

Frisch geerntetes, ungekochtes, nicht verarbeitetes Obst und Gemüse zu essen ist wohl das Beste, was wir für unsere Gesundheit tun können. Ich könnte Ihnen also einfach raten, einen Apfel zu essen, eine Handvoll frisch gepflückter Nüsse oder ein paar Gurkenscheiben. Aber ich finde, es hat seinen eigenen Reiz, aus diesen Zutaten eine köstliche Mahlzeit zu zaubern. Daher möchte ich Ihnen hier zeigen, wie man aus Obst und Gemüse im Urzustand mit ein paar wenigen Kunstgriffen fantastische Mahlzeiten zaubert.

Ich persönlich bin ein absoluter Gourmet. Ich könnte natürlich auch nur von saftigen Salaten und grünen Smoothies leben, aber es macht mir einfach Spaß, für mich, meine Familie und meine Freunde rohköstliche Mahlzeiten zuzubereiten. Manchmal lasse ich sozusagen alle Hemmungen fallen, höre Salsamusik auf dem iPod und experimentiere mit allerlei Kräutern und Gewürzen, während ich durch meine Küche tanze. In meiner Küche fühle ich mich als Künstlerin.

Vermutlich sind einige meiner Leser längst Anhänger einer rohköstlichen, pflanzlichen Ernährung, falls Sie aber noch nicht dazugehören, kann ich Ihnen eines versprechen: Sobald Sie mehr Rohkost essen, wird Ihre Einstellung zum Leben sich ebenso verbessern wie Ihr Aussehen und Ihre Gesundheit. Sie werden sich buchstäblich verlieben ... in sich selbst.

Kapitel 1

Wenn Sie sich einfach wohlfühlen wollen …

Nun ist es so weit: Sie können loslegen mit dem Sich-besser-Fühlen und dabei Spaß haben. Der erste Schritt dazu ist, dass wir Nahrung nicht mehr als etwas Selbstverständliches betrachten und eine echte Beziehung zu dem herstellen, was wir essen. Es ist an der Zeit, dass Sie sich in Ihren Körper verlieben und ihn wissen lassen, dass er Ihnen wichtig ist. Es liegt was in der Luft, und Sie werden es sich zu eigen machen.

Sie haben dafür keine Zeit? Nun, ein Mensch, der sich nicht um seine Gesundheit kümmert, gleicht einem Automechaniker, der sein eigenes Auto vor die Hunde gehen lässt. Zunächst einmal sollten Sie Ihre Küche durchgehen und alles aussortieren, was Ihrer Gesundheit schadet. Werfen Sie einen Blick in den Kühlschrank, in die Regale und so weiter und füllen Sie sie mit allem, was Sie wirklich nährt.

Haben Sie sich je mit dem Gedanken getragen, sich rohköstlich zu ernähren? Dann springen Sie ins kalte Wasser: Bereiten Sie sich einen grünen Smoothie zu, als hätten Sie Ihr erstes Date vor sich. Wenn der Smoothie Ihnen guttut, bereiten Sie sich den nächsten zu. Rohkost ist manchmal Liebe auf den ersten Blick, manchmal aber braucht es auch ein bisschen Zeit, bis der Funken überspringt. Wenn Sie sich ganz auf diese Erfahrung einlassen, werden Sie viel über sich selbst erfahren und Tag für Tag gesünder werden.

Anfangs können Sie zum Beispiel nur eine Mahlzeit pro Tag durch Rohkost ersetzen. Suchen Sie sich ein Rezept in diesem Buch, das Sie an eines Ihrer

Lieblingsgerichte erinnert, und probieren Sie die Rohfassung davon aus. Nehmen Sie sich Zeit, bis Sie dort angekommen sind, wo Sie hinwollen. Es ist allein Ihre Entscheidung. Wenn Sie aber angefangen haben, sich selbst zu lieben, wird es Ihnen bald zum Bedürfnis werden, besser auf sich achtzugeben. Beherrschen Sie erst einmal ein paar rohköstliche Gerichte, haben Sie das ganze Geheimnis der Zubereitung heraus. Dann wird die Umstellung immer einfacher und einfacher.

Wenn Sie sich erst mal in Ihr rohköstliches Dasein verliebt haben, seien Sie nett zu anderen, die diesen Schritt nicht tun wollen. Lassen Sie andere Menschen dazu ruhig ihre eigene Meinung haben, aber lassen Sie sich von dieser nicht beeinflussen. Menschen ändern sich nicht, wenn Sie Ihnen Predigten halten, sondern nur, wenn Ihr Beispiel sie überzeugt. Wenn Freunde und Familie erst einmal sehen, dass Sie mehr Energie haben als früher, diverse Pfunde verloren und Ihre Medikamente abgesetzt haben, wenn sie merken, dass Sie zu allem Überfluss auch noch deutlich besser aussehen als früher, werden sie sich automatisch für Ihre Ernährung und Ihren Lebensstil interessieren.

Lernen Sie dazu, indem Sie sich mit anderen Rohkostliebhabern treffen oder im Internet austauschen. Auch hier werden Sie auf unterschiedliche Meinungen stoßen, also erwarten Sie nicht, dass es auf diesem Gebiet keinerlei Konflikte oder Unklarheiten gibt. Es kommt sicher auch das eine oder andere Mal vor, dass Sie sich nicht so »roh« ernähren, wie Sie eigentlich wollen.

Das ist weiter nicht schlimm. Manchmal lernen wir mehr aus dem, was nicht klappt, als aus all dem, was glattgeht.

Sich sofort in einen gesunden Lebensstil zu verlieben, ist ein wunderbarer Einstieg, kommt aber relativ selten vor. Haben Sie aber »Ihren« Weg gefunden, ernähren Sie sich also gleichermaßen gesund wie befriedigend, dann beginnen alle überflüssigen Pfunde zu purzeln. Sie werden mehr Energie verspüren, öfter Sport machen wollen und mit einem Lächeln durchs Leben gehen – gerade so, als wären Sie frisch verliebt. Und dass Sie etwas für Ihre Gesundheit tun, wird andere inspirieren. Zeigen Sie Ihrem Körper, dass Sie ihn lieben, indem Sie sich gesund ernähren, dann wird er sich Ihrer auch im hohen Alter annehmen.

Was bedeutet »Rohkost« eigentlich?

Rohkost ist keineswegs »Hasenfutter«. Wir essen mehr als nur Karotten und Sellerie. Rohköstliche Ernährung umfasst Obst, Gemüse, Nüsse, Samen, Sprossen, Getreide, Algen, Gewürze, Kräuter, Öle und Süßungsmittel – möglichst in einer Kombination, die dem Gaumen schmeichelt. Echte Rohkost ist nicht gegart, nicht industriell verarbeitet und biologisch-organisch angebaut. Sie kann getrocknet werden, fermentiert, gekeimt und sonnengetrocknet. Das ergibt eine breite Palette im Hinblick auf Farbe, Geschmack und Beschaffenheit. Rohkost ist auch nicht immer kalt. Sie können Lebensmittel mit dem Dörrautomaten erwärmen oder mit einem guten Mixer. Ich finde allerdings, dass es mit dem Mixer vergleichsweise schwierig ist, die Temperatur zu kontrollieren. Ich wärme Suppe manchmal im Wasserbad an, doch nur gerade so weit, dass die Enzyme nicht zerstört werden.

Die Vorzüge der Rohkost

Rohkost bringt einige wichtige gesundheitliche Veränderungen mit sich. Das Gewicht normalisiert sich, das Energieniveau steigt, die Haut leuchtet von innen her und die Verdauung verbessert sich. Sie werden sich jünger fühlen, jünger aussehen, glücklicher sein und das Leben mehr genießen.

Viele industriell verarbeitete Nahrungsmittel enthalten keinerlei Vitalstoffe mehr! Sie stecken voller Fett, Zucker, Salz, Konservierungsstoffe und Chemikalien. Fast alles, was Sie in Dosen, Gläsern oder eingeschweißt kaufen können, enthält Konservierungsstoffe und meist auch viel Salz. Lesen Sie besser die Liste der Zutaten auf den Verpackungen durch, bevor Sie etwas in Ihren Einkaufswagen legen. Frische Lebensmittel hingegen kommen mit nur einem einzigen Etikett aus: Darauf steht dann: »Aus biologischem Anbau« oder »Aus traditionellem Anbau«.

Wenn Sie Lebensmittel über 46 °C erhitzen, zerstört die Hitze wichtige Vitamine, Mineralstoffe und Enzyme, die nötig sind, damit der Körper die aufgenommenen Nährstoffe überhaupt verwerten kann. Dr. Edward Howell, einer der Ersten, die sich mit der Rolle der Enzyme in der menschlichen Ernährung beschäftigten, meint dazu: »Wenn Nahrungsmittel erhitzt werden, werden Enzyme denaturiert und gehen dadurch verloren.

Ungekochte pflanzliche Nahrung hingegen ist reich an Enzymen, die gebraucht werden, damit die Verdauung funktioniert.« Enzyme zerlegen die Nahrung in kleinere Bestandteile, die der Körper verarbeiten kann. Gekochte Nahrung braucht länger, bis sie den Verdauungstrakt durchlaufen hat. Dabei wird sie fermentiert und die Schlacken daraus gelangen in den Körper. Toxine im Körper verursachen zahlreiche Probleme, zum Beispiel hormonelle Störungen, Müdigkeit, Gelenkentzündungen, Verdauungsstörungen, Hautausschläge, Kopfschmerzen und so weiter. Frisches Obst und Gemüse hingegen ist voller Enzyme. Daher tut Rohkost dem Körper auch so gut.

Wenn Sie abnehmen wollen, sollten Sie nicht allzu viel Öle oder Nüsse zu sich nehmen. Essen Sie mit Augenmaß. Denn es ist auf jeden Fall besser, täglich eine Handvoll Mandeln zu essen als ein dickes Stück Käsekuchen. Grundsätzlich aber sollte unsere Ernährung in der Hauptsache aus Obst und Gemüse bestehen mit gelegentlichen Ausflügen in die Welt unserer gewohnten Nahrungsmittel. Als ich anfing, mich rohköstlich zu ernähren, aß ich zunächst einmal mehr Cracker, Desserts und Nüsse, nach einer gewissen Zeit aber verlangte es mich immer stärker nach leichten Sachen. Die »Rohkost-Bomben« sind etwas für Tage, an denen Sie Gefahr laufen, Ihr Ziel aus den Augen zu verlieren. Sonst greifen Sie noch auf irgendwelche Ernährungssünden zurück, nur weil Ihr Verlangen an diesem Tag eben übermächtig ist.

Sich rohköstlich zu ernähren bedeutet nicht, auf Genuss verzichten zu müssen

Sie können trotzdem auswärts essen, reisen, Gourmetküche genießen und schicke Dinnerpartys schmeißen. Sie können weitgehend auf Rohkost umstellen, was bedeutet, dass Sie den Großteil Ihres täglichen Kalorienbedarfs mit Rohkost decken (zu 75 Prozent oder mehr) und nur einen kleinen Teil gekochtes Getreide oder gedämpftes Gemüse zu sich nehmen.

Es mag ein wenig dauern, bis Sie sich an die rohköstliche Nahrungszubereitung gewöhnt haben, aber es ist letztlich eine gute Investition. Geben Sie nicht auf, wenn Sie keine Zeit haben, wirklich alles umzusetzen. Setzen Sie sich selbst nicht unter Druck.

Ich ernähre mich hauptsächlich von Smoothies, Säften, Salaten und Früchten. Wenn Sie sich erst einmal längere Zeit rohköstlich ernähren, ist es leichter herauszufinden, was Ihr Körper braucht. Als ich mit Rohkost anfing, kämpfte ich jeden Tag gegen meinen Heißhunger auf Schokolade. Jetzt genieße ich sie hin und wieder, aber mir reicht ein kleines Stück.

In der Küche braucht es ein wenig Organisation. Dasselbe gilt fürs Einkaufen. Wenn ich zum Beispiel meinen Dörrautomaten nutze, mache ich Brot und Cracker zugleich. Alle Zutaten, die ich täglich brauche, habe ich greifbar im Regal stehen, auch Mixer, Entsafter und Küchenmaschine finden auf der Arbeitsplatte ihren Platz.

Ich kenne viele Männer und Frauen, die sich gerne rohköstlich ernähren würden, doch ihr Partner zieht nicht mit. Mit diesem Problem mussten vor Ihnen schon viele andere fertigwerden. Auch Sie werden es am Ende schaffen.

An erster Stelle steht Ihre Gesundheit, alles andere regelt sich dann von selbst. Lernen Sie, mit sich und anderen Geduld zu haben.

Sorgen Sie dafür, dass Sie in der Küche Spaß haben. Ich weiß, dass es anfangs schwierig ist, lauter neue Zubereitungsarten zu lernen. Lassen Sie sich Zeit, und Sie werden sehen: Bald werden Sie für sich und Ihre Familie die leckersten Sachen zaubern.

Wenn Sie Ihre Ernährung umstellen, ändern sich auch Ihr Aussehen und Ihr Wohlbefinden. Das ging mir so und Tausenden anderen, die Ihre Ernährung auf reine Pflanzenkost umgestellt haben. Sobald Sie Ihrem Wunsch nach einem energiereichen und freudvollen Lebensstil nachgeben und sich gesund ernähren, wird es Ihnen nicht anders ergehen. Meiner Ansicht nach ist eine achtsame Ernährung der beste Weg, sich selbst ein wenig Liebe zu schenken.

Auch ich habe mein Leben mit den verschiedensten Diäten zugebracht, sogar in den vierzig Jahren meines vegetarischen Lebens. Ich aß vegetarisch und nahm trotzdem zu. Nudeln, Desserts, stärkereiche Speisen und industriell verarbeitete Lebensmittel machten immer noch einen Großteil meiner Ernährung aus. Erst als ich mich für eine rohköstlich-vegane, pflanzliche Ernährung entschied, änderte sich mein Leben.

Ich mag den Begriff »Diät« nicht besonders, weil da immer eine Form von Verzicht mitschwingt. Ich fühle mich damit, als müsste ich auf alles verzichten, was ich mag, vor allem auf den kulinarischen Genuss, was bei mir garantiert zu schlechter Laune führt. Daher spreche ich auch nie von einer »Rohkost-Diät«. Für mich ist Rohkost ein ganzheitlicher Lebensstil, der Mitgefühl für Tiere, positives Denken und Umweltbewusstsein in sich einschließt. Rohkost – davon bin ich fest überzeugt – ist die Quelle der Jugend, ein wahres Wunder. Schon nach kurzer Zeit rohköstlicher Ernährung sah ich jünger aus, als ich war, und war so voller Energie wie in meiner Jugend. Und schon bald verstand ich es, aus Obst, Gemüse, Samen, Nüssen und Gewürzen alles, was ich gerne aß, in einer rohköstlichen, gesunden Variante zuzubereiten.

Noch besser: Rohkost heilte mich von den degenerativen Erkrankungen des vorzeitigen Alterns. Und ich habe viele Freunde, die ähnliche Erfahrungen machten. Rohkost trägt dazu bei, dass

- hartnäckiges Übergewicht abgebaut wird und das neue Gewicht gehalten werden kann;
- Depressionen verschwinden;
- Haut und Teint sich innerhalb weniger Wochen regenerieren;
- Kopfschmerzen verschwinden;
- Heiterkeit und Gelassenheit herrschen;
- der Energiepegel steigt;
- die Verdauung sich verbessert;
- der Verstand besser arbeitet und die Konzentration steigt;
- die Bedürfnisse des Körpers klarer zutage treten und
- die Gefahr von gesundheitlichen Störungen wie Diabetes, Herzinfarkt, Angina, Krebs, Arthrose, hoher Blutdruck und überhöhte Cholesterinwerte reduziert wird.

Der erste Schritt zu einer pflanzlichen Ernährung ist der Wunsch, gesund zu werden, sich besser zu fühlen und besser auszusehen. Immer wieder höre ich Menschen sagen: »Ich habe keine Zeit, mich um mich selbst zu kümmern. Ich habe schließlich einen Job und eine Familie oder gehe noch zur Schule.« Aber erklären Sie mir mal: Was nützt Ihnen alles Geld, das Sie verdienen, wenn Sie später krank werden und es für Ärzte und Medikamente ausgeben müssen? Halten wir's doch wie im Flugzeug. Dort heißt es auch, dass wir im Notfall erst selbst unsere Sauerstoffmaske aufsetzen sollen, bevor wir jemandem zu Hilfe eilen. Wenn es uns selbst schlecht geht, können wir auch nicht für andere da sein.

Gehen Sie Ihr Leben doch mit Köpfchen an. Ständig herumzusitzen, Frühstück oder Mittagessen ausfallen zu lassen, schnell einen Hamburger in sich reinzustopfen oder sich beim Mittagessen in der Kantine den Magen zu überladen – das ist doch alles nicht gesund. Nehmen Sie sich Zeit, Ihr Mittagessen zu planen und etwas zu essen, was Ihnen guttut. Dann müssen Sie sich auch nicht fragen, weshalb Sie zunehmen, erschöpft sind und permanent auf Diät. Morgens eine Tasse Kaffee hinunterzustürzen, mag Ihnen im Augenblick ein Gefühl von Wachheit verschaffen, doch langfristig gesehen raubt der Kaffee Ihnen Nährstoffe und wirkt sich alles andere als positiv auf Ihre Gesundheit aus. Er gibt Ihnen nur einen momentanen Kick. Was wäre besser? Versuchen Sie es doch mal mit einem grünen Smoothie, der Ihnen alle Nährstoffe und Vitamine schenkt, die Sie brauchen. Rezepte dafür finden Sie auf Seite 125 ff.

Ein Schritt nach dem anderen

Viele Menschen verringern ihre Lebenserwartung und ihre Stressresistenz, indem sie Dinge essen, die fast keine Enzyme enthalten. Ich möchte nur, dass Sie das wissen, wenn Sie entscheiden, was Sie essen wollen. Industriell verarbeitete oder gegarte Nahrung enthält keine der lebendigen Enzyme, die Ihr Körper braucht. Stattdessen geben Sie ihm Raffineriezucker, Salz und andere Geschmacksverstärker, die Ihnen Nährstoffe rauben.

Obwohl Rohkost die meiner Ansicht nach gesündeste Art der Ernährung ist, sollten Sie Ihre Ernährung nicht von einem Tag auf den anderen auf 100 Prozent Rohkost umstellen, wie ich und viele andere das getan haben. Fangen Sie einfach an, jeden Tag ein wenig mehr Rohkost zu essen und morgens einen grünen Smoothie zu trinken. Manche Menschen haben keinerlei Probleme mit einer sofortigen Umstellung auf 100 Prozent Rohkost, für andere hingegen ist ein schrittweiser Zugang der beste Weg. Grüne Säfte oder Smoothies sind ein guter Einstieg, weil sie gut schmecken und viel heilende Energie aufweisen. Außerdem sind sie leicht zuzubereiten. Grüne Säfte oder Smoothies tragen zweifelsohne dazu bei, Ihr Leben zu verlängern.

Die erste Frage, die ich höre, wenn ich von meiner veganen Lebensweise erzähle, ist meist: »Und wie kommst du an dein lebenswichtiges Eiweiß?« Sie nehmen alle notwendigen Proteine, Mineralstoffe und Vitamine auf, wenn Sie sich ausgewogen ernähren: von grünem Blattgemüse, Nüssen, Samen, Früchten, Algen und Sprossen. Mehr als siebenhundert wissenschaftliche Untersuchungen zu diesem Thema (darunter die berühmte Arbeit von Dr. T. Colin Campbell, die sogenannte *China Study*) belegen, dass wir mit einem Proteinanteil von 5 bis 6 Prozent unserer täglichen Kalorienaufnahme jene Eiweiße ersetzen können, die unser Körper täglich ausscheidet. Andere Untersuchungen zeigen, dass veganes Protein für den Körper besser ist als tierisches. Wenn Sie täglich einen grünen Smoothie zu sich nehmen oder einen großen grünen Salat essen, erhalten Sie ausreichend Protein. Spinat enthält 49 Prozent Protein, Brokkoli 45 Prozent, Kopfsalat 34 Prozent, Grünkohl 45 Prozent, Chinakohl 35 Prozent und Sprossen wie Mungbohnensprossen 43 Prozent. Grünes Blattgemüse ist proteinreicher als Früchte oder Nüsse, doch auch diese können uns Proteine liefern, Hanfsamen nicht zu vergessen. Und dazu kommt noch ein wohlschmeckender Cocktail aus Vitaminen, Mineralstoffen und Antioxidantien im Blattgemüse.

Für all jene, die ein mitfühlendes Leben führen wollen, das den Weltfrieden ebenso fördert wie die Umwelt, habe ich noch ein paar Buchtipps: Will M. Tuttle, *The World Peace Diet*, Jonathan Safran Foer, *Tiere essen,* und T. Colin Campbell, *China Study*. Und sollten Sie bereits Vegetarier sein, werden Sie erstaunt feststellen, wie viel besser Sie sich fühlen, wenn Sie vegan leben: nicht nur aus moralischen Gründen, sondern auch um Ihrer Gesundheit willen.

Keine Angst vor dem Älterwerden

Die meisten jungen Leute glauben, das Leben sei vorbei, wenn sie erst einmal älter werden. Je älter Sie sind, desto eher ist der Arzt bereit, Ihnen Pillen zu verschreiben, statt Ihnen eine Änderung Ihres Lebensstils ans Herz zu legen. Das Leben ist ein Zyklus. Ich kann zwar mein Alter nicht ändern, doch dass ich in der zweiten Hälfte meines Lebens stehe, heißt ja noch lange nicht, dass der beste Teil nicht noch kommt.

Nur wenige Menschen sterben an Altersschwäche. Die meisten scheiden aufgrund von Krankheiten, Unfällen oder den Folgen extremer Hitze oder Kälte dahin. Je älter man wird, desto wichtiger wird unsere Reaktionsfähigkeit. Können Sie schnell genug ausweichen, um einen Unfall zu verhindern? Können Sie sich noch irgendwo festhalten, wenn Sie auf der Treppe ins Stolpern geraten? Sind Sie so hellwach, dass Sie alle möglichen Hindernisse auf der Straße oder auf dem Gehsteig wahrnehmen?

Wie können wir in Würde altern und uns dabei jünger fühlen, als wir sind? Wie können wir ohne Tabletten oder Schönheitschirurgie attraktiv und gesund bleiben? Wie können wir nicht nur körperlich, sondern auch geistig und emotional fit bleiben? Auf all diese Fragen gibt es eine einfache Antwort: Ernährung, Bewegung und eine positive innere Einstellung.

Essen Sie gesund, halten Sie sich körperlich fit und seien Sie gnädig mit sich, was Ihr Aussehen angeht. Nur allzu leicht finden wir Mängel an unserem alternden Körper. Kennen Sie das Sprichwort vom Spiegel, der nicht lügt? Doch wir ziehen mittlerweile den Vergrößerungsspiegel heran, um auch ja jedes »Fehlerchen« zu finden. Wenn wir altern, müssen wir vor allem lernen, uns selbst zu mögen. Wir müssen herausfinden, was schön ist an uns, äußerlich wie innerlich. Die hauchfeinen Lachfältchen um die Augen sind doch auch Anzeichen eines glücklichen Lebens. Andere sehen vor allem, was wir selbst in uns sehen können. Wenn wir uns selbst lieben und unseren Körper pflegen, spiegeln wir das auch äußerlich wider.

Wollen Sie also Ihren Körper regenerieren oder degenerieren lassen? Es ist Ihre Entscheidung. Wenn Sie wissen, wie Sie das anstellen können, können Sie Ihre Entscheidung auf der Grundlage gesicherter Informationen treffen. Dann können Sie sich selbst verwirklichen, statt sich kaputtzumachen. Nutzen Sie doch endlich all die Weisheit, all die Gaben, die Sie Ihr Leben lang angesammelt haben. Konzentrieren Sie sich auf Ihre Gesundheit, auf Ihr Wohlbefinden, um ein freudvolles, aktives Leben führen zu können.

Ihre Offenheit, Ihre Bereitschaft, Verantwortung für sich selbst zu übernehmen, werden Ihnen die Pforten zu einer völlig neuen Welt aufstoßen. Veränderungen, die in Geist, Körper und Seele zugleich stattfinden, sind endgültig. Es liegt in Ihrer Hand. Ich werde Ihnen ein paar neue Wege zeigen, damit Sie den Weg zur Verjüngung beschreiten können.

Der medizinische Kenntnisstand ändert sich ständig. Wir erfahren fast jeden Tag etwas Neues. Wissenschaftler an der Boston University haben errechnet, dass die Babyboomer-Generation ab dem Jahr 2030 die illustre Gesellschaft der über Hundertjährigen verstärken wird. Dann sind Millionen Menschen älter als hundert. Heute sind es dem amerikanischen Amt für Statistik zufolge etwa 500.000 auf der ganzen Welt. Natürlich ist dies auch eine Sache der Gene, doch Sie wissen ja: Meiner Ansicht nach spielen dabei auch andere Faktoren eine wichtige Rolle.

Umfragen haben ergeben, dass die meisten über Hundertjährigen glauben, dass sie ihre Langlebigkeit ihrer Ernährung und einer moderaten Form körperlicher Ertüchtigung verdanken. Dies mag ja ein Anreiz sein, nicht nur um des Vergnügens willen zu essen. Ist es nicht ein schönes Ziel, über hundert Jahre alt zu werden, wenn wir dabei unser Gedächtnis und unsere Beweglichkeit behalten können?

Neben der richtigen Ernährung und einem ausgeglichenen Körpergewicht ist Aktivität wichtig: Wir wollen sowohl körperlich als auch geistig aktiv bleiben. Sie können Ihre Lebenserwartung schon mit einem täglichen 30-minütigen Spaziergang und ein wenig Stretching deutlich verlängern. Sie bleiben auch fit, wenn Sie gärtnern, gelegentlich etwas heben, was Sie als schwer empfinden, oder gleich Krafttraining betreiben. Auch mehrmals täglich Treppensteigen tut uns gut. Lesen, das Lösen von Kreuzworträtseln, Engagement und Leidenschaft verlängern das Leben ebenfalls. Wenn dann noch die Beziehung zu Freunden und Familie stimmt, leben Sie sicher länger. Glücklich sein, das Leben genießen, eine positive Einstellung entwickeln und sich ganz auf den Augenblick einzulassen – all dies öffnet das Tor zu Glück und Gesundheit Und zu gutem Aussehen.

Das größte Geheimnis des Anti-Agings ist vielleicht, sich so zu akzeptieren, wie man ist. Wenn Sie sich jetzt um bessere Ernährungsgewohnheiten und mehr Bewegung bemühen, sollten Sie sich gelegentlich etwas Gutes tun. Gönnen Sie sich eine Massage, eine Gesichtsbehandlung bei der Kosmetikerin. Unternehmen Sie einen schönen Spaziergang. Besuchen Sie ein Museum, gehen Sie tanzen und auf jeden Fall des Öfteren barfuß auf Sand oder Gras. Nehmen Sie die Natur in all ihrer Schönheit mit allen Sinnen auf. Denn dies wird sich auf Ihrem Gesicht widerspiegeln, eben so, wie Mutter Natur sich das gedacht hat.

Körper und Geist

Wir können uns vielleicht nicht aussuchen, was uns widerfährt, unsere Reaktion darauf aber können wir durchaus selbst bestimmen. *Sie* entscheiden, was Sie essen. *Sie* entscheiden, was Sie denken. *Sie* allein schreiben das Drehbuch Ihres Lebens. Es liegt einzig an Ihnen – nicht an den Umständen, noch an Eltern, Freunden, Angehörigen, am Partner oder Chef.

Wenn ich morgens erwache, nehme ich mir, noch bevor ich die Augen öffne, ein paar Minuten Zeit, um darüber nachzudenken, wie ich mir meinen Tag wünsche. Ich habe keine Ahnung, wie er ablaufen wird, aber ich weiß: Ich möchte meinem Körper Gutes tun, um ihn gesund zu erhalten. Ich möchte jeder Situation besonnen und positiv begegnen. Ich möchte Spaß haben, lachen, lieben und dafür sorgen, dass das Leben der Menschen, die mir heute begegnen, durch mich ein bisschen schöner wird. Das klingt ganz einfach, aber trotzdem ist es sinnvoll, wenn wir uns im Laufe des Tages immer wieder daran erinnern. Wenn ich nachts die Augen schließe, wünsche ich mir schöne Träume und positive Gedanken. Sie müssen sich den Geist vorstellen wie einen Muskel, den man täglich trainieren sollte, damit er stark bleibt.

Ich entscheide mich täglich für rohköstliche Ernährung, weil ich mich damit fit fühle. Ich habe viel Energie, bin glücklich und zufrieden und in meinem Leben passieren wunderbare Dinge. Ich habe Spaß an meinem Dasein. »Liegt das alles wirklich nur an der Rohkost?«, fragen Sie sich jetzt vielleicht. Ich glaube, dass meine Ernährung der Hauptgrund dafür ist. Wenn Sie sich fit und gesund fühlen, können Sie besser mit Problemen umgehen. Sie denken klarer, fühlen sich vitaler und all das zaubert ein Lächeln auf Ihr Gesicht. Ich hatte ein erfülltes Leben und habe vieles ausprobiert: Für mich funktioniert Rohkost als Lebensstil einfach am besten.

Ich brauche keine Dramen in meinem Leben. Besser gesagt: keine Tragödien. Ansonsten habe ich ein bisschen Aufregung ganz gern. Ich lebe mein Leben voller Leidenschaft und stelle mir mein Dasein vor wie eine große Party. Andererseits schätze ich die Schönheit der einfachen Dinge. Ich liebe die Natur, Kunst, Menschen und Tiere. Ich verabscheue Gewalt und Streit. Und ich will weder gemein, selbstsüchtig noch überkritisch sein. Ich schätze den Frieden auf allen Ebenen. Daher versuche ich, jede Situation so realistisch wie möglich zu betrachten und nichts zu dramatisieren. Das hilft mir, stressfrei und friedlich zu leben. Meine Art zu denken und zu essen fördert einen ruhigen Geist.

Meiner Ansicht nach ist es der Geist, der über den Charakter bestimmt. Ich stelle mir darunter die eigene Lebensenergie, den Selbstausdruck, die eigene Vitalität vor. Meine Mediationserfahrung hat mich gelehrt, dass es sozusagen einen »inneren Geist« gibt, den wir materiell nicht fassen können. Der Geist ist unsere Verbindung mit höheren Ebenen oder tieferen Schichten des Selbst. Was wir denken, sagen oder tun, sind die »Früchte« unseres Geistes.

Ich glaube, unser Geist ist unser authentisches Selbst. Das Karma – die Lektionen, die uns aufgegeben sind, das, was wir auf dieser Erde erleben – hat mit diesem Geist zu tun.

Zehn Schritte zu mehr Mobilität, Unabhängigkeit, Schönheit und einem besseren Gedächtnis

1. Ernähren Sie sich pflanzlich und zu 75 Prozent rohköstlich.
2. Gehen Sie mindestens 5-mal pro Woche wenigstens dreißig Minuten spazieren.
3. Machen Sie Krafttraining, Yoga, Pilates, Tai Chi oder Qigong – mindestens 3-mal pro Woche.
4. Akzeptieren Sie sich so, wie Sie heute sind.
5. Lachen Sie mehr.
6. Zerbrechen Sie sich nicht den Kopf über die Vergangenheit.
7. Schieben Sie Ihren negativen Gedanken einen Riegel vor.
8. Schenken Sie Liebe. Nehmen Sie Liebe an.
9. Seien Sie freundlich und aufmerksam. Zeigen Sie Mitgefühl.
10. Lassen Sie keine Langeweile aufkommen.

Die Fallstricke in unserer Ernährung

Typische Alterskrankheiten treten heute viel früher auf als noch vor einigen Jahrzehnten. Darüber hinaus sind immer mehr Menschen, auch Kinder, krankhaft übergewichtig. Schlechte Gesundheit und frühzeitiges Altern sind weltweit drängende Probleme. Dabei spielt natürlich die Ernährung eine entscheidende Rolle.

Wir benutzen Nahrung, um unsere Emotionen auszudrücken oder sie zu unterdrücken. Festlichkeiten werden mit üppigen Mahlzeiten gefeiert, nicht zuletzt mit Alkohol. Dabei geht nicht selten auch unser gesunder Menschenverstand über Bord. Natürlich sind Feste etwas Wunderbares, aber wir sollten unseren Organismus dabei nicht mit ungesunden Mengen Nahrung und

Alkohol überladen. Glaubt denn jemand wirklich, es sei glamourös, wenn wir nach der Party ein Taxi brauchen, weil wir weder stehen noch gehen können?

Nahrung ist Lust und Freude. Wir gehen mit unseren Geschäftspartnern essen, wenn wir ein gutes Geschäft abschließen wollen, aber wir stopfen uns auch voll, wenn wir traurig sind. Ohnehin gehen wir mit Nahrung stets so um, als ginge es nur um den reinen Genuss. Andererseits hungern wir, wenn wir Diät halten. Wir erbrechen absichtlich, was wir angeblich zu viel gegessen haben, und das alles nur, weil wir aussehen wollen wie ein Magermodel vom Laufsteg. Mit dem, was wir essen, begegnen wir dem Auf und Ab in unserem Leben. Wenn Sie lernen, sich um Ihrer Gesundheit willen besser zu ernähren, und nicht nur zu essen, weil Sie hungrig sind, oder um des Vergnügens willen in sich hineinstopfen, was Ihnen gerade in die Finger fällt, dann können Sie wirklich genießen, was Ihnen guttut.

Heute sind die meisten gesundheitsbewussten Menschen über die Gefahren von zu viel Fett, Salz und Zucker in hochverarbeiteten Lebensmitteln unterrichtet. Wir wissen, dass man in den herkömmlichen Mastfabriken Tiere mit Hormonen, Antibiotika und Beruhigungsmitteln behandelt, weil sie den Stress dieser grausamen Mastmethoden sonst nicht aushalten würden. Diabetes, Krebs, Herz- und Kreislauferkrankungen, Osteoporose und zahlreiche andere Erkrankungen sind die Folge, wenn Sie Tiere essen. Und die Auswirkungen auf die Figur werden dann mit Fettabsaugungen, Schönheitsoperationen oder Diäten bekämpft. Doch diese Maßnahmen halten meist nur kurzfristig. Dabei können Sie mit ein paar einfachen Veränderungen in der Ernährung so viel erreichen und viel länger jung und schön bleiben. Schließlich brauchen wir keinen Ernährungsexperten, um herauszufinden, dass eine Handvoll Mandeln besser für uns ist als eine Handvoll Kekse oder Kartoffelchips.

Es ist nicht leicht, ungesunde Ernährungsgewohnheiten zu durchbrechen, auch wenn man sich um seine Gesundheit sorgt, vor allem in unserer hektischen Gesellschaft, in der an jeder Straßenecke etwas angeboten wird, was nicht gesund ist. Was müssen Sie tun, um Ihren Lebensstil auf eine gesündere Basis zu stellen? Und woher sollen Sie wissen, dass Ihr Versuch auch tatsächlich die erhofften Resultate bringt? Nun, es ist schon mal ein vielversprechender Anfang, dass Sie dieses Buch lesen.

In *Rohköstlich leben* versuche ich, Ihnen alle entsprechenden Informationen an die Hand zu geben. Ich will Sie inspirieren und Ihnen zeigen, dass auch Sie ein Anrecht auf mehr Gesundheit, Vitalität und besseres Aussehen haben. Dieses Buch führt Sie ein in einen gesunden Weg, Gewicht zu verlieren und die Wunschfigur zu halten – ohne das endlose Kalorienzählen und das nagende Hungergefühl der üblichen Diäten. Sie werden lernen, Ihre Selbstheilungskräfte ohne Medikamente zu aktivieren. Und Sie werden länger jung bleiben, weil ein gesunder Lebensstil und eine ordentliche Portion Selbstliebe uns einfach besser aussehen lassen.

Gesund zu bleiben ist nicht schwer. Die Weisheit von Mutter Natur wird Ihnen helfen, Nahrungsmittel, die Ihnen nicht guttun, durch solche zu ersetzen, die Ihre Gesundheit stärken. Statt sich verschämt vollzustopfen, werden Sie lernen, bewusst und achtsam zu genießen. Ich stelle Ihnen hier eine einfache pflanzliche Ernährung und ein paar meiner Lieblingsrezepte vor, um Ihnen zu beweisen, dass gesunde Ernährung nicht langweilig sein muss. Einen grünen Smoothie können Sie in wenigen Minuten zubereiten. Allein damit stoßen Sie das Tor zu einem gesünderen Leben weit auf. Darüber hinaus liegt mir viel daran, die aktuell gängigen Stereotypen über das Altern zu verändern.

Obwohl ich persönlich mich fast ausschließlich von roher pflanzlicher Kost vegan ernähre, möchte ich Vegetariern und Nicht-Vegetariern ans Herz legen, einfach auszuprobieren, was ihnen zusagt. Wollen Sie ein paar Kilo verlieren,

Ihr Wohlbefinden verbessern, mehr Energie tanken und Ihren Körper vor dem Altern schützen, dann finden Sie in *Rohköstlich leben* viele nützliche Tipps und Ratschläge. Sie müssen ja nicht auf alles verzichten, nur auf jene Dinge, die Sie ohnehin loswerden wollen. Und Sie gewinnen, was Sie sich schon immer gewünscht haben.

Wie sich ein Amerikaner durchschnittlich ernährt – und welche Folgen das hat

Wir wissen, dass unsere Ernährung wichtig ist, und doch fällt es uns schwer, die nötigen Umstellungen vorzunehmen, um gesünder zu essen. Wir können ja nicht sehen, was in unserem Körper vorgeht. Daher haben wir das Gefühl, wir könnten uns mit der Umstellung noch Zeit lassen, bis wir tatsächlich krank sind. Wir werden überhaupt erst aufmerksam, wenn die kleinen, feinen Linien um die Augen deutlich mehr werden, wenn wir zunehmen oder morgens mit Schmerzen aufwachen. Erst dann sind wir bereit, gesünder zu leben.

Die Wissenschaft lehrt uns, dass sich altersbedingte Fehlfunktionen mit den Jahren mehren. Wir lagern Giftstoffe im Körper ein, unsere Gene verlieren ihre Schutzfaktoren. Umwelt, Stress und schlechte Ernährung sind daran maßgeblich beteiligt. Unser Körper kann sich selbst nicht mehr so schnell reparieren wie in der Jugend. Kein Wunder also, dass der Alterungsprozess im höheren Alter immer schneller voranschreitet.

Als Dreißig- oder Vierzigjährige haben wir mehr mit Abnutzungserscheinungen zu kämpfen denn als Zwanzigjährige. Wenn wir auf die Fünfzig zugehen, zeigen sich auch äußerlich die ersten Anzeichen. Eine Falte da, ein wenig schlaffes Gewebe dort, da zwickt es, dort zwackt es, und plötzlich fällt uns auf, dass wir alt werden. Denn mit dreißig oder vierzig ist es auch leichter, jünger auszusehen, als man ist. In den Fünfzigern sind da schon andere Herausforderungen zu bewältigen. Doch die Alterungsprozesse im Körper folgen einer exponentiellen Kurve, und so wird es immer schwieriger, wenn wir erst sechzig oder siebzig und noch mehr Jahre gelebt haben.

Viele Menschen versuchen, dieses Problem auf kosmetischer Ebene anzugehen. Ich bin in Hollywood groß geworden und habe achtzehn Jahre lang für Film und Fernsehen gearbeitet: Ich habe gesehen, wohin das führen kann. Der Jo-Jo-Effekt nach Diäten und all die Diätpillen, die man in Los Angeles, der

Stadt der Engel, einwirft, schaden der Gesundheit massiv. Ich habe gesehen, wie Botox Gesichter einfriert, wie kollagengespritzte Lippen sich aufblähen und wie die Schönheitschirurgie mit ein, zwei Schnitten ein Gesicht für immer entstellt.

Die Frage ist also: Wie schnell oder langsam wollen wir altern? Welche Ursachen hat der Alterungsprozess? Und wie wollen wir leben, wenn wir alt geworden sind? Wie können wir in Würde altern und dabei gesund und vital bleiben?

Dazu ist es vor allem wichtig, die zellulären Abbauprozesse in Knochen, Muskeln und Bindegewebe aufzuhalten. Doch dazu braucht es erstens fundiertes Wissen und zweitens eine ordentliche Portion Entschlossenheit. Es ist nicht leicht, seine Gewohnheiten zu ändern, doch wenn wir zu lange warten, wird es noch schwieriger, die von freien Radikalen verursachten Zellschäden aufzuhalten. Aber wie heißt es doch so schön: Nichts ist unmöglich. Es ist nie zu spät, dem Zahn der Zeit Einhalt zu gebieten, auch wenn Sie schon älter sind. Trotzdem würde ich vorschlagen, dass Sie nicht mehr länger warten und am besten gleich loslegen.

Was stimmt nicht an unserer Ernährung?

Versuchen wir doch mal herauszufinden, was Ihnen bei Ihrer aktuellen Ernährung schadet. Manches liegt ja ohnehin auf der Hand. Dass Zucker, Transfettsäuren, übermäßig gesüßte Milchprodukte, Frittiertes, Junkfood und Limonaden nicht gesund sind, wissen wir alle. Das sind nur leere Kalorien ohne Vitalstoffe. Wenn wir uns damit ernähren, essen wir ständig weiter, weil wir nie ganz satt sind. Fett, Zucker, Salz und künstliche Geschmacksstoffe machen aus diesen Lebensmitteln Suchtstoffe. Wenn Sie anfangen zu essen, können Sie nicht genug davon bekommen und schwuppdiwupp haben Sie einen Beutel Kartoffelchips oder eine ganze Packung Kekse leer gefuttert.

Glutenhaltige Lebensmittel machen müde (Gluten ist ein Proteingemisch, das sich in Weizen, Roggen, Hafer, Gerste und somit in Brot, Nudeln, Kuchen, Keksen, Crackern, Pizza und Snacks findet). Viele Menschen aller Altersgruppen leiden unter Glutenunverträglichkeit oder Zöliakie und offenbar steigt die Zahl der Glutenallergiker an. Es gibt ja auch immer mehr glutenfreie Lebensmittel auf dem Markt. Autistischen Kindern empfehlen Experten, auf glutenhaltige Produkte und Milchprodukte gleichermaßen zu verzichten.

Ist es Ihnen nicht auch schon so ergangen, dass Sie zwar ausgiebig gegessen haben und auch satt waren, dieses Sättigungsgefühl aber nicht lange anhielt? Wenn

Sie wissen wollen, welche Nahrungsmittel Ihnen guttun und welche nicht, müssen Sie sich bewusst machen, wie Sie jeweils darauf reagieren. Wenn wir uns nach dem Essen müde, träge und voll fühlen, obwohl uns immer noch etwas fehlt, dann liegt das daran, dass wir mit unserer Ernährung nicht genügend Nährstoffe aufnehmen. Dies gilt vor allem, wenn wir uns von Fertiggerichten und Dosenware ernähren. Dann arbeitet unsere Verdauung auf Hochtouren, weil die Nahrung unverdauliche Bestandteile enthält. Auch das entzieht uns Energie.

Nehmen wir unsere Lebensmittel jedoch pur, also rein und unverarbeitet zu uns, so wie die Natur sie für uns bereithält, dann zieht unser Körper aus Früchten, Gemüse, Nüssen, Samen und Sprossen all das heraus, was er braucht. Und wir bleiben bis ins hohe Alter gesund. Diese Lebensmittel lassen sich leicht verdauen, sodass die Nährstoffe schnell vom Blut zu den einzelnen Zellen transportiert und die Schlacken wieder abtransportiert werden, ohne den Körper zu belasten.

Milchprodukte

Tierische Proteine sind schwer zu verdauen, ganz gleich, aus welcher Quelle sie stammen. Wissenschaftliche Untersuchungen haben gezeigt, dass Milch, Käse und Eier den Alterungsprozess beschleunigen sowie Herz- und Kreislauferkrankungen fördern. Da Milchprodukte einen höheren Gehalt an gesättigten Fettsäuren aufweisen, verursachen sie mitunter Hautausschläge, Verdauungsprobleme und eine beschleunigte Zellalterung. Nicht wenige Wissenschaftler, darunter auch William Ellis, Osteopath, Allgemeinarzt und Chirurg aus Arlington, haben sich mit den Auswirkungen von Milchprodukten auf die menschliche Gesundheit beschäftigt. Dr. Ellis hat diese zweiundvierzig Jahre lang untersucht und ist zu der Auffassung gelangt, dass der Mensch Milchprodukte schlecht verträgt. Er geht davon aus, dass Milchprodukte die Schleimbildung anregen, sodass sich nach deren Genuss eine Schleimschicht im Verdauungskanal bildet, die die Aufnahme von Nährstoffen verhindert und zu chronischer Müdigkeit, Allergien und emotionalen Störungen führt.

Ich könnte noch weit mehr Ärzte zitieren, die nach Jahren der Forschung zu der Schlussfolgerung gelangt sind, dass Milchprodukte für den Menschen schädlich sind. Viele Menschen finden es allerdings schwierig, den Verzehr von Käse aufzugeben. Natürlich schmecken französischer Brie und italienischer Mozzarella großartig, aber haben Sie schon mal überlegt, wie schädlich sie für

Ihre Gesundheit sind? Und für die Gesundheit der Kühe? Käse wird aus Milch gemacht. Milch enthält viele gesättigte Fettsäuren. Diese lassen den Cholesterinspiegel ebenso in die Höhe schnellen wie die Anzahl der Pfunde auf der Waage.

Wenn Sie Vegetarier sind und aus Mitgefühl mit Tieren kein Fleisch essen, sollten Sie sich mal damit beschäftigen, woher Ihre Milchprodukte stammen. Milchkühe werden künstlich dauernd schwanger gehalten und mit Hormonen und Anabolika vollgepumpt. Das Wichtigste aber ist, dass sie nur so lange leben dürfen, wie sie Milch produzieren. Was dann passiert, wissen wir alle. Wenn die Kälber auf die Welt kommen, werden sie von der Mutter getrennt. Sie kommen erst gar nicht in den Genuss der Milch, die von Natur aus für sie vorgesehen ist. Von der mütterlichen Fürsorge, die ihnen entgeht, gar nicht zu reden. Die männlichen Kälber sperrt man dann in enge Boxen, in denen sie sich nicht bewegen, ja nicht einmal hinlegen können. Im Alter von 22 Wochen werden sie in der Regel geschlachtet, denn Kalbfleisch muss zart sein. Die erzwungene Bewegungslosigkeit sorgt dafür, dass sich keine kräftigen Muskelstränge ausbilden. Bis zur Schlachtung erhalten sie Futter, das sie blutarm macht. Die Milch, die eigentlich ihre Nahrung wäre, wird für uns zu Joghurt und Käse verarbeitet.

Käse hingegen wird mit Kälberlab hergestellt, einem Enzymgemisch aus dem Magen toter Milchkälber, die im Alter von zwei bis zehn Tagen geschlachtet werden. Kälberlab wird aus der Schleimhaut des Labmagens gewonnen, der vierten Magenkammer von noch nicht entwöhnten Kälbern. Lab ist also ein Nebenprodukt der Fleischproduktion. Bei manchen Käsesorten verwendet man auch Schweinemägen. Lab bringt die Milch zum Gerinnen. Früher mischte man Kälberlab mit einem Enzym aus dem Schweinemagen. Diese Mixtur macht aus Milch eine fast schnittfähige Masse, die man dann zu Käse weiterverarbeiten kann. Es gibt allerdings auch Käsesorten, die rein mit Milchsäure beziehungsweise pflanzlichem Labferment gewonnen werden. Sie schmecken gut, sind aber so stark verarbeitet, dass sie in einer gesunden Ernährung nichts zu suchen haben.

Ich kenne Menschen, die glauben, Rohmilchkäse gut zu vertragen. Ich sage dazu nur: Denken Sie darüber nach, was Sie der Kuh antun. Natürlich liegt die Entscheidung bei Ihnen, ich aber glaube, dass für jedes tierische Produkt ein Tier leiden muss. Und ich empfinde es auch als Gewalt, dass man die Tiere zur Milchproduktion zwingt. In einer mitfühlenden Gesellschaft ist dafür – so denke ich – kein Platz.

Aber keine Panik, wenn Sie zu den Käseliebhabern gehören. Probieren Sie erst einmal den Käsekuchen und die Nusskäse-Sorten, die ich Ihnen hier vorstelle. Sie werden überrascht sein. Sie sind leicht zuzubereiten, lecker, sehen gut aus und sind auch noch human – zu Tieren wie Menschen.

Und noch ein paar Worte zum Thema »tierische Produkte«

Wenn Sie nicht vegetarisch oder vegan leben, sollten Sie versuchen, immer wieder ein paar Tage lang auf tierische Nahrungsmittel zu verzichten, anfangs vielleicht nur für ein paar Mahlzeiten pro Woche. Es gibt wissenschaftliche Belege dafür, dass der Mensch alles, was er an Nährstoffen braucht, auch aus Pflanzen beziehen kann. Ich weiß, dass es anfangs schwierig erscheint, keine Tiere mehr zu essen. Vielleicht schmeckt Ihnen Fleisch oder Sie glauben, tierisches Protein zu brauchen. Doch ich garantiere Ihnen: Sie werden jünger aussehen und sich jünger fühlen, wenn Sie tierische Produkte ganz weglassen. Man kann heute nachweisen, dass der Konsum von tierischem Protein diverse Krankheiten fördert: Darmkrebs, Brustkrebs, Prostatakrebs, Verstopfung, Gicht, überhöhten Blutdruck, Schlaganfall, Arthrose, Übergewicht und so weiter. Schlachttiere werden heute mit Hormonen, Schmerzmitteln, Beruhigungsmitteln und Antibiotika vollgestopft. Mitunter erhalten sie auch hohe Dosen Beruhigungsmittel, wenn es ans Schlachten geht. All das nehmen Sie – neben den Giftstoffen, die das Tier in seiner Todesangst produziert – in sich auf, wenn Sie Tiere essen. Dies gilt vor allem für Tiere aus Massentierhaltung wie Schweine, Lämmer, Ziegen, Rinder, Hühner und Truthähne.

Das Fleisch von Tieren kann der Körper nur schwer verdauen. Er braucht dazu viel Energie und große Mengen Enzyme. Es bleibt nach dem Verzehr manchmal tagelang im Magen liegen. Menschen haben nicht genug Magensäure, um das Fleisch von Tieren zu verdauen. Daher bleibt es so lange im Verdauungstrakt.

Eine interessante Theorie besagt, dass Fleischfresser Klauen haben, Pflanzenfresser jedoch nicht. Fleischfresser haben außerdem hochkonzentrierte Salzsäure im Magen, menschliche Magensäure ist um das Zwanzigfache geringer konzentriert. Der Verdauungstrakt eines fleischfressenden Tieres ist höchstens dreimal so lang wie sein Körper. Unser Verdauungstrakt aber ist zehn- bis zwanzigmal so lang wie unser Körper. Daher kann das Fleisch allerlei Giftstoffe freisetzen, bevor es den Körper verlässt. In der freien Wildbahn brauchen fleischfressende Tiere, die Reißzähne besitzen und eine konzentriertere Magensäure als wir aufweisen, nach dem Reißen eines anderen Tieres eine lange Ruhepause zur Verdauung. Wenn man es richtig überlegt, kommt der Geschmack vom Fleisch gleich zu Anfang, wenn man zu kauen beginnt. Danach kaut man nur noch weiter, um die Stücke kleinzukriegen und sie hinunterschlucken zu können. Der Geschmack ist da längst weg.

Bei der Entscheidung, ob man Fleisch isst oder nicht, spielt aber auch die Moral eine bedeutende Rolle. Zumindest habe ich mich aus ethischen Gründen für ein Leben als Vegetarierin entschieden. Tag für Tag kommen Tausende und Abertausende Tiere in den Schlachthöfen um. Sie werden geschlagen, gemartert, getötet und dann zum Ausbluten aufgehängt, obwohl sie manchmal noch leben. Sie fürchten den Tod genau wie wir. Wenn wir Mitgefühl für alle lebenden Wesen entwickeln, können wir das nicht akzeptieren. Wir müssen diese Gewaltorgien einstellen, wenn wir wirklich Frieden auf der Welt schaffen wollen. Die Behandlung von zur Schlachtung bestimmten Tieren ist reine Brutalität. Für mich ist das einfach barbarisch.

Wir verbrauchen Tonnen von Getreide und unzählige Hektoliter Wasser, um Fleisch zu erzeugen, während Millionen Menschen auf der ganzen Welt hungern und dürsten. Die Viehfarmen verschmutzen die Umwelt, vor allem das Grundwasser. Der Verzehr von Tieren hat sich in den letzten fünfzig Jahren vervierfacht. Wir essen mehr Tiere als je zuvor. Die Tiere, die wir essen, nehmen mehr als dreimal so viel Raum ein wie die Menschen. Wir holzen den Regenwald ab, um stattdessen Viehfarmen zu errichten. Das *Worldwatch Institute*, eine unabhängige Forschungseinrichtung zum Thema »Nachhaltigkeit«, gibt an, dass die Viehhaltung auf der Erde seit 1961 um 60 Prozent gestiegen ist. Einer der Gründe dafür ist das Bevölkerungswachstum, letztlich aber hat dieser Anstieg auch viel zu tun mit dem Aufkommen der Fastfood-Restaurants, deren »Mahlzeiten« uns dick und krank machen.

Das amerikanische Gesundheitsministerium hat jüngst eine Studie veröffentlicht, in der es heißt, dass die heute geborenen Kinder eine deutlich geringere Lebenserwartung aufweisen als ihre Eltern. Und zwar aufgrund ihres Übergewichts. Die Zahlen sprechen für sich. Erik Schlosser, der Autor von *Fast-Food-Gesellschaft*, berichtet, dass die Amerikaner heute mehr Geld für Fast Food ausgeben als für die Erziehung ihrer Kinder. Wir geben auch mehr für Fast Food aus als für Kino, Bücher, Zeitschriften, Videos und Tonträger zusammen.

Möglicherweise haben Sie all das schon mal gehört. Vielleicht sind Sie für diese Informationen auch noch nicht bereit. Doch Sie sollten wissen, dass all das wahr ist. Weltweit werden jährlich 56 Milliarden Tiere geschlachtet, damit der Mensch sie essen kann. Ob Sie nun aus gesundheitlichen, ethischen oder umweltschützerischen Motiven aufhören, Fleisch zu essen, Sie sollten auf jeden Fall damit aufhören.

Vielleicht brauchen Sie ein wenig Zeit, um Ihre Ernährung auf pflanzliche Kost umzustellen. Sie können ja ganz langsam anfangen, vielleicht mit ein paar grünen Drinks jeden Tag. Sie können Ihr Gemüse auch kochen, wenn Ihnen die Rohkost nicht so liegt. Aber dass wir aufhören, Tiere zu essen, ist für uns und die Welt, in der wir jetzt und in Zukunft leben wollen, von entscheidender Bedeutung. Diese Frage betrifft uns alle. Bitte machen Sie sich kundig, was dies angeht, und treffen Sie Ihre Entscheidung aus einer Haltung des Mitgefühls heraus.

Kapitel 2

Welche Ernährung gut für uns ist und warum

Was unser Körper braucht

Da es unsere Aufgabe ist, unseren Körper fit zu halten, sollten Sie wissen, wie Sie ihn unterstützen können. Im Folgenden erfahren Sie, was jeder Teil Ihres Körpers genau braucht und in welchen pflanzlichen Nahrungsmitteln Sie diese Stoffe finden. So können Sie Ihrem Körper alles geben, was er braucht, ohne zum Massenmord an Tieren beizutragen.

Nährstoffe, die die verschiedenen Körperteile brauchen, und ihre pflanzlichen Quellen

Gehirn: Mit ihm denken wir und treffen Entscheidungen. Alzheimer und Demenz aber berauben uns dieser Fähigkeiten.
Was es braucht: Omega-3-Fettsäuren und gute Fette
Was Sie essen sollten: Leinsamen, Walnüsse, Äpfel, rote Trauben, Heidelbeeren, Spinat, Cranberrys, Erdbeeren, Avocados

Augen: Mit ihnen blicken wir in die Gesichter unserer Lieben und erkunden die Welt – Blumen, den Himmel, Berge, Meere, Bäume und alles Schöne um uns herum. Kümmern wir uns nicht um unser Augenlicht, drohen uns Makuladegeneration und Augenkrankheiten mit dem Risiko der Erblindung.
Was sie brauchen: Vitamin A, Lutein, Beta-Carotine, Antioxidantien
Was Sie essen sollten: Spinat, Brokkoli, Karotten, Cantaloupe-Melonen, Süßkartoffeln, Kürbis, rote Paprikaschoten, grünes Blattgemüse, Beeren, rote Trauben, Knoblauch

Herz: Es unterstützt uns bei einem aktiven Lebensstil, damit wir tun können, was uns gefällt. Hoher Blutdruck und erhöhte Cholesterinwerte können unser Leben erheblich verkürzen.
Was es braucht: Folsäure, Kalium, Alpha-Carotin, Ballaststoffe
Was Sie essen sollten: Bananen, Beeren, Spinat, Brokkoli, Tomaten, Orangen, grünes Blattgemüse, Karotten, Kürbiskerne, Hafer, Erbsen, Wassermelonen, Sprossen, Granatäpfel

Knochen: Knochen sind lebendes Gewebe, das eine gewisse Pflege braucht. Osteoporose hindert uns daran. Sind unsere Knochen nicht gesund, brechen sie leicht oder wir müssen am Stock gehen.
Was sie brauchen: Vitamin D, Kalzium, Magnesium, Bromelin
Was Sie essen sollten: Ananas, Rucola, Brokkoli, grünes Blattgemüse, Kirschen, Champignons, Mandeln

Haut, Haare, Nägel: Wollen wir nicht alle gut aussehen, wenn wir älter werden? Haut und Haar aber gehören zu den wichtigsten Schönheitsfaktoren. Wer wünscht sich schon Falten und Haarausfall?
Was sie brauchen: die Vitamine A, C und E
Was Sie essen sollten: Spinat, Karotten, Mangold, Süßkartoffeln, Tomaten, Cantaloupe-Melonen, Kürbis, Kohl, Ananas, Orangen, Kiwi, rote und gelbe Paprikaschoten, Brokkoli, Mandeln, Samen, Papaya, Gurken, Walnüsse

Muskeln: Damit halten wir uns im Gleichgewicht. Die Skelettmuskulatur sorgt für Bewegung. Ohne den richtigen Muskeltonus ist der Körper schwach und verletzt sich leicht. Dazu müssen Sie nicht unbedingt ins Fitnessstudio. Muskeltraining können Sie auch zu Hause machen.
Was sie brauchen: Proteine, Omega-3-Fettsäuren, Chrom
Was Sie essen sollten: Walnüsse, Sprossen, Leinsamen, Chiasamen, Hanfsamen, grüne Paprikaschoten, Äpfel, Bananen, Spinat

Zähne und Zahnfleisch: Wir wollen ja nicht unseren Biss verlieren. Wir wollen abends keine Prothese ins Wasserglas auf dem Nachttisch legen. Zähne sind der Spiegel unserer allgemeinen Befindlichkeit. Haben Sie Schwierigkeiten mit den Zähnen, zieht dies meist andere Probleme nach sich: Bakterien in der Mund-

höhle sind ein Warnzeichen. Mein Vater sagte immer: »Ohne gesundes Zahnfleisch keine gesunden Zähne. Ohne gesunde Zähne kein Kauen. Ohne Kauen kein Leben.«
Was sie brauchen: die Vitamine A, C und D
Was Sie essen sollten: Brokkoli, Tomaten, Papaya, Mango, Jicama-Wurzel, Kiwi, Karotten, Kürbis, Cantaloupe-Melonen, grünes Blattgemüse. Dazu brauchen Sie Sonnenstrahlen für das Vitamin D oder entsprechende Nahrungsergänzungsmittel

Leber: Angeblich leiden über 30 Millionen Amerikaner an Störungen der Leberfunktion. 50 bis 75 Prozent von ihnen haben eine Fettleber, die nicht durch übermäßigen Alkoholgenuss, sondern durch Fettsucht und erhöhten Blutzucker verursacht wurde. Eine gesunde Leber hält das Blut von Giftstoffen frei und ist daher für unsere Vitalität verantwortlich. Die Leber beeinflusst die Funktion fast aller inneren Organe. Ist die Leber geschädigt, werden auch andere Organe in Mitleidenschaft gezogen.
Was sie braucht: Die Wirkstoffe von Mariendistel, Fenchel, Löwenzahnwurzel, Kurkuma. Vermeiden Sie gehärtete Fette, Transfettsäuren, gesättigte Fette, Alkohol, Zucker, Süßstoffe, Weißmehl und Koffein.
Was Sie essen sollten: Rote Bete, Äpfel, Artischocken, Heidelbeeren, Rettich, Rucola, andere Früchte, grünes Blattgemüse

Nieren: Der arterielle Blutstrom trägt Schlackstoffe in unsere Nieren, wo das Blut gereinigt wird, damit die Schlacken als Urin in die Blase fließen können. Das gereinigte Blut fließt durch die Venen zurück. Neben der Leber ist die Niere das wichtigste Entgiftungsorgan des Körpers.
Was sie brauchen: die Vitamine B_6, D, E und C
Was Sie essen sollten: Brokkoli, Kohlrabi, Spinat, Sellerie, Nüsse, Früchte mit hohem Wassergehalt wie Orangen, Beeren, Trauben und Wassermelonen

Gallenblase: Dieses Organ unterhalb der Leber ist geformt wie eine kleine Aubergine. Es hilft der Leber bei der Fettverdauung. Dabei sollte sich möglichst keine Galle ansammeln. Da mit den Jahren weniger Galle produziert wird, können sich Gallensteine bilden, vor allem, wenn Sie viel Fett zu sich nehmen. Menschen mit Übergewicht und erhöhten Cholesterinwerten bekommen eher Pro-

bleme mit der Galle. Wenn wir unseren Körper gesund halten wollen, auch die Teile, die wir nicht sehen, müssen wir uns richtig ernähren.
Was sie braucht: täglich mindestens sechs Gläser Wasser. Keine kohlesäurehaltigen Getränke, keine öligen und frittierten Nahrungsmittel
Was Sie essen sollten: Olivenöl, Leinsamen, Leinöl, Rote Bete mit Grün, Kohl, Brokkoli, Sprossen, Beeren, Süßkartoffeln, Butternut-Kürbis, Karotten, Früchte mit hohem Wassergehalt

Machen Sie sich Ihr Leben leichter – Das Detox-Programm

Das unten beschriebene Detox-Programm können Sie drei bis fünf Tage lang durchführen. Das geht doch oder? Alles Angegebene dürfen Sie essen – in der Reihenfolge und Menge, die Ihnen zusagt.

Einkaufsliste für Ihr Detox-Programm

Gemüse: Tomaten, Spinat, Grünkohl, Markstammkohl, Romanasalat, Petersilie, Koriandergrün, Rucola, grüne Erbsen, Süßkartoffeln, Karotten, Kürbis, Brokkoli, Rosenkohl, Brunnenkresse, rote, grüne, gelbe Paprikaschoten, Pilze, Butternut-Kürbis.

Früchte und Beeren: Orangen, Äpfel, Ananas, Kiwi, Wassermelonen, Bananen, Cantaloupe-Melonen, Brombeeren, Himbeeren, Heidelbeeren, Trauben, Grapefruit, Cranberrys, Erdbeeren, Birnen, Pfirsiche, Nektarinen, Aprikosen, Granatäpfel.

Trinken Sie Ihr Obst und Ihr Gemüse!

Wenn Sie sich diese Einkaufsliste ansehen, werden Sie schnell merken, dass Sie große Mengen der dort aufgeführten Nahrungsmittel brauchen, um die benötigten Nährstoffe aufzunehmen. Daher schlage ich Ihnen vor, Obst und Gemüse zu trinken. Es wäre sehr schwierig, die benötigte Menge aufzunehmen, wenn Sie all das kauen müssten. Jeder Körper ist anders, aber ein oder zwei Viertelliter Smoothies am Tag, und Sie nehmen eine ganze Reihe von Obst- und Gemüsesorten auf. Und Sie wissen, dass Sie Ihre Zellen mit dem versorgen, was sie brauchen.

Ich weiß, dass die wenigsten meiner Leser genug Zeit haben, um ihr Essen stundenlang zu schälen, zu putzen, zu waschen und es klein zu schneiden. Haben Sie jedoch erst einmal alles, was Sie brauchen, sind die meisten Smoothies in zehn Minuten zubereitet. Wenn Sie Säfte außer Haus trinken, sollten diese immer frisch gepresst sein. Smoothies in Plastikflaschen oxidieren sehr rasch und verlieren dadurch ihren Nährwert. Wenn der Saft nicht vor Ihren Augen zubereitet wird, sollten Sie außerdem prüfen, welche Zutaten verwendet werden. Viele Cafés oder Saftbars geben nämlich Zucker hinzu. Frische Säfte sind manchmal nicht so gesund, wie sie aussehen.

Einen Smoothie können Sie sich aus fast jeder Obst- und Gemüsesorte zubereiten, die Ihnen schmeckt – eine geballte Vitaminladung. Je besser Ihr Mixer ist, je höhere Drehzahlen er hat, desto cremiger und leichter verdaulich wird Ihr Smoothie. Geben Sie das klein geschnittene Obst und Gemüse mit ausreichend Wasser in den Mixer und pürieren Sie es so lange, bis es die gewünschte Konsistenz hat. Trinken Sie den Smoothie auf der Stelle oder füllen Sie ihn in eine Thermoskanne. Damit nehmen Sie Antioxidantien auf, stärken Ihr Immunsystem und geben Ihren Zellen ausreichend Brennstoff, damit sie ihre Funktion ausüben können.

Machen Sie sich keine Sorgen, dass Sie, wenn Sie von Säften leben, etwa nicht ausreichend Ballaststoffe aufnehmen könnten. Säfte sind gleichsam vorverdaute Drinks. Mit Ihnen nehmen Sie alles auf, was Sie brauchen. Ich persönlich trinke lieber Säfte als Smoothies. Manchmal mache ich aber auch beides. Zuerst entsafte ich, dann nehme ich die Reste, füge ein paar Beeren, Mangos oder anderes Obst hinzu und mixe mir einen Smoothie. Am wichtigsten ist, dass Sie täglich einen grünen Saft oder Smoothie zu sich nehmen. Aus den Resten vom Entsaften lassen sich leckere vegane Cookies oder Suppen zaubern. Oder Sie geben sie in den Kompost.

Was Sie erwartet

- Sie ernähren sich von Obst, Gemüse, Smoothies, Säften, Suppen und Salaten. Machen Sie sich eine Liste von allem, was Sie dafür einkaufen müssen. Kaufen Sie nur biologisch-organisch angebaute Ware, damit Sie keine Pestizide und andere Chemikalien zu sich nehmen.
- Sie essen keinerlei Brot, Fleisch, Fisch, Milchprodukte, Alkohol, hochverarbeitete Lebensmittel, Raffineriezucker, Fette, Öle, Avocados, Nüsse, Samen, Trockenfrüchte, Kaffee oder Alkohol.
- Am Vorabend des Detox-Programms sollten Sie so viel Obst essen, wie Sie mögen, und viel, viel Wasser trinken.
- Bei Hunger essen Sie einfach mehr. Da alles erlaubt ist, was Sie oben aufgeführt finden, müssen Sie nicht hungern.
- Trinken Sie Zitronenwasser: eine Tasse Zitronensaft und mehrere Tassen Wasser.
- Sie können jedes der Rezepte zu jeder Tages- und Nachtzeit essen und müssen keine bestimmte Abfolge der Mahlzeiten einhalten.
- Wenn es Sie nach »Verbotenem« gelüstet, vergessen Sie's einfach. Sie machen dieses Programm nur ein paar Tage lang. Da können Sie schon mal ohne Ihre Appetithäppchen auskommen. Knabbern Sie ein wenig Obst und Gemüse oder trinken Sie ein Glas Wasser.
- Folgende Gemüsesorten kurbeln den Entgiftungsprozess weiter an: Brokkoli- oder Mungbohnensprossen, Zitrone, grünes Blattgemüse, Brunnenkresse, Knoblauch und Ingwer.

Nach dem Detox-Programm sollten Sie zumindest einen Tag lang noch leichter essen als sonst. Trinken Sie weiterhin täglich einen Smoothie und ernähren Sie sich von den leichteren Speisen (zahlreiche leckere Rezepte finden Sie in diesem Buch). Denken Sie nach, bevor Sie hineinbeißen: Tut Ihnen das jetzt wirklich gut? Mehr Achtsamkeit wird Ihnen bei der richtigen Ernährung weiterhelfen.

Mimis Tipps

Bananen mit dunklen Flecken auf der Schale können Sie geschält im Plastikbeutel einfrieren. Man kann mit Ihnen tolle Smoothies machen.

Frieren Sie Obst und Gemüse der Saison ein, um es gefroren in die Mischung zu geben. So erhalten Sie ein leckeres Kaltgetränk.

Entsaften Sie grüne Blattgemüse, Sellerie, Gurke und Äpfel. Geben Sie den Saft mit Früchten Ihrer Wahl in den Mixer und machen Sie sich einen Drink.

Durch die Wasserzugabe regulieren Sie die Konsistenz Ihres Vitalitäts-Drinks: Sie machen ihn dick- oder dünnflüssiger, ganz wie Sie wollen. Wenn Sie zu der Mischung gecrushtes Eis (Eiswürfel in einen Plastik-beutel geben, mit einem Handtuch umwickeln und das Eis mit der flachen Seite des Hammers oder dem Nudelholz zerdrücken) geben, erhält sie die Konsistenz eines eisgekühlten Drinks.

Detox-Rezepte: Smoothies, Suppen und Salate

SMOOTHIES

Pfirsich-Smoothie

- 2 gefrorene Bananen
- 7 Stiele Grünkohl, vom Strunk befreit
- Quellwasser nach Belieben
- 2 Pfirsiche, geviertelt
- 1 Handvoll Sprossen

Eis zugeben und im Mixer pürieren.

Bananen-Smoothie

- 2 Bananen
- 4 Stangen Staudensellerie
- 1 Apfel, geviertelt
- 3 Handvoll Spinat
- ½ Gurke, in Hälften geschnitten
- Quellwasser nach Belieben

Eis zugeben und in einem guten Mixer pürieren.

Orangen-Smoothie

- 2 geschälte und geviertelte Orangen
- 7 Stiele Grünkohl, vom Strunk befreit
- Quellwasser nach Belieben
- 1 Handvoll Beeren
- 1 grüner Apfel, geviertelt

Eis zugeben und in einem guten Mixer pürieren.

Ananas-Smoothie

- 1 Tasse Ananasstücke
- 2 Tassen Beeren
- 3 Handvoll grünes Blattgemüse
- 1 bis 1½ Tassen Quellwasser

Eis zugeben und in einem guten Mixer pürieren.

Birnen-Smoothie

- 2 Birnen, geviertelt
- 1 gefrorene Banane
- Quellwasser nach Belieben
- 2 Äpfel, geviertelt
- 1 kleiner Stängel Minze

Eis zugeben und im Mixer pürieren.

… UND WEITERE LECKERE DRINKS

- 3 Tassen Wassermelonenwürfel mit Wasser, Eis und 1 Prise Salz pürieren
- 3 Tassen Cantaloupe-Melonenwürfel mit Wasser und Eis pürieren
- 3 Tassen Ananaswürfel mit Wasser und Eis pürieren

SUPPEN

Diese Suppen können Sie warm oder kalt genießen. Für die warme Variante die Suppe auf dem Ofen unter ständigem Rühren leicht erwärmen. Achten Sie darauf, sie nicht zu überhitzen, damit die Enzyme nicht verloren gehen. Mit frischen oder getrockneten Kräutern würzen.

Spinatsuppe

- 2 Handvoll Spinat
- Saft von ½ Zitrone
- ½ Knoblauchzehe
- Kräuter und Gewürze, zum Beispiel Kreuzkümmel, Kurkuma, Koriander
- 1 Stange Staudensellerie
- ½ rote Paprikaschote
- Quellwasser nach Belieben

Im Mixer pürieren.

Tomatensuppe

- 3 Tomaten, geviertelt
- ½ rote Paprikaschote
- ¼ Tasse Zwiebeln
- 5 Basilikumblätter
- Saft von 1 Zitrone
- ⅓ Tasse getrocknete Tomaten, eingeweicht
- ½ Salatgurke
- 1 Knoblauchzehe
- 1 Prise Chilipulver
- 1 Prise Salz
- Quellwasser nach Belieben

Im Mixer pürieren, nicht ganz glatt rühren. Kann erwärmt werden.

Brokkolisuppe

- ½ Tasse Brokkoli
- 1 Handvoll Spinat
- Quellwasser nach Belieben
- ½ rote Paprikaschote
- 2 Stiele Grünkohl, vom Strunk befreit

In einem guten Mixer pürieren. Kann erwärmt werden.

Gekühlte Gurkensuppe

- 1 Salatgurke, in Drittel geschnitten
- 1 Prise Salz
- Quellwasser nach Belieben
- ¼ Zwiebel
- 1 Esslöffel Dill
- 1 Stange Staudensellerie, klein geschnitten

Im Mixer pürieren.

Grüne Suppe

- 1 Salatgurke
- ½ Tasse Alfalfasprossen
- 2 Handvoll Spinat oder Romanasalat
- Quellwasser nach Belieben
- 1 Frühlingszwiebel
- 5 Stiele Grünkohl, vom Strunk befreit
- 2 Tomaten, geviertelt

Im Mixer pürieren.

SALATE UND DRESSINGS

Ich könnte mich ausschließlich von Salaten ernähren, wenn es nötig wäre. Da für die Detox-Salate nur ein leichtes Dressing vorgesehen ist, sind sie sehr erfrischend. Richten Sie sie in einer großen Schüssel an. Sie werden sehen: Bald wollen Sie noch mehr »Grünzeug« essen.

Mimis Tipps

Jeder Salat kann auch in ein Salatblatt eingerollt serviert werden. Kopfsalat, Romanasalat und Mangoldblätter eignen sich dazu am besten. Auch ein rohes Nori-Algen-Blatt ist gut geeignet.

Nehmen Sie einfach eine beliebige Salatmischung aus diesem Buch und lassen Sie das Dressing weg. Und natürlich können Sie jeden Salat auch nach Ihrem Geschmack abwandeln.

Grüner Salat

- 1 Kopf Romanasalat, in breite Streifen geschnitten
- 3 Blätter Stängelkohl ohne Stiele, in breite Streifen geschnitten
- ½ Tasse Salatgurke, gewürfelt
- ½ Tasse Pilze, grob gehackt
- ½ Tasse rote Paprikaschote, gewürfelt
- 2 Handvoll Spinat, in breite Streifen geschnitten
- 6 Stiele Grünkohl, vom Strunk befreit und in breite Streifen geschnitten
- ¼ Tasse rote Zwiebeln, fein gehackt
- ½ Tasse Petersilie, fein gehackt

Dressing

- Saft von 1 Orange
- 1 Teelöffel Dill

Rucola-Brokkoli-Salat

- 1 Tasse Rucola, in Stücke geschnitten
- ¼ Tasse junge Maiskörner
- ¼ Tasse rote Zwiebeln, klein gewürfelt
- ½ Tasse Jicama-Wurzel, in Streifen geschnitten
- 1 Tasse Brokkoliröschen

Dressing

- 2 Esslöffel Zitronen- oder Limettensaft
- 2 Knoblauchzehen, fein gehackt
- 1 Prise Salz
- 1 Prise Cayennepfeffer
- Quellwasser nach Belieben

Rote-Bete-Salat

- 1 Tasse Rote Bete, geraspelt

Dressing

- Saft von 1 Apfel, 1 Spritzer Apfelessig

Dieses Dressing schmeckt auch toll zu Gurken.

Tomatensalat mit Koriander

- 1 Tasse Tomaten, grob geschnitten
- 1 Esslöffel Dill
- 1 Bund Koriandergrün, klein gehackt
- Saft von ½ Limette

Gemüsesalat

- Kürbis
- Zucchini
- Spargel
- Brokkoli
- Kohlrabi
- grüner Pflücksalat

Dressing

Minze, Dill, Zitronensaft

Mischen Sie die Zutaten zu gleichen Teilen und hacken Sie sie klein.

… UND NOCH MEHR DRESSINGS

Gurkendressing

- ½ Salatgurke
- 1 Frühlingszwiebel
- 1 Esslöffel Dill
- 1 Prise Salz

Im Mixer pürieren.

Zitronendressing pur

Meyer-Zitronen (*Citrus x meyeri*) sind in Europa kaum mehr zu finden. Wenn es Ihnen dennoch gelingen sollte, können Sie den Saft dieser sehr milden Zitrone direkt über den Salat geben. Ein paar frische Kräuter darübergestreut – mehr brauchen Sie nicht für einen leckeren Salat. Normale Zitronen sind zwar auch lecker, enthalten aber mehr Säure.

Apfelessig-Dressing

- 1 Spritzer Apfelessig
- Saft von 1 Orange
- Apfelsaft zum Süßen

29 Anti-Aging-Tipps für jedes Alter

Natürlich spielt die Ernährung die Hauptrolle, wenn es um unsere Gesundheit geht. Aber auch unsere innere Einstellung, unser Lebensstil und unsere Weltsicht tragen zu einem langen, gesunden und glücklichen Leben bei. Daher im Folgenden ein paar Tipps:

1. Pfuschen Sie Mutter Natur nicht ins Handwerk

Ein wichtiger Schritt zur guten Gesundheit ist biologisch angebaute, lebendige pflanzliche Nahrung. Wer sich rohköstlich ernährt, spricht gewöhnlich von »lebendiger« Nahrung, weil in den frischen, ungegarten Früchten und Gemüsesorten sämtliche Vitalstoffe erhalten bleiben. Bei gegarter oder hochgradig verarbeiteter Nahrung ist dies nicht der Fall. Lebendig ist ein Nahrungsmittel, wenn es aus der Region stammt, biologisch angebaut wurde und weder gekocht noch industriell verarbeitet wurde. Wir verzehren Früchte, Gemüse, Sprossen, Nüsse und Samen so, wie sie aus der Erde kommen oder am Baum oder Strauch wachsen. Wir belassen unsere Nahrung sozusagen im Urzustand.

Wissenschaftliche Untersuchungen zeigen, dass das Garen den Anteil an Vitaminen, Enzymen und Mineralstoffen verringert, weil diese Stoffe dabei oxidiert werden. Pflanzliche Rohkost aber lässt die Enzyme intakt. Wenn Sie sich von Dingen ernähren, denen wesentliche Nährstoffe fehlen, werden Sie stets zu viel essen, weil Ihr Körper nicht bekommt, was er braucht.

Vieles von dem, was heute auf den Tisch kommt, ist genmanipuliert. Dies gilt mittlerweile für Europa ebenso wie für die USA. Außerdem werden Obst und Gemüse meist zu früh geerntet, damit die Nahrungsmittel während des Transports nachreifen können. So finden sich in traditioneller Supermarktware immer weniger Vitamine und Nährstoffe. Wir kaufen Obst, das nie normal reift und uns daher nie seinen vollen Reichtum an Nährstoffen oder Geschmack schenken kann. Vielleicht ist Ihnen ja schon aufgefallen, dass »normales« Obst heute längst nicht mehr so gut schmeckt wie früher. Obst und Gemüse der althergebrachten Sorten frisch aus dem Garten schlägt alles, was wir heute kaufen können, um Längen. Wenn wir Pfirsiche aßen, troff uns der Saft nur so von den Fingern. Die Äpfel waren knackig mit einer leichten Säure, weil alles noch den natürlichen Reifeprozess durchlief. Kaufen Sie heute

Obst oder Gemüse im Supermarkt, verdirbt es meist innerhalb von drei Tagen oder es wird gar nicht erst reif.

Biologisch-organisch angebautes Obst und Gemüse enthält mehr Nährstoffe und Geschmacksstoffe. Die Pestizide in »normalen« Produkten hingegen verursachen schwere Erkrankungen. Die *Environmental Working Group*, eine gemeinnützige Organisation zum Schutz der Umwelt und der Gesundheit, gibt in den USA jedes Jahr eine Liste heraus, in der traditionell angebaute Obst- und Gemüsesorten mit der stärksten chemischen Belastung aufgeführt sind, das berühmte »Dreckige Dutzend«. Wer sich hauptsächlich davon ernährt, nimmt täglich mindestens zehn verschiedene Pestizide auf. Wer sich von den fünfzehn am wenigsten belasteten Sorten ernährt, weniger als zwei.

Was Sie nicht essen sollten, wenn es nicht aus biologisch-organischem Anbau stammt

Obst: Äpfel, Kirschen, Weintrauben, Nektarinen, Pfirsiche, Birnen Erdbeeren

Gemüse: Paprika, Karotten, Staudensellerie, Kopfsalat

Meiner Ansicht nach sollte auch Wurzelgemüse hinzugefügt werden: Rote Bete, Klettenwurzel, Knollensellerie, Kohlrabi, Pastinake, Kartoffeln, Süßkartoffeln und Rettich oder Radieschen.

Wenn Sie konventionell angebautes Obst und Gemüse kaufen, sollten Sie sich an folgende Arten halten:

Obst: Kiwi, Mango, Papaya, Ananas, Wassermelone

Gemüse: Avocados, Tomaten, Spargel, Brokkoli, Mais, Kohlsorten, Aubergine, Zwiebeln, Erbsen

Kinder sind gegenüber Pestiziden am empfindlichsten. Hier das letzte »Dreckige Dutzend«. Schreiben Sie sie auf ein Kärtchen, damit Sie im Supermarkt wissen, was Sie besser liegen lassen.
Ich kaufe trotzdem alles in biologisch-organischer Qualität, weil wissenschaftliche Untersuchungen gezeigt haben, dass industriell angebaute Ware weniger Vitamine und Antioxidantien aufweist. So wurden in einer Studie fünfundzwanzig Lebensmittel wie Brokkoli, Tomaten, Bananen, Äpfel und Zwiebeln untersucht, die normalerweise reich an Antioxidantien sind. Man stellte fest, dass sie im Vergleich zu biologisch-organischer Ware um 57 Prozent weniger Eisen und Vitamin C aufwiesen, um 28 Prozent weniger Kalzium, um 100 Prozent weniger Vitamin A, um 50 Prozent weniger Riboflavin und um 18 Prozent weniger Thiamin. Von sieben untersuchten Stoffen war nur der Niacin-Gehalt in herkömmlich industriell angebauter Ware höher als in biologisch-organischer. Ich persönlich bevorzuge nährstoffreiche Kost.

Auch Sie verdienen das Beste. Greifen Sie also zu und kaufen Sie die frischeste und leckerste Ware, die Sie finden können. Schließlich geben Sie ja auch Geld für Kleidung und Schmuck aus. Wenn Sie Ihren Körper nicht mit derselben Hingabe pflegen, werden Sie langfristig betrachtet einen hohen Preis dafür zahlen. Ihre Gesundheit ist Ihr wertvollstes Gut, schließlich haben Sie nur den einen Körper. Sorgen Sie gut für ihn.

Mit biologisch-organischem Obst und Gemüse, das, am Morgen frisch geerntet, auf dem Markt vom Erzeuger selbst verkauft und möglichst frisch verzehrt wird, treffen Sie die beste Wahl – sowohl gesundheitlich als auch geschmacklich. Und auf Dauer gesehen sparen Sie mit Bio-Kost sogar Geld, weil Sie weniger essen, wenn Sie alle nötigen Nährstoffe bekommen – von den niedrigeren Arztrechnungen ganz zu schweigen. Auch die Beträge für Medikamente und Nahrungsergänzungsmittel können Sie einsparen. Andererseits können Sie natürlich damit rechnen, dass Sie länger leben und schon deshalb höhere Ausgaben haben. Aber das ist den Preis doch wohl wert!

2. Antioxidantien stoppen freie Radikale

Dies ist der einzige Absatz im ganzen Buch, in dem Sie sich ein wenig mit Fachwortschatz auseinandersetzen müssen. Doch es ist wirklich wichtig, dass Sie verstehen, worum es hier geht. Jeder von uns kennt den Begriff »freie Radikale«. Freie Radikale sind Moleküle. Ein Molekül ist eine elektrisch neutrale Gruppe von mindestens zwei Atomen in einer bestimmten Struktur, die von chemischen Bindungen gehalten werden. Sehr viel technischer wird's jetzt nicht mehr. Freie Radikale sind instabile Moleküle und daher sehr gefährlich. Sie sind verantwortlich für die Schäden in unserem Gewebe und für den Alterungsprozess an sich. Freie Radikale bewegen sich auf der Suche nach anderen Molekülen, an die sie sich binden können, durch den Körper. Freie Radikale beeinträchtigen die Stabilität der anderen Moleküle. Sie sind der Auslöser von verstopften Arterien und damit auch von Herzinfarkten und Schlaganfällen. Und mit zunehmendem Alter gibt es immer mehr freie Radikale im Körper.

Lebensmittel, die viele Antioxidantien enthalten

Gemüse:	Grünkohl, Rotkohl, Karotten, Paprika, Petersilie, Artischocken, Rosenkohl, Spinat, Rote Bete
Obst:	Brombeeren, Heidelbeeren, Kirschen, Cranberrys, Erdbeeren, Himbeeren, Granatäpfel, Weintrauben, Orangen, Pflaumen, Ananas, Kiwi, Zwetschgen, Datteln, Aprikosen, Zitronen, Äpfel, Grapefruit
Nüsse und Samen:	Pekannüsse, Walnüsse, Haselnüsse, Sonnenblumenkerne, Kürbiskerne, Chiasamen, Hanfsamen
Gewürze:	Ingwer, Chili, Pfeffer, Nelken, Zimt, Kümmel, Kurkuma, Oregano

Ein Maximum an Antioxidantien nimmt Ihr Körper auf, wenn Sie diese Lebensmittel in Rohkostqualität verzehren. Frische Heidelbeeren liefern, roh gegessen, eine ordentliche Portion Antioxidantien. Gegart im Käsekuchen beispielsweise bringen sie gar nichts (vom schädlichen Zucker einmal völlig abgesehen).

Und so geht das vor sich: Das freie Radikal dockt an das stabile Molekül an und macht es instabil, sodass dieses selbst zum freien Radikal wird. (Wie bei den Vampiren!) Das löst im Körper eine Kettenreaktion aus.

Der Feind des freien Radikals ist … (Trommelwirbel!) das Antioxidans. Antioxidantien finden sich in Obst und Gemüse. Vor allem Beta-Carotine und die Vitamine C, A und E wirken anti-oxidativ. Sie schützen gleichsam die stabilen Moleküle vor den herumstromernden freien Radikalen.

Wie oft hat Ihre Mutter Ihnen gesagt, Sie sollen Obst und Gemüse essen? Nun ja, offensichtlich hatte sie recht. Frisches Obst und Gemüse versorgt den Körper mit zahlreichen Vitaminen und Mineralstoffen. Diese wirken im Verbund besser als der isolierte Stoff, der als Nahrungsergänzungsmittel eingenommen wird, weil der Körper die Vitalstoffe so besser aufnehmen kann. Gerade von Nahrungsergänzungsmitteln und isolierten Vitaminen nehmen wir meist zu viel zu uns. Jedenfalls hat sich der langfristige Gebrauch von Nahrungsergänzungsmitteln nicht als positiv herausgestellt und kann sogar der Leber schaden.

3. Das Gold am Ende des Regenbogens

Das volle Farbspektrum bei Obst und Gemüse versorgt Ihren Körper mit allen wichtigen Vitalstoffen. Im Folgenden finden Sie die positiven Eigenschaften von Früchten und Gemüsen nach Farben geordnet.

Rot

Rote Obst- und Gemüsesorten verdanken ihre Farbe den Pflanzenfarbstoffen Lykopin und Anthocyanin. Diese sekundären Pflanzenstoffe schützen vor zahlreichen Krankheiten. Kaufen Sie also folgende Sorten: rote Äpfel, Erdbeeren, Cranberrys, Himbeeren, Tomaten, Rotkohl, rote Paprikaschoten, Rote Bete, rote Weintrauben, Wassermelonen, Kirschen und Granatäpfel. Sie wirken vorbeugend und heilend bei Diabetes, Herz- und Kreislauferkrankungen, Schlaganfällen, Bluthochdruck und erhöhten Cholesterinwerten. Außerdem verringern sie das Risiko, an bestimmten Krebsarten zu erkranken, zum Beispiel Lungen-, Prostata-, Eierstock- und Gebärmutterhalskrebs. Außerdem verbessern sie die Gehirnfunktion. Rote Obst- und Gemüsesorten sind voller Antioxidantien, Mineralstoffe und Vitamine, zum Beispiel Magnesium, Kalzium, Zink und Kalium, Folsäure, Vitamin C und A sowie Ballaststoffe.

Orange und Gelb

Orangefarbene und gelbe Sorten verdanken ihre Farbe den Carotinoiden. Sie enthalten gewöhnlich viel Vitamin C; Süßkartoffeln und Karotten haben darüber hinaus viel Kalium. Beta-Carotin, das in Karotten, Süßkartoffeln, Cantaloupe-Melonen und Kürbis vorkommt, wird im Körper zu Vitamin A umgewandelt, das Haut und Augen nährt. Wenn Sie Kürbis, Karotten, Aprikosen, Orangen, Pfirsiche, gelbe Äpfel, Mangos, Papayas, Birnen und Ananas verzehren, stellen Sie Ihrem Körper reichlich Magnesium und Kalzium zur Verfügung, das die Knochen gesund erhält.

Grün

Grüne Obst- und Gemüsesorten enthalten viel Chlorophyll, was ihnen ihre Farbe verleiht. Dazu kommen noch Ballaststoffe, Vitamine, Mineralstoffe und sekundäre Pflanzenstoffe. Grüne Gemüse- und Kräutersorten wie Grünkohl, Markstammkohl, Romanasalat, Koriandergrün, Petersilie, Weißkohl, Brokkoli, Gurken, Erbsen, Zucchini, grüner Paprika und Spinat enthalten viel Vitamin B und C, was dem Körper bei der Proteinherstellung hilft. Dazu kommen noch Ballaststoffe, Folsäure und Lutein. Grüne Obst- und Gemüsesorten enthalten viele Antioxidantien und senken den Cholesterinspiegel. Außerdem verbessern sie die Verdauung und unterstützen das Immunsystem. Grünes Gemüse enthält gewöhnlich viel Eisen und Kalzium. Es schmeckt süß, bitter oder pfeffrig. Sie können alles Grün, das Sie mögen, zu Salat verarbeiten oder entsaften. Dabei können Sie schlechterdings nichts falsch machen. Grüne Obst- und Gemüsesorten enthalten außerdem wenig Fett.

Blau und Violett

Diese Obst- und Gemüsesorten enthalten blaue Pflanzenfarbstoffe, die Anthocyane, die stark anti-oxidativ wirken: Brombeeren, Heidelbeeren, Pflaumen, Rosinen, blaue Trauben, Rotkohl und Feigen. Sie schützen vor Herzkrankheiten, sorgen für gute Augen und verlangsamen die Zellalterung. Sie wirken sich positiv auf die Verdauung aus und bewahren den Harntrakt vor Infektionen. Sie enthalten viele Antioxidantien, die dazu beitragen, altersbedingte Abbauprozesse im Gehirn zu verlangsamen.

4. Mit einem Apfel am Tag ich den Doktor verjag

Äpfel enthalten viele Pektine, die das Herz schützen. Sie senken den Cholesterinspiegel und bewahren vor Darmkrebs. Das Apfelpektin trägt zur Darmreinigung bei. Wenn Sie also eine Zwischenmahlzeit brauchen, essen Sie ein oder zwei Äpfel.

Auch Apfelessig wirkt sich positiv auf den Organismus aus. Ich bin davon überzeugt, dass er mir schon bei allerlei Beschwerden geholfen hat, zum Beispiel bei Erkältungen, Allergien, Grippe, Candidainfektion, Refluxösophagitis, Halsschmerzen, Arthritis und hohem Blutdruck. Vielleicht schmeckt Ihnen der Essigdrink nicht von Anfang an, aber wenn Sie ihn erst ein paarmal versucht haben, werden Sie ihn nicht mehr missen wollen.

Ich trinke ihn so: *Zwei Esslöffel Apfelessig auf eine Tasse Wasser.* Wenn Ihnen das zu stark ist, geben Sie noch etwas Wasser zu. Trinken Sie ein Glas davon am Morgen oder irgendwann im Laufe des Tages. Gewöhnlich genügt ein Glas, außer Sie spüren eine Erkältung kommen, dann sollten Sie morgens und abends Ihren Apfelessig-Drink nehmen. Ich trinke ihn seit Jahren und bin von seinen Heilkräften überzeugt. Er macht den Körper weniger sauer und sorgt für einen strahlenden Teint.

Ich nehme Apfelessig natürlich auch als Salatsauce, ja, verdünnt sogar zum Putzen in der Küche, für die Fenster und die Mülleimer. Wenn Sie ein wenig davon in den Ausguss schütten, vermeiden Sie unangenehme Gerüche.

5. Lesen Sie die Angaben auf den Nahrungsmittelpackungen

Was Sie nicht aussprechen können, sollten Sie nicht essen! Viele hochverarbeitete Lebensmittel stecken voller Zusatzstoffe, enthalten aber kaum noch Vitalstoffe. Sie finden darin Unmengen Süßungsmittel, Fette, Farb- und Konservierungsstoffe. Lassen Sie das Zeug liegen, wenn Sie die Inhaltsstoffe nicht aussprechen können oder wenn die Liste endlos lang ist.

So merkwürdig die Bezeichnungen auf der folgenden Liste scheinen mögen, es handelt sich dabei um Inhaltsstoffe von Lebensmitteln. Essen sollte man so etwas wirklich nicht! Was es alles so gibt: Milchfett, Farbstoffe, Natriumbenzoat (Benzoesäure oder E211), Glucose-Fructose-Sirup, Maissirup, Süßungsmittel (außer Stevia oder Erythritol), Transfette, Auszugsmehle, Salz in hohen Dosen, Ammoniumsulfat (Kunstdünger, den man schon mal in Brot findet), Karminsäure (Lebensmittelfarbe aus Schildläusen), Schellack (aus den Ausscheidungen der Lackschildlaus zum Überziehen von Süßigkeiten), Bibergeil (aus den Analdrüsen von Bibern als Geschmacksverstärker bei Himbeereis und -bonbons), Kaugummibase (aus den Ausscheidungen von Schafen), L-Cystin oder Cystin (aus Menschenhaar oder Entenfedern), Allurarot AC (Teerderivat, das in rot gefärbten Süßigkeiten zum Einsatz kommt), Lab (aus Kälbermagen zur Käseproduktion) und Silikondioxid (SiO_2 oder Sand zur Verhinderung von Verklebung in Gewürzen). Und das ist nur eine kleine Auswahl. Ein Grund mehr, sich für naturbelassene, pflanzliche Ernährung zu entscheiden.

6. Finger weg von Mikrowellengeräten!

Auf jeden Fall sollten Sie zu Mikrowellengeräten Abstand halten, wenn sie eingeschaltet sind. Es ist bekannt, dass aus Mikrowellenherden häufig Strahlung austritt. Eine Messung mit dem Gaussmeter zeigt magnetische Strahlung noch in einem Abstand von fast zwei Metern. Einer meiner Söhne brachte kürzlich so ein Gerät mit und zeigte uns, wie weit weg wir stehen sollten, wenn das Gerät eingeschaltet wird. Einigermaßen sicher war nur der Platz an der Küchentür.

Der häufigste Grund für Strahlenlecks ist eine kaputte oder überalterte Dichtung. Wenn Sie häufig die Tür des Geräts zuschlagen, wenn Sand oder Schmutz auf die Dichtung gerät oder diese sich auf normalem Weg abnutzt, kann Strahlung austreten. In den USA rät sogar die Gesundheitsbehörde, nicht direkt vor oder neben dem Mikrowellengerät zu stehen, wenn es arbeitet.

In den meisten Küchen gehört die Mikrowelle heute zur Standardausrüstung. Häufig wird sie zum Aufwärmen von Resten oder Fertiggerichten benutzt, zum Erhitzen von Wasser, zur Zubereitung von Kaffee oder Schokolade. Manche Menschen kochen aber auch ganze Mahlzeiten damit. Die Herde sollen uns das Leben erleichtern, Energie und Zeit sparen. Die hochfrequente Strahlung dringt in die Lebensmittel ein und bringt ihre Moleküle zum Schwingen. So garen sie von innen her. Sie sparen Zeit. Popcorn zum Beispiel ist in der Mikrowelle viel schneller fertig. Trotzdem sollten Sie das Gerät nicht benutzen.

Mikrowellen verwandeln Nahrung in toxische, potenziell krebserregende Stoffe. Der Nährwert der Lebensmittel sinkt drastisch, wenn sie in der Mikrowelle zubereitet werden, da beim Garen die Zellwände zerstört werden. Dabei entstehen freie Radikale. Der Körper hat also nichts von Lebensmitteln, die in der Mikrowelle gegart werden.

Gewöhnen Sie sich wieder an, Ihre Nahrung auf dem konventionellen Herd zu erwärmen, wenn es überhaupt sein muss. Denn roh und lebendig schmecken Pflanzen einfach noch besser.

Wissenschaftliche Untersuchungen zeigen darüber hinaus, dass austretende Strahlung vor allem für Kinder schädlich ist. Gehen Sie also kein Risiko ein.

7. Trinken Sie viel, viel Wasser

Meiner Erfahrung nach sind acht bis zehn Tassen Wasser täglich ideal. Einfach ausgedrückt: Ohne Wasser sieht Ihre Haut aus wie eine verschrumpelte Zwetschge. Wasser sorgt für Feuchtigkeit, dient als Schmiermittel und füllt unsere Zellen, damit die Haut schön prall aussieht. Sonne, Stress und Umweltgifte hingegen lassen unsere Haut austrocknen. Trinken Sie viel Wasser, sieht Ihre Haut jünger aus. Lassen Sie nicht zu, dass Ihr Körper austrocknet, das schädigt die Zellen und führt zu vielen Krankheiten.

Warten Sie mit dem Trinken nicht, bis Sie Durst haben. Durst ist schon ein Zeichen dafür, dass sich Austrocknung einstellt. Wenn Sie sich rohköstlich ernähren, sind Sie davor zwar grundsätzlich geschützt, da Rohkost viel Wasser enthält. Wenn Sie wissen wollen, ob Sie genug trinken, sollten Sie Ihren Urin betrachten. Ist er dunkel oder sehr gelb, trinken Sie zu wenig. Ist der Urin hingegen klar, nehmen Sie genug Wasser zu sich. Morgens allerdings ist der Urin gewöhnlich bei allen Menschen dunkler, im Laufe des Tages hellt er zunehmend auf. Das liegt daran, dass wir nachts schwitzen, den Wasserverlust aber nicht ausgleichen, weil wir schlafen.

Wenn Sie Wasser pur nicht mögen, trinken Sie es mit einem Tropfen Zitronen- oder Limettensaft oder geben Sie eine Gurkenscheibe hinein.

Wenn Sie Ihren Körper von überschüssiger Säure befreien wollen (unter der viele Menschen leiden), pressen Sie gleich nach dem Aufstehen eine halbe Zitrone aus, gießen Sie den Saft in ein Glas Wasser und trinken Sie diese Mischung. Auch zwei Esslöffel Apfelessig in einem Glas Wasser wirken Wunder. Zum Essen allerdings sollten Sie nichts trinken, da Sie damit die Verdauung behindern. Trinken Sie etwa eine halbe Stunde vor den Mahlzeiten und dann erst wieder eine Stunde danach.

Und welches Wasser ist gut für uns? Nicht jedes Wasser ist zum Trinken geeignet. Allerdings ist irgendein Wasser immer noch besser als gar keines. Wasser aus der Leitung wurde gewöhnlich gereinigt und ist nicht mehr naturbelassen. In manchen Ländern wird es mit Fluor und Chlor versetzt. Chlor soll die Krebsentstehung begünstigen. Generell allerdings wird – zumindest in Deutschland – das Leitungswasser streng kontrolliert. Destilliertes Wasser enthält keine der Mineralstoffe, die wir dringend brauchen. Mineralwasser enthält häufig Schadstoffe, vor allem, wenn es in Plastikflaschen abgefüllt wurde. Was also sollen wir trinken?

Auf jeden Fall sollte unser Wasser essenzielle Mineralstoffe enthalten wie Kalium und Magnesium. Dies gilt nur für Mineralwasser. Am besten ist es, wenn es direkt an der Quelle abgefüllt wird und nach Möglichkeit nicht hochgepumpt wird, sondern als artesisches Wasser von selbst an die Oberfläche tritt. Mineralwasser kommt aus unterirdischen Quellen und entzieht dem Körper keine Mineralstoffe.

Es gibt auch Filtersysteme für daheim, die aus Leitungswasser gutes Wasser machen. Ich benutze einen Umkehrosmosefilter, die das Wasser leicht alkalisch werden lassen. Ich mag den Geschmack dieses Wassers und trinke daher mehr Wasser als üblich. Ich habe mich ausführlich über Wasserfilter informiert, bevor ich mich für ein System entschied, und habe die Filter meiner Freunde ausprobiert. Es gibt sehr gute Filtersysteme auf dem Markt, Sie müssen sich nur entsprechend informieren. Letztlich spielt bei der Anschaffung natürlich auch Geld eine Rolle, es gibt ja mittlerweile schon Anlagen für das ganze Haus, sodass man auch mit gefiltertem Wasser duschen oder baden kann.

Ozon ist Sauerstoff. Ozonwasser ist mit Sauerstoff angereichertes Wasser. Das Ozon beseitigt Keime und Bakterien, verändert aber den Mineralstoffgehalt des Wassers nicht. Ein Plastikfilter für das Leitungswasser reinigt dieses vielleicht von Chlor, kann dabei allerdings auch andere Mineralstoffe entfernen. Außerdem reichern sich darin nicht selten Bakterien an. Da das Wasser, das Sie täglich trinken, ein wichtiger Teil Ihrer Ernährung ist, sollten Sie Ihre Hausaufgaben machen und sich entsprechend informieren. Wenn es tatsächlich einen Jungbrunnen gibt, fließt das Wasser dort vermutlich in Strömen.

Wasser ist ein wertvoller Rohstoff, und so sollten wir es auch behandeln. Die Weltbank berichtet, dass es mittlerweile in achtzig Ländern regelmäßig zu Wassermangel kommt. Mehr als zwei Milliarden Menschen haben keinen Zugang zu sauberem Wasser und entsprechenden Sanitäranlagen.

8. Zum Thema »Stress«

Stress kann uns geistig und körperlich schaden. Er sorgt dafür, dass bestimmte Chemikalien freigesetzt werden, die uns vorzeitig altern lassen. Es gibt verschiedene Formen von Stress. Wenn Sie in Gefahr sind, reagiert der Körper mit einem Kampf-Flucht-Impuls. Diese Form von Stress versetzt uns in die Lage, in gefährlichen Situationen schnell zu reagieren. Sich über Dinge Sorgen zu machen, die Sie nicht ändern können, lässt den Stresspegel ebenfalls ansteigen. Dazu gehört beispielsweise das Gefühl, nie Zeit zu haben. Stress gibt es im Beruf, in Beziehungen, in der Schule. Wenn wir Stress ausgesetzt sind, sind wir anfälliger für Krankheiten. Wir sind deprimiert und erschöpft. Stress zieht zahllose gesundheitliche Probleme nach sich, vor allem, wenn er länger anhält.

Wie aber baut man Stress nun ab? Können wir lernen, mit unserem stressigen Leben besser umzugehen? Vielleicht sollten wir unser Leben vereinfachen und nicht mehr länger an Dingen hängen, die wir nicht wollen oder brauchen. Wenn wir Stress empfinden, ist dies ein Anzeichen dafür, dass in unserem Leben etwas nicht stimmt. Manches liegt nicht an uns, zum Beispiel die Wirtschaftslage. Aber auch der Verlust des Arbeitsplatzes oder gesundheitliche Probleme schaffen Druck. Sobald wir diese Probleme als »Stress« etikettieren, scheint es unmöglich, mit ihnen fertig zu werden.

Betrachten wir sie hingegen als »Herausforderung«, können wir damit besser umgehen. Denn was macht eine Herausforderung aus? In einer schwierigen

Situation die eigenen Fähigkeiten unter Beweis zu stellen. Wir können lernen, Stress als geistiges Problem zu betrachten, das wir uns selbst bereiten. Die Herausforderung wäre dann, diesen Zustand zu ändern. Wenn wir finanziell unter Druck stehen, können wir dies als Aufforderung nehmen, unsere Ausgabenpolitik unter die Lupe zu nehmen und eventuell zu korrigieren. Stress reduziert sich, wenn wir etwas tun. Wenn Sie sich also unter Druck fühlen, fragen Sie sich, was Sie tun können. Denn es ist immer noch besser, eine Lösung für eine Herausforderung zu suchen, als das Problem weiter aufzubauschen.

Wenn wir spirituell oder religiös verankert sind, hilft uns dies, mit Stress besser umzugehen. Der Glaube unterstützt uns und erinnert uns daran, dass es für schwierige Situationen immer eine Lösung gibt und dass wir daraus manchmal so einiges lernen können. Die Herausforderungen reißen nicht ab. Manchmal läuft das Leben super, manchmal alles andere als gut. Das ist das unvermeidliche Auf und Ab des Schicksals. Denken Sie daran, dass Stress uns vorzeitig altern lässt. Er wirkt sich negativ auf Geist und Körper aus – wie Zorn und Verbitterung. Wenn Sie nach Gesundheit und langem Leben streben, sollten Sie solchen Gefühlen nicht nachgeben.

Organisieren Sie Ihr Leben gut. Vereinfachen Sie es, soweit es geht. Hören Sie auf, Dinge zu tun, die Sie nicht wirklich tun wollen. Machen Sie dafür häufiger das, was Ihnen Spaß macht. Geben Sie nicht mehr Geld aus, als Sie haben. Es ist sinnlos, ein Leben führen zu wollen, das Sie sich nicht leisten können. Genießen Sie vielmehr, dass Sie gesund sind, eine Familie und Freunde haben. Belügen Sie sich nicht selbst, was Ihr Leben angeht. Und nehmen Sie alle Änderungen vor, die nötig sind.

Ich kann Ihnen aus langjähriger Erfahrung versprechen: Was Ihnen heute Sorgen bereitet, ist morgen oder übermorgen schon vergessen. Bleiben Sie bei sich und klammern Sie sich nicht allzu sehr an Ihre Probleme. Schaffen Sie Raum für die schönen Dinge des Lebens und lassen Sie Herausforderungen so schnell wie möglich hinter sich. Behalten Sie Ihre Gesundheit im Auge und seien Sie gut zu sich selbst. Denken Sie daran: Auch das geht vorbei.

9. Schluss mit überflüssigen Pfunden!

Es ist durchaus möglich abzunehmen, ohne Kalorien zu zählen, alles auszuwiegen und ständig auf der Waage zu stehen. Ich bin dafür der lebende Beweis.

Heutzutage werden zahlreiche Diäten propagiert, doch stellt sich die Frage, ob diese Ernährungspläne auch tatsächlich gesund sind. Bei einigen Diätplänen werden wir geradezu angehalten, industriell hergestellte Nahrungsmittel aus künstlichen Zutaten zu essen. Finden sich nicht mittlerweile in jedem billigen Supermarkt »natürliche« und »fettarme« Lebensmittel? Nun, viele ihrer Erzeuger landen am Ende vor Gericht, weil das, was sie verkaufen, nicht der Packungsaufschrift entspricht. Und viele angeblich »fettarme« Lebensmittel sind alles andere als das.

Diäten können Ihnen helfen, Gewicht zu verlieren, eine dauerhafte Lösung bieten sie jedoch meist nicht. Wenn wir nach der Gewichtsabnahme weiter essen wie vorher, kehren auch die überflüssigen Pfunde zurück. Aber wer will schon sein Leben lang Kalorien zählen? Wenn wir Diät machen, schaltet unser Stoffwechsel auf Sparflamme.

Wir verbrennen auch weniger Kalorien, und schon bringt die Diät nichts mehr.

Manche Diäten bringen unseren Stoffwechsel auf Hochtouren, was den Körper ebenfalls belastet. Ohnehin fühlen wir uns nicht wohl, wenn wir »Diät machen«. Und das löst meist Schuldgefühle und ein verringertes Selbstwertgefühl aus. Allein das Wort »Diät« erinnert uns ja schon daran, dass wir nicht sind, wie wir sein sollten. Daher sage ich lieber: »Ich esse für meine Gesundheit.«

Wie können wir den Gewichtsverlust in eine positive Erfahrung verwandeln? Essen wir um unserer Gesundheit willen anders statt um des Gewichts willen, dann gibt uns dies ein Gefühl der Stärke. Beim Essen auf die Gesundheit zu achten ist eine Form der Selbstliebe, die für Selbsthass keinen Raum lässt.

Jeder Mensch hat einen eigenen Körperbau. Und nicht jeder ist gebaut wie die Models in Modezeitschriften, ganz gleich, wie viel er wiegt. Natürlich wollen wir alle gut aussehen, doch wichtiger ist, dass wir uns gut fühlen und gesund sind. Es heißt ja immer, wir müssten weniger essen und mehr Sport treiben, wenn wir abspecken wollen, aber wie oft haben wir genau das gemacht und konnten dieses strenge Reglement dann nicht dauerhaft durchhalten? Und so nehmen wir alle Jahre wieder dieselben zwanzig Pfund ab.

Wer sich hingegen rohköstlich ernährt, wird auf ganz natürliche Weise schnell Gewicht verlieren. Probieren Sie es einfach aus. Auf Seite 44 ff. finden Sie ein paar Tipps zum Entgiften des Körpers. Suchen Sie sich einen Partner, der mitmacht, eine Freundin oder einen Angehörigen, mit dem Sie losziehen können ins aufregende Abenteuer eines Lebens, in dem Sie sich einfach wohl in Ihrer Haut fühlen.

10. Sorgen Sie für einen guten Schlaf

Es ist immer noch erstaunlich, wie wenige Menschen gut schlafen können. Einige meiner Freunde, die erfolgreich auf Rohkost umgestellt haben, berichten, dass sie seitdem weniger Schlaf brauchen. Bei mir ist das anders. Ich finde Schlaf sehr wichtig, gerade wenn Sie jung aussehen wollen. Ich zumindest brauche meinen Schönheitsschlaf. Acht bis neun Stunden täglich sind mir am liebsten. Natürlich können Sie auch mal mit weniger auskommen, aber das sollten Sie nicht auf Dauer so halten. Schlafmangel führt zu gesundheitlichen Problemen. Von Falten, schlechter Laune und Müdigkeit mal ganz abgesehen. Was soll ich sagen? Sorgen Sie einfach für geregelten Schlaf.

Schalten Sie den Fernseher aus. Den Computer auch. Essen Sie abends nicht zu schwer. Trinken Sie spätnachmittags und abends keinen Kaffee. Wenn Sie nicht einschlafen können, weil Ihnen alles Mögliche im Kopf herumgeht, üben Sie sich im Loslassen. Grübeln Sie nicht über Dinge, die Sie im Moment ohnehin nicht ändern können. Sagen Sie sich, dass Sie sich am Morgen darum kümmern werden. Ihre Gedanken sollten Sie nicht vom Schlafen abhalten.

Sorgen Sie für Regelmäßigkeit. Wenn Sie jede Nacht später ins Bett gehen, morgens aber zur selben Zeit aufstehen müssen wie immer, erhalten Sie zu wenig Schlaf. Wenn Sie morgens schon müde erwachen, brauchen Sie Kaffee, um in Gang zu kommen. Oder Sie kommen morgens nicht aus dem Bett, weil Sie abends spät schlafen gegangen sind, sodass sie kein bisschen Zeit mehr für die kleinen Dinge des Lebens haben, für einen grünen Smoothie zum Beispiel oder ein paar Yogaübungen. Wenn Sie morgens schon hetzen müssen, fängt Ihr Tag schon schlecht an. Wenn Sie sich an feste Zeiten halten, tut das Ihrem Schlafrhythmus gut und Sie haben mehr Zeit am Morgen.

Wenn Sie nachts nicht gut schlafen, sollten Sie tagsüber höchstens ein Nickerchen von zwanzig Minuten einplanen, denn sonst können Sie abends wieder nicht einschlafen.

Alkohol lässt uns zwar manchmal einschlafen, aber dafür wachen wir in der Nacht öfter auf oder haben Albträume. Trinken Sie also am Abend möglichst nicht zu viel.

Hier ein paar Möglichkeiten, wie Sie sich abends entspannen können: Nehmen Sie ein heißes Bad mit frischem Rosmarin, Lavendel oder Kräutertee (aus Teebeuteln). Hören Sie beruhigende Musik. Trinken Sie Kamillentee. Arbeiten Sie nicht bis spät nachts am Computer, damit auch Ihr Verstand einmal abschalten kann.

Auf keinen Fall sollten Sie Schlafmittel nehmen. Danach fühlt man sich meist wie erschlagen. Versuchen Sie zuerst etwas Natürliches. Auch ein guter Kräutertee wirkt abends beruhigend.

Wenn ich auf Reisen bin, wende ich einen kleinen Trick an: Ich schlafe nachts mit Ohrstöpseln aus Wachs. Das ist zugegebenermaßen nicht jedermanns Sache, aber ich finde, die kleinen Wunderdinger dämmen die Umgebungsgeräusche (wie das Schnarchen des Partners). Außerdem rate ich zu Bettwäsche aus guter Baumwolle. Verwandeln Sie Ihr Schlafzimmer in einen einladenden Raum, auf den Sie sich abends freuen. Achten Sie darauf, dass das Schlafzimmer nicht zu vollgestellt ist.

11. Was wirklich zählt ...

Möglicherweise ist ja nichts mehr von Bedeutung, wenn wir diese Erde verlassen, doch die Art und Weise, wie wir gelebt haben, wird sich auch dann noch bemerkbar machen.

Natürlich erben unsere Lieben alles, was wir im Laufe unseres Lebens so angesammelt haben, doch was wirklich zählt, sind die nicht-materiellen Dinge, die wir ihnen hinterlassen. Am Ende kommt es nur darauf an, was wir anderen gegeben haben, nicht auf das, was wir selbst bekommen haben. Was wir weitergeben und ausstrahlen, ist wichtiger als das, was wir selbst lernen können. Wenn wir andere beschenken, tun wir am Ende uns selbst etwas Gutes. Wie wir gelebt haben, wird sich auf unsere Kinder und Kindeskinder auswirken, auf unsere Freunde und Partner. Es ist wichtig, ob wir unser Leben im Geiste des Mitgefühls für alle lebenden Wesen leben und ob wir uns um die Erde kümmern. Es ist wichtig, dass wir den Menschen, die uns am Herzen liegen, zeigen, dass wir sie lieben. Und ob wir Menschen, die es nötig haben, mit Freundlichkeit und Güte gegenübertreten. Und zwar nicht nur zu Lebzeiten, sondern auch nach unserem Tod.

12. Meditation

Ich habe 1969 begonnen zu meditieren, daher möchte ich meine Erfahrungen mit Ihnen teilen. Meditation bringt den Geist zur Ruhe und schenkt inneren Frieden. Wenn Ihr Geist klar ist, sind Sie produktiver. Meditation ist gut für Körper, Geist und Seele. Sie vermindert Muskelspannungen ebenso wie Schmerz, Stress, Angst, Depressionen, hohen Blutdruck und andere Probleme. Sie hilft uns, in der Gegenwart zu leben, ohne dauernd über Vergangenheit oder Zukunft nachzugrübeln. Sie ermöglicht uns ein besseres Verständnis von uns selbst und unseres Lebenssinnes. Meditation kann den Alterungsprozess verlangsamen und unsere Gesundheit stärken. Es ist bekannt, dass bei der Meditation Stoffe frei werden, die dem Altern entgegenwirken. Meditation stärkt unser Selbstbewusstsein und führt zu Glücksgefühlen.

Meditation ist nicht schwer, erfordert aber ein wenig Übung. Manchmal ist der Geist ruhig, manchmal wirbeln die Gedanken nur so durcheinander. Mit Geduld und Ausdauer wird die Übung einfacher. Nun folgt ein kleines Stufenprogramm zum Erlernen der Meditation:

1. Setzen Sie sich mit gekreuzten Beinen auf ein Meditationskissen oder auf einen Stuhl. Achten Sie darauf, dass der Rücken schön gerade bleibt und Sie entspannt sitzen können. Sie sollten etwa fünfzehn bis zwanzig Minuten lang so sitzen können.

2. Entspannen Sie nun die Muskeln im Gesicht. Dann den Nacken, die Schultern, die Arme, die Hände, die Finger. Lassen Sie im Brustkorb los, im Bauchraum. Nun folgen Beine, Füße und Zehen.
3. Konzentrieren Sie sich auf den Atem. Atmen Sie tief ein. Stellen Sie sich vor, dass Sie Glück einatmen. Das Gefühl füllt Ihren ganzen Körper aus. Mit dem Ausatmen lassen Sie alle Sorgen und negativen Gefühle los. Atmen Sie ein und aus und lassen Sie Ihre Gedanken gehen. Sie konzentrieren sich allein auf den Atem.
4. Bei der Meditation geht es letztlich darum, den Geist auf einem einzigen Objekt ruhen zu lassen. Sie können sich auf den Atem konzentrieren, auf eine Kerzenflamme oder das geistige Bild einer Kerzenflamme. Auch auf das Bild einer Gottheit oder ein beliebiges Mantra. Mantras sind Lautfolgen, in denen sich eine bestimmte Energie konzentriert. Sie führen zu ganz bestimmten Geisteszuständen und tragen dazu bei, den Geist zu beruhigen.
5. Möglicherweise stellen Sie nach ein paar Minuten fest, dass Ihr Geist längst mit anderen Dingen beschäftigt ist als mit der Meditation. Zum Beispiel: »Wohin gehe ich heute Abend aus?« Oder: »Was soll ich essen?« Wenn Gedanken auftauchen, nehmen Sie zur Kenntnis, was Sie denken. Dann lassen Sie los und lenken Ihre Aufmerksamkeit zurück auf den Atem.
6. Welche Technik Sie benutzen, ist weniger wichtig als die Konzentration. Nur so beruhigt sich der Geist, sodass Sie tiefere Schichten Ihres Selbst kennenlernen. Der Geist tänzelt stets umher: Er ist quicklebendig und braucht die Meditation, um zur Ruhe zu kommen.

Ich habe die Meditation mithilfe eines persönlichen Mantras erlernt, das mir mein Lehrer gab. Ein Mantra ist recht praktisch, um den Geist zur Ruhe zu bringen. Sie können beispielsweise die Silbe *Om* als Mantra verwenden. Sie steht für Reinheit und Frieden. Diese Silbe wiederholt man laut oder leise, während man ruhig ein- und ausatmet. Es kann ein wenig dauern, aber am Ende gelingt es dem Geist gewöhnlich, auch längere Zeit ruhig zu bleiben. Stillsitzen und Meditieren »kräftigen den Meditationsmuskel«, wie ich zu sagen pflege.

Wenn Sie mit Sport anfangen, sind Ihre Muskeln anfangs auch noch schwach, aber mit der Zeit werden sie immer kräftiger. Meditation sorgt auch dafür, dass wir jünger und gelassener aussehen. Sie hilft uns, die Schönheit in uns und anderen zu erkennen und uns so zu akzeptieren, wie wir sind.

13. Vertrautheit

Es gibt viele Formen der Vertrautheit – intellektuelle, spirituelle, sexuelle und körperliche Vertrautheit. Bei Vertrautheit geht es um Wärme, Nähe, Ehrlichkeit und Innigkeit. Um Verständnis, Kameradschaft und Gemeinsamkeit. Um Mitgefühl und die Fähigkeit, sich liebevoll und verletzlich zu zeigen. Wenn Sie sich selbst akzeptieren, können Sie das ganz offen mit anderen teilen.

Jemanden gut zu kennen und ihm zu erlauben, Sie kennenzulernen, lässt Vertrautheit entstehen. Jemanden zu lieben heißt dagegen nicht zwangsläufig, dass Sie mit dieser Person vertraut werden. Sie können jemanden durchaus lieben, ohne dass Sie sich diesem Menschen öffnen. Und Sie können jemanden jahrelang kennen und sich doch nie wirklich die Mühe machen herauszufinden, was diesem Menschen wichtig ist.

Jeder Mensch hat eine andere Vorstellung von Vertrautheit. Das passiert manchmal auch bei Partnern. Und manchmal verliert man die aufgebaute Vertrautheit im Laufe der Jahre wieder. Beziehungen verändern sich ständig, und wir übersehen manchmal, dass wir etwas tun müssen, um die Vertrautheit lebendig zu halten. In der Beziehung zu unserem Partner entsteht sie aus dem Gefühl, so akzeptiert zu werden, wie wir sind. In einer Freundschaft hingegen fühlt man sich manchmal instinktiv zu jemandem hingezogen, weil man diesem Menschen so weit vertraut, dass man ihm die geheimsten Gedanken mitteilt. Vertrautheit entsteht, wenn Sie anderen Menschen Ihre Sorgen und Verletzlichkeit zeigen.

Vertrautheit aber ist die Grundlage aller wichtigen Beziehungen, ob es sich nun um Freundschaft oder Partnerschaft handelt. Um sie herzustellen, müssen Sie sich anderen öffnen können und diese Menschen in Ihren persönlichsten Bereich einlassen. Seien Sie sich selbst treu, dann müssen Sie keine Angst haben, sich verletzlich zu zeigen. Wenn Sie aber Angst haben und sich hinter hohen Mauern verschanzen, wenn Sie anderen nie zeigen, wer Sie wirklich sind, wenn Sie anderen nie vertrauen, werden Sie eine der wichtigsten Erfahrungen des Lebens verpassen.

14. Positiv denken

Positiv zu denken ist eine innere Haltung. Man geht einfach davon aus, dass die aktuellen Umstände zu einem positiven Ergebnis führen werden. Auf diese Weise zählen Gesundheit, Freude und Glück mehr als unsere Probleme. Mit dieser Einstellung kommen Sie besser durch schwierige Zeiten. Wissenschaftliche Untersuchungen belegen, dass positives Denken das Leben verlängert, Stress reduziert und das Immunsystem stärkt.

Ob nun positive oder negative, feststeht, dass unser Kopf ständig Gedanken produziert. Wir stellen uns vor, wie alles besser oder schlechter läuft, und diese Gedanken beeinflussen unsere Sicht der Dinge. Wenn wir uns aber auf positives Denken konzentrieren, üben wir uns wir gleichsam in Optimismus. Richten wir unseren Blick aber einzig auf die negativen Seiten des Lebens, schulen wir uns in Pessimismus.

Studien zeigen, wie unser Denken unsere Gesundheit beeinflusst. Wenn wir positiv denken, zeigt sich dies auch in unserer Körpersprache. Wir stehen aufrecht, gehen sicher und strahlen Zufriedenheit und Selbstvertrauen aus.

Anfangs mag es uns schwerfallen, positiv zu denken, wenn etwas geschieht, was wir als schlecht bewerten, oder wenn das Leben uns vor seine großen Herausforderungen stellt. Doch in eben diesen Augenblicken müssen wir die Macht unseres Denkens nutzen. Sobald ein negativer Gedanke auftaucht, sollten wir ihn durch einen positiven ersetzen. Möglicherweise wird der negative Gedanke davon nicht verschwinden, dann müssen wir es weiter und weiter versuchen.

Denken Sie an etwas Schönes, das Sie in der Vergangenheit glücklich gemacht hat. So kreisen Ihre Gedanken nicht mehr nur um das Negative. Wenn Sie so weitermachen und Ihr negatives Denken einfach ignorieren, trainieren Sie Ihre »Positiv-Muskeln«. Am Ende werden diese gewinnen. Geben Sie nicht auf. Lernen Sie, immer das Beste zu erwarten. Setzen Sie Ihre Willenskraft ein, um das Resultat zu erzielen, das Sie sich wünschen. Und üben Sie regelmäßig weiter.

Gerade beim Altern und bei Fragen der Gesundheit spielt positives Denken eine enorme Rolle. Der Zukunft hoffnungsvoll entgegenzublicken, das Leben zu genießen und glücklich zu sein sind durchweg Faktoren, die zu einem längeren Leben beitragen. Wissenschaftliche Untersuchungen zeigen beispielsweise, dass alte Menschen, die positiv denken, weniger gebrechlich sind als solche, die alles ausschließlich negativ sehen.

Wir alle haben die Wahl: Wir können an der Negativität festhalten und anderen Menschen dauernd unsere Probleme vorjammern oder wir reden über Dinge, die uns Freude bereiten. Ich sage immer: »Ihre Worte können Sie hören.« Wenn Sie jemandem erzählen, dass Sie täglich um 15 Uhr müde werden, was glauben Sie, was dann passiert? Ja, genau. Sie werden täglich um diese Zeit müde.

Suchen Sie sich ein Foto, das sie zeigt, als Sie glücklich waren, und bewahren Sie es griffbereit auf. Wenn negative Gedanken Sie überfallen, holen Sie das Bild heraus, damit Sie sich daran erinnern, wie es war, glücklich zu sein. Denken Sie daran: Es liegt bei Ihnen.

15. Lachen Sie öfter!

Lachen ist die beste Medizin. Tatsächlich fühlen wir uns besser, wenn wir lachen. Dann schicken wir Sauerstoff durch unseren Körper und trainieren unsere Gesichtsmuskeln. Lachen steigert die Herzfrequenz und verbrennt Kalorien. Lachen senkt den Blutdruck, reduziert Stress und sorgt für ein Gefühl des Wohlbefindens. Außerdem ist Lachen ansteckend.

Norman Cousins beschreibt in seinem Buch *Der Arzt in uns selbst* die Geschichte seiner entzündlichen Wirbelsäulenerkrankung, einer sehr schmerzhaften Krankheit. Ans Bett gefesselt sah er sich viele alte Komödien an, zum Beispiel von den Marx Brothers oder alte Folgen von *Versteckte Kamera*. Das Lachen, so meint er, habe ihn vom Schmerz befreit. Nach zehn Minuten Lachen konnte er zwei Stunden lang schmerzfrei schlafen. Die von ihm entwickelte Lachtherapie wird mittlerweile in einigen Krankenhäusern in den USA angewendet. Mark Twain meinte einmal: »Die Menschheit hat nur eine wirksame Waffe, und das ist das Lachen. In dem Moment, in dem Gelächter in uns aufsteigt, wird alle Bedrängnis hinweggespült, all unser Zorn, all unser Ärger verschwindet und macht einer heiteren Stimmung Platz.«

Sie wollen mehr lachen? Hier ein paar Tipps: Laden Sie Ihre Freunde zu einer Lachnacht ein und leihen Sie sich ein paar komische Filme aus. Sagen Sie schon vorher, dass das Thema des Abends das Lachen ist. Bitten Sie Ihre Gäste, irgendwie zum Gelingen der Lachnacht beizutragen.

Schauen Sie einen Tag oder zwei Tage pro Woche keine Nachrichten und lesen Sie in der Zeitung nur die positiven Meldungen. Lächeln Sie sich im Spiegel an, wenn Sie daran vorbeikommen. Lernen Sie einen Witz, mit dem Sie Freunde und Familie unterhalten können. Lächeln Sie des Öfteren mal über die kleinen Widrigkeiten des Lebens. Gehen Sie in hin und wieder ins Theater und schauen Sie sich eine Komödie an. Mir jedenfalls geht es umso besser, je öfter ich Menschen zulächle. Da sie stets zurücklächeln, weiß ich, dass es den anderen dadurch auch besser geht. Lächeln wird zum Lachen und Lachen ist der Sonnenschein der Seele.

16. Gönnen Sie Ihrem Geist regelmäßig einen Wellness-Tag

Eigentlich sollte es solch einen Feiertag geben, denn jeder von uns braucht doch mal einen Tag für sein geistiges Wohlbefinden. Ja, auch Sie. Sie arbeiten hart und erfüllen Ihre Pflichten. Immer tun Sie alles Mögliche für andere Leute oder für Ihren Beruf. Gelegentlich machen Sie ein paar Tage Ferien oder sind ein paar Tage krank. Und Sie selbst? Wie wär's mal mit einem Tag, damit Sie geistig topfit bleiben?

Leider wird Ihnen dafür niemand freigeben, Sie müssen sich den Tag also selbst nehmen. An diesem Tag sollten Sie nur Dinge machen, die Sie gern tun. Allein. Kein Putzen, keine Einkäufe, keine Telefonanrufe, damit jeder weiß, wo Sie heute zu erreichen sind und was Sie gerade tun. An diesem Tag genießen Sie die Ruhe. Und dass Sie endlich mal Zeit für sich haben. Ein Tag der Rundumerneuerung also.

Machen Sie einen Schaufensterbummel oder gehen Sie ins Kino. Gehen Sie golfen, schwimmen, zum Sport. Lassen Sie sich rasieren (wahlweise: die Beine enthaaren) oder die Haare schneiden. Lassen Sie sich massieren, gehen Sie ins Museum. Oder in ein hübsches Café. Gönnen Sie sich eine Fußpflege oder bleiben Sie den ganzen Tag im Bett. Tun Sie, was immer Ihnen das Gefühl geistiger Frische zurückbringt. Schuldgefühle gibt es an diesem Tag nicht. Richtig, das ist absoluter Luxus! Genießen Sie ihn! Sagen Sie jetzt nicht, dass Sie für so etwas keine Zeit haben, nehmen Sie sich die Zeit einfach. Wir alle müssen Geist und Körper von Zeit zu Zeit erfrischen. Sie werden sich am nächsten Tag viel besser fühlen und Arbeit und Familie viel besser handhaben können.

Nehmen Sie sich also immer wieder einen Tag frei, um sich etwas Gutes zu tun, bevor Sie dazu zu erschöpft oder gestresst sind.

17. Seien Sie aufrichtig, ehrlich, gütig und fair

Wenn Sie ohnehin ein Mensch mit spirituellen Interessen sind, fällt es Ihnen vielleicht nicht schwer, all diese Eigenschaften zu entwickeln. Vielleicht sind Sie ja ehrlich und aufrichtig, weil Sie an das Gesetz von Ursache und Wirkung oder ein Leben nach dem Tod glauben. Sie wissen, dass es angenehmer ist, ein guter Mensch zu sein statt ein schlechter. Und Ihnen ist auch nicht egal, wie es auf der Welt zugeht. Wenn Sie nicht an Karma oder das Jenseits glauben, sind Sie vielleicht einfach nur ein guter Mensch, weil Sie das Gefühl haben, das sei richtig so.

Welches Interesse könnten Sie daran haben, sich ethisch zu verhalten? Vielleicht ziehen Sie irgendwann berufliche oder andere Vorteile daraus. Wir leben in einer Welt, in der alles, was wir tun, sich auf unsere Umwelt auswirkt. Wir alle leben von diesem Planeten, den wir bewohnen. Wenn wir beschließen, kein Fleisch mehr zu essen, oder unseren Müll zu trennen, hat diese Entscheidung Auswirkungen auf andere.

Wenn uns Erde und Menschheit nicht egal sind, muss sich jeder von uns ethisch, aufrichtig und gut verhalten. Wir sollten ehrlich sein, ganz egal, welche Art von Tätigkeit wir ausüben. Wir sollten darauf achten, ob das Produkt oder die Dienstleistung, die wir anbieten, auch niemandem schadet: Menschen, Tieren, der Umwelt. Wir tragen Verantwortung dafür, dass das, was wir an den Mann bringen wollen, auch ehrlich beworben wird. Wir sollten unsere Tätigkeit nicht nur von unseren Interessen oder denen unseres Unternehmens leiten lassen. An diesem Punkt ist die persönliche Ethik wichtiger als das Gewinnstreben.

Die wirtschaftlichen Probleme, mit denen wir heute zu kämpfen haben, wurden von Unternehmen verursacht, die immer nur in die eigene Tasche gewirtschaftet haben – ohne Rücksicht auf ihre Kunden oder Angestellten. Gewinnsucht führt dazu, dass Firmen viel zu hohe Preise verlangen. Sie versuchen, ihre Lieferanten ebenso über den Tisch zu ziehen wie ihre Kunden. Und sie zahlen Hungerlöhne. Nur weil sie die Gewinnmargen immer weiter nach oben treiben wollen, übersehen sie, dass auch die Wirtschaft einer gewissen Ethik folgen sollte.

Manche Unternehmen und selbst gemeinnützige Organisationen haben ihre Macht missbraucht und schließlich die Moral über Bord geworfen. Sportler, Politiker, Unternehmensführer werden berühmt, weil sie unlauter handeln. Meinen sie es denn tatsächlich ernst, wenn sie sich nach getaner Tat entschuldigen? Oder machen sie das nur, weil sie erwischt wurden? Tut es ihnen wirklich leid, dass sie die Regeln von Anstand und Moral verletzt haben?

Was aber lässt in uns das Bedürfnis nach ethischem Handeln entstehen? Warum gründet jemand mit seinem Vermögen eine Stiftung, um anderen zu helfen? Wieso gehen einzelne Unternehmen zum Beispiel bei Umweltauflagen weit über die gesetzlichen Vorschriften hinaus, um wirklich sauber zu produzieren? Warum handeln einzelne Unternehmensführer ethisch? Liegt es am Karma, am Jenseits oder am angeborenen Sinn für richtig und falsch?

Letztlich trifft jeder von uns hier seine eigene Wahl. Für mich ist ethisches Verhalten zum Lebensmotto geworden. Aber das fing schon an, als ich sieben war und auf dem Rasen vor unserem Haus stand. Ich spürte plötzlich, wie mein Herz sich öffnete. Mir wurde mit einem Mal klar, wie wichtig es ist, zu anderen gut zu sein. Und dieses Gefühl ist mir mein Leben lang erhalten geblieben.

Es fühlt sich einfach gut an, zu Mensch und Tier gut zu sein, sich selbst so weit zu lieben, dass man stets bei der Wahrheit bleibt. Es fühlt sich gut an, andere ebenso zu respektieren wie sich selbst und unsere Erde. Nicht wegen des Profits. Nicht wegen des Ruhms. Nicht aus Eigeninteresse, sondern um sich ganz und integer zu fühlen. Es fühlt sich richtig an, nett zu sein, ehrlich, gütig. Ich glaube, diese innere Einstellung bringt Nebenwirkungen: Gesundheit, Glück und das Gefühl immerwährender Jugend.

18. Unsere wichtigste Beziehung ist die zu uns selbst!

Bevor Sie eine gute Beziehung zu anderen aufbauen können, müssen Sie sich erst selbst mögen. Manche Menschen halten Selbstliebe für egoistisch. Viele Menschen wurden als Kinder vernachlässigt oder missbraucht und können daher keine Selbstliebe aufbauen. Doch mangelhafte Selbstachtung führt zu Unzufriedenheit, Frust, Übergewicht und gesundheitlichen Problemen.

Manche Menschen kümmern sich immer um andere, um ihre Familie, ihre Freunde, ja sogar ihren Chef. Sie denken nie an sich. Irgendwann aber sind sie vollkommen ausgelaugt. Erst dann merken Sie, dass etwas nicht stimmt.

Wenn Sie sich selbst lieben wollen, sollten Sie sich zunächst einmal klarmachen, dass Sie für Ihre Erfahrungen selbst verantwortlich sind – nicht der äußere Druck, die Umstände oder Ihre Kindheit. Sie müssen lernen, wie Sie für sich selbst sorgen können. Sie werden sofort den Erfolg spüren, wenn Sie Ihre Selbstzweifel in den Griff bekommen.

Als ich Anfang dreißig war, nahm ich an einem Workshop zum Thema »Persönlichkeitsentwicklung« teil. Dabei mussten wir die anderen Kursteilnehmer fragen, was sie an uns mochten. Für mich war das ein wichtiger Prozess: Ich lernte, dass es in Ordnung war, meine positiven Seiten und meine Leistungen zu würdigen. Ich war nämlich so erzogen worden, dass jedes positive Wort über einen selbst als Angeberei abgestempelt wurde.

Hören Sie überhaupt hin, wenn Ihre Freunde Ihnen ein Kompliment machen? Achten Sie einmal darauf, was Sie Positives über sich hören und glauben Sie es. Ich garantiere Ihnen, Sie werden viel über sich selbst erfahren, was Sie vorher nicht wussten oder schlicht nicht glauben wollten.

Wenn Sie sich selbst akzeptieren können, wie Sie sind, ist das der erste Schritt zur Selbstliebe. Klar, Sie wollen vielleicht ein paar überflüssige Pfunde verlieren oder gesünder werden, doch es wird Ihnen nicht weiterhelfen, wenn Sie sich dabei zur Zielscheibe von Selbstkritik machen.

Seien Sie sich selbst ein guter Freund oder eine gute Freundin. Seien Sie nett zu sich und hören Sie sich zu. Seien Sie stolz auf Ihre Leistungen und Ihre guten Eigenschaften. Machen Sie eine Liste mit allem, was Sie an sich selbst mögen. Diese Liste ist nur für Sie bestimmt, Sie müssen sich also nicht zurückhalten. Wenn Ihnen das schwerfällt, beginnen Sie damit, dass Sie alle Eigenschaften auflisten, die Sie gerne hätten. Dann fangen Sie wenigstens an, über sich nachzudenken. Fragen Sie sich, was Sie jeden Tag für andere tun. Merken Sie sich, wenn Sie zu Freunden etwas gesagt haben, was diesen geholfen hat. Spüren Sie das Glück, das daraus entsteht, wenn Sie für andere etwas getan haben.

Sehen Sie sich mit den Augen eines Liebenden. Haben Sie Mitgefühl mit sich selbst. Die Liebe, nach der Sie sich sehnen, kann letztlich nur aus Ihnen selbst kommen. Es mag ein wenig Übung erfordern, das Beste in uns selbst zu sehen, doch Selbstliebe ist wirklich hilfreich. Sobald Sie erst einmal damit anfangen, wird es immer einfacher.

Schauen Sie in den Spiegel und sagen Sie zu sich selbst: »Ich liebe dich.« Machen Sie sich Komplimente. Hören Sie auf, sich selbst dauernd niederzumachen. Achten Sie darauf, wie Sie mit sich umgehen. Schluss mit den negativen Bemerkungen. Fangen Sie an, Ihr Spiegelbild zu mögen und das, was von Ihnen äußerlich nicht sichtbar ist. Akzeptieren Sie, wo Sie im Leben stehen, und machen Sie sich keine Gedanken übers Älterwerden. Das gehört zum Leben.

Versuchen Sie vor allem nicht, zu viel an einem Tag zu erledigen. Es ist doch nicht schlimm, wenn Sie etwas aufschieben. Versuchen Sie gar nicht erst, in den Augen anderer perfekt zu sein. Bleiben Sie sich selbst treu. Machen Sie sich klar, was Sie wirklich gut können und loben Sie sich dafür ... und für all Ihre kleinen und großen positiven Eigenschaften. Diese Übung wird Ihnen zeigen, dass Sie es wert sind, geliebt zu werden. Noch besser: Sie werden plötzlich anfangen, sich zu mögen.

19. Welche ist Ihre größte Leidenschaft?

Was wäre das Leben ohne Leidenschaft? Wenn Sie herausfinden wollen, was Sie wirklich glücklich macht, dann richten Sie sich nach Ihren Leidenschaften. Leidenschaft ist ein starkes Gefühl. Es treibt uns an: Wir lieben voller Leidenschaft oder verfolgen leidenschaftlich unsere berufliche Karriere.

Wenn Sie wissen, was Sie antreibt, kann Sie das glücklich machen. Gewöhnlich hat Leidenschaft etwas mit den eigenen Interessen zu tun, mit Talent, mit dem, was uns leicht fällt. Möglicherweise ist Ihnen gar nicht bewusst, dass Sie eine Begabung für Dinge haben, die anderen schwerfallen.

Ich habe meinen Kindern immer zu vermitteln versucht, dass jedem Menschen eine besondere Begabung innewohnt. Wenn Sie diese Begabung entdecken, dann rückt auf einmal alles im Leben an seinen Platz. Jeder Mensch hat eine oder mehrere Begabungen, aber manchmal brauchen wir jahrelang, um sie zu entdecken. Ist Ihnen das gelungen, wird die Leidenschaft Sie beflügeln, was auch immer Sie sich vornehmen.

Wenn es etwas in Ihrem Leben gibt, was Sie so gern tun, dass die Stunden dabei wie im Flug vergehen, dann mag das an Ihrer Begabung liegen.

Menschen, die Ihre Begabung noch nicht entdeckt haben, vergeuden ihre Zeit häufig in Jobs, die ihnen nicht liegen. Haben Sie sich je gefragt: *Was würde ich tun, wenn Geld für mich kein Problem wäre*? Vielleicht sollten Sie sich diese Frage einmal stellen.

Eine meiner Freundinnen glaubte immer, sie habe keinerlei besondere Begabung. Als sie auf Jobsuche war, wies ich sie darauf hin, dass sie die besten Partys schmiss, die ich je erlebt hatte. So kam sie dahinter, dass ihre Begabung darin lag, andere Menschen zusammenzubringen. Und dass sie einfach wusste, wie man Spaß hat. Einladungen zu ihren Partys waren begehrt. Sie war um die fünfzig, als sie dieses Talent an sich entdeckte.

Wenn wir unsere Talente einsetzen, werden wir immer wieder unerwartete Unterstützung finden. Wir werden erleben, dass das Unglaubliche geschieht: Geldquellen tun sich auf, ungeahnte Möglichkeiten. Plötzlich lernen wir Gleichgesinnte kennen. Nein, da ist keine Fee am Wirken, die uns mit Sternenstaub bestreut. Aber es macht wirklich den Eindruck, als würde unser Traum sich endlich erfüllen. Wir spüren, dass wir auf dem richtigen Weg sind. Wir geben uns Mühe und siehe da: Die Pforten öffnen sich für uns. Sobald wir unser Talent entdeckt haben und es einsetzen, sind wir so glücklich, dass jeder um uns herum es merkt.

Befragt, ob ihm der Glaube an das eigene Talent, an die eigene Freude geholfen hat, antwortet der Mythenforscher Joseph Campbell in *Die Kraft der Mythen*: »Laufend. Es ist wunderbar. Ich habe sogar einen Aberglauben …, nämlich den, dass man sich, indem man seiner Freude folgt, gewissermaßen auf eine Spur bringt, die immer schon da war und auf einen wartete, und das Leben, das man führen sollte, ist genau das Leben, das man führt. Wenn Sie das so sehen können, fangen Sie an, Menschen zu begegnen, die im Feld Ihrer Freude sind, und sie machen Ihnen die Türen auf. Ich sage: Folgen Sie Ihrer Freude, und haben Sie keine Angst, und Türen werden sich öffnen, wo Sie gar nicht damit gerechnet haben.« (aus: Joseph Campbell, *Die Kraft der Mythen*, Zürich/München 1989, Seite 146)

An anderer Stelle sagte er zu diesem Thema, dass es ja nicht nur darum gehe, dass man einfach tut, was man will, und schon gar nicht das, was man soll. Es gehe vielmehr darum, die Dinge zu entdecken, die wahre Leidenschaft in uns erwecken, und sich ihnen dann mit voller Kraft zu widmen. So würden wir unser ganzes Potenzial verwirklichen und unserer Gemeinschaft bestmöglich dienen.

20. Zähne, Mundhöhle und Zunge pflegen

Weiße Zähne, ein wohlriechender Atem und gesundes Zahnfleisch sind wichtige Zeichen der Gesundheit. Eines Tages las ich die Liste der Inhaltsstoffe meiner Zahncreme und stellte fest, dass ich nicht verstand, was drin war. Jedenfalls stand auf der Tube: »Bitte nicht schlucken!« Ich habe mich immer gefragt, was diese Zahnpasta wohl enthalten mochte. Und wie soll das gehen: Nichts von dem zu verschlucken, womit man sich die Zähne putzt? Aber was diese Zahncreme auch enthalten mag, es wird auf jeden Fall über das Zahnfleisch und die Mundschleimhaut aufgenommen.

Seitdem benutze ich die Zahncremes, die es im Naturkostladen gibt. Sie sind frei von Fluorid, Phosphaten, synthetischen Tensiden sowie Farb- und Konservierungsstoffen. In jüngster Zeit habe ich mich für *Tooth Soap* entschieden, ein Produkt aus Oliven- und Kokosöl, das mittlerweile auch im deutschsprachigen Raum erhältlich ist (etwa unter *www.pureraw.de/Pflegeprodukte*). Jeder in meinem Bekanntenkreis, der es ausprobiert hat, bekam davon festeres Zahnfleisch und weniger empfindliche Zahnhälse. Anfangs mochte ich den Seifengeschmack nicht, mittlerweile habe ich mich daran gewöhnt. Und es gibt eine Minzvariante.

Tooth Soap besteht aus reiner Seife, es beseitigt jeden Belag auf den Zähnen und gibt so ein frisches Gefühl in der Mundhöhle. Mir hat es geholfen, denn ich hatte nach der professionellen Zahnreinigung immer stark empfindliches Zahnfleisch. Seit ich *Tooth Soap* benutze, hat sich das Problem gelegt.

Ich lasse meine Zähne alle vier Monate vom Zahnarzt reinigen, damit sie länger weiß bleiben.

Schließlich möchte ich so lange wie möglich mit meinen eigenen Zähnen zubeißen können. Ich habe immer noch alle meine Zähne, auch meine Weisheitszähne, obwohl das in meinem Alter eine Seltenheit ist.

Unsere Ernährung ist natürlich auch für die Zähne wichtig. Ich putze meine Zähne zweimal täglich, damit Fruchtreste den Zahnschmelz nicht angreifen können. Die Reinigung mit Zahnseide ist für die Gesunderhaltung unseres Körpers wesentlich. Wenn nämlich Ihre Mundhöhle in Mitleidenschaft gezogen wird, können Sie davon ausgehen, dass das Problem sich schon längst irgendwo im Körper eingenistet hat. Eine gute Zahnhygiene beseitigt Bakterien so, dass sie gar nicht erst in den Körper gelangen.

Traditionelle Zahncreme enthält Putzstoffe, die die Zähne von Flecken befreien sollen. Dies gilt für *Tooth Soap* natürlich nicht, daher putze ich mir die

Zähne alle paar Tage mit doppeltkohlensaurem Natron oder mit einer Naturkost-Zahnpasta mit Neemöl. Neemöl wird aus einem schnellwachsenden und langlebigen Baum gewonnen, der in Indien und Burma/Myanmar wächst. Es hält das Zahnfleisch auf natürlichem Weg gesund und bleicht die Zähne. Es wird als natürliches Pestizid eingesetzt, weil es Insekten fernhält. Außerdem hilft es gegen unreine Haut. Die Wirkstoffe des Neembaums werden auch für medizinische Zwecke eingesetzt. Gegen Bakterien in der Mundhöhle wirkt auch eine Spülung mit Wasserstoffperoxid nach dem Zähneputzen.

Yogis reinigen seit Jahrhunderten auch ihre Zunge. Das aktiviert die Speicheldrüsen und beseitigt Bakterien, wenn Sie erkältet sind oder Halsentzündung haben. Dann werden Sie schneller wieder gesund. Wenn Sie die Bakterien auf der Zunge nur mit der Zahnbürste zu putzen versuchen, verteilen Sie sie stattdessen nur im Mundraum. Möglicherweise bleiben sie sogar an der Bürste haften. Am besten verwenden Sie einen Zungenkratzer, den Sie für wenig Geld im Internet bestellen können (etwa unter *www.zungenkratzer.de/?tid=MGTV*). Ein schöner Mund verführt zum Lächeln:

Putzen Sie sich also zweimal täglich die Zähne, reinigen Sie mit Zahnseide nach und gehen Sie oft zum Zahnarzt.

21. Wundermittel gegen Augenringe und Tränensäcke

Dunkle Augenringe und Tränensäcke gehen häufig auf schlechte Ernährung zurück, aber auch auf zu viel Rotwein, Kaffee, Salz und zu wenig Schlaf. In der chinesischen Medizin geht man bei diesem Problem von einer Fehlfunktion der Niere aus.

Hier ein paar Tipps, mit denen Sie die Symptome lindern können. Bei andauernden Problemen gehen Sie bitte zum Arzt. Meine Mutter riet mir, kalte Gurkenscheiben auf die Augen zu legen, um die Tränensäcke abschwellen zu lassen. Wenn es zu Hause Gurkensalat gab, legte ich immer die Schale auf Gesicht und Augen, weil sich das so erfrischend anfühlte. Gurkenscheiben kühlen die Region um die Augen und lindern Schwellungen.

Auch Kompressen aus Rosmarinaufguss sind ein gutes Mittel zur Entgiftung von außen. Machen Sie einen starken Aufguss aus frischem Rosmarin und lassen Sie die Flüssigkeit abkühlen. Dann tauchen Sie ein Tuch hinein und legen es wie eine Kompresse über die Augen. Lassen Sie die Kompresse zehn bis fünfzehn Minuten wirken, damit die abgekühlte Flüssigkeit einziehen kann. Wiederholen Sie den Vorgang mehrmals.

Kartoffelscheiben lassen Augenringe verschwinden. Bedecken Sie die Augen mit dünnen Scheiben roher Kartoffeln und legen Sie sich fünfzehn Minuten hin. Waschen Sie die Augenregion danach mit Wasser aus und tragen Sie Kokosöl auf. Die Kartoffelstärke zieht die Giftstoffe heraus. Das Kokosöl wirkt dem Trockenheitsgefühl entgegen, das die Stärke mitunter auslöst.

Den nächsten Tipp erhielt ich von einer Freundin aus Taos in New Mexico, einer Indianerin. Wenn sie Augenringe hat, mischt sie eine Paste aus doppeltkohlensaurem Natron, das sie mit Tomaten- oder Ananassaft und ein paar Tropfen Zitronensaft anrührt. Diese trägt sie unter den Augen auf, um sie nach zwanzig bis dreißig Minuten zuerst mit warmem und dann kaltem Wasser abzuspülen. Die Resultate werden erst nach mehrmaliger Anwendung sichtbar. Noch besser wirkt die Paste, wenn Sie ein wenig Kurkuma hineingeben. Achten Sie darauf, dass ja nichts davon in die Augen kommt.

Diese schnellen Helferlein wirken gut bei Augenringen oder Tränensäcken, doch vergessen Sie bitte nicht, dass diese in jedem Fall ein Ungleichgewicht im Körper signalisieren. Fasten Sie ein paar Tage und lassen Sie Leber und Nebennieren untersuchen. Auch ein Detox-Programm schwemmt Giftstoffe aus. Generell gilt: Wenn es äußere Anzeichen für Probleme im Körper gibt, sollten wir uns gründlich untersuchen lassen.

22. Flexy ist sexy!

Richard Restak, Professor für Neurologie an der George-Washington-Universität, betont immer wieder, dass eineinhalb Kilometer Spazierengehen täglich das Demenzrisiko jedes Menschen um 50 Prozent senkt. Ich habe jahrelang nicht sonderlich viel Sport getrieben, obwohl ich wusste, dass mir das gutgetan hätte. Ich machte monatelang Yoga und plötzlich hörte ich auf. Ich ging ins Fitness-Studio zum Spinning und irgendwann hatte ich keine Lust mehr. Ich machte Qigong und fand es so toll, dass ich mir gar nicht mehr vorstellen konnte, damit aufzuhören, und plötzlich war Schluss. Heute weiß ich, dass Sport und Bewegung von größter Bedeutung sind, wenn wir uns Jugend, Vitalität und ein langes Leben wünschen.

Ich treibe heute maßvoll Sport. Ich übe Qigong oder Yoga, gehe wandern und mache Nordic Walking. Dazu noch ein bisschen Pilates und Krafttraining mit Hanteln. Allerdings gehe ich dazu nicht ins Fitness-Studio, sondern führe alles zu Hause aus. Ich lege eine DVD ein und mache mit. Das ist, als hätte ich einen eigenen Trainer. Am liebsten aber bin ich draußen in der freien Natur und gehe mit meinem Partner, meinen Kindern oder meinen Freunden spazieren und sammle Wildpflanzen und Kräuter.

23. Ölen Sie Ihre Haut ein

Ich habe in all den Jahren zahllose Cremes ausprobiert und bin am Ende doch immer wieder zu meinem Favoriten zurückgekehrt: 100 Prozent reines Kokosöl. Kokosöl wird in Containern und Gläsern verkauft. Wenn es erkaltet, ist es eine feste Masse. Bei warmem Wetter hingegen wird es von selbst flüssig. Ich creme mir damit Gesicht, Hals, Hände, ja den ganzen Körper ein. Ich benutze es nach dem Baden und vor dem Schlafengehen. Für meine Haut ist es einfach das Beste. Sie bleibt so weich und geschmeidig. Ich habe auch immer ein Glas davon in der Küche stehen, weil ich Kokosöl gern zum Kochen benutze. Vor allem zur Schokoladeherstellung.

Ich benutze kein Make-up und – halten Sie sich fest! – auch keine Sonnencreme. Die meisten Sonnenschutzpräparate enthalten krebserregende Substanzen. Außerdem erhält der Körper meiner Ansicht nach nicht genügend Vitamin D, wenn man ein Sonnenschutzpräparat verwendet. Vitamin D aber ist wichtig für die Knochen und das Immunsystem. Es verhindert bestimmte Krebsarten, wirkt gegen erhöhten Blutdruck und unterstützt das Nervensystem.

Ich achte darauf, dass ich täglich mindestens zehn bis fünfzehn Minuten Sonne abbekomme, damit mein Körper genügend Vitamin D selbst herstellen kann. Wenn ich wandern gehe oder in den heißesten Stunden des Tages draußen bin, trage ich einen Hut. Zu bestimmten Tageszeiten sollten wir allerdings unseren Körper vor direkter Sonneneinstrahlung schützen, also achten Sie darauf, dass Sie entsprechend angezogen sind. Wenn Sie in einer Region leben, in der die Winter lang sind, sollten Sie Vitamin D als Nahrungsergänzungsmittel nehmen.

Sogar wenn wir uns gesund ernähren, kann unsere Haut austrocknen. Es ist also gut, sie weich und geschmeidig zu halten. Ich sehe viele Menschen mit trockenen und schrundigen Ellbogen oder Fersen. Ein klein bisschen Körperpflege verschafft da Abhilfe. Wenn Sie sich mit Kokosöl eincremen, bleibt Ihre Haut bis ins hohe Alter gesund. Ihr Körper wird es Ihnen danken.

24. Körperpeeling

Vor etwa dreißig Jahren empfahl der finnische Arzt Paavo Airola seinen Patienten, ihre Haut trocken zu bürsten, um sie weicher zu machen. Heute hat diese Methode weite Verbreitung gefunden. Bürstenmassagen regen das Lymphsystem an, beseitigen tote Hautpartikel und verbessern den Kreislauf. Auch bei Cellulitis wirken sie Wunder. Ich finde, sie machen einen munter. Außerdem bin ich sicher, dass die Bürstenmassagen meine Kreislaufprobleme lindern.

Wenn Sie genug Zeit haben, machen Sie es täglich. So werden Sie alle abgestorbenen Hautpartikel los. Besorgen Sie sich eine langstielige weiche Bürste mit Naturborsten und bürsten Sie sich morgens vor dem Duschen ab. Fangen Sie bei den Füßen an und bürsten Sie mit langen Strichen nach oben zum Herzen hin. Bearbeiten Sie Füße, Beine, Körper, Hände, Arme. Wenn Sie vom Herzen wegbürsten, belasten Sie es. Achten Sie also darauf, immer nach oben und Richtung Herz zu bürsten. Auch Rücken und Schulter sollten ausreichend behandelt werden. Nach etwa zehn Minuten sollten Sie den ganzen Körper durchhaben. Wenn Sie sich schlapp fühlen, ist dies eine geeignete Maßnahme zur Ausleitung von Schadstoffen. Außerdem ist die Anregung des Lymphsystems gut, wenn sie krank sind. Bürsten Sie anfangs nur ganz leicht. Wenn Sie erst an die Bürstenmassage gewöhnt sind, können Sie mit dem Druck experimentieren. Um Krampfadern streichen Sie großflächig herum.

25. Gesichtspeeling

Den folgenden Tipp fürs Gesichtspeeling gab mir eine wunderschöne Russin im Naturkostladen. Ich wende diese Methode mindestens dreimal pro Woche an. Sie ist sehr sanft, das Gesicht fühlt sich danach glatt und sauber an. Gießen Sie alkoholfreies, pflanzliches Glyzerin in eine große Schüssel, geben Sie immer wieder eine Prise Salz hinzu und rühren Sie diese unter, bis die Masse dick und steif geworden ist. Bewahren Sie sie in einem beliebigen Behälter im Bad auf. Natürlich können Sie die Mischung mit ätherischen Ölen, zum Beispiel Lavendel, aromatisieren. Ich benutze das Peeling aber ohne Duftstoffe. Sie können es auch täglich anwenden. Ich benutze es sogar an Ellbogen, Knien und gelegentlich in den Achselhöhlen, um die Poren zu öffnen und zu reinigen. Ich benutze zwar kein klassisches Deodorant für die Achselhöhle und meine Poren sind auch nicht wirklich verstopft, aber ich mag dieses saubere Gefühl nach dem Peeling.

Eine andere gute Methode ist das Trockenbürsten. Benutzen Sie dafür eine extra-weiche Gesichtsbürste. Wenn Ihre Haut erst an das Bürsten gewöhnt ist, können Sie vielleicht eine etwas härtere besorgen. Arbeiten Sie mit langsamen, kreisenden Bewegungen. Sie werden erstaunt sein, wie weich Ihre Haut sich danach anfühlt.

Wenn Sie Mandelmilch machen, können Sie Ihr Gesicht mit den Überresten der Mandeln eincremen. Geben Sie vielleicht ein wenig Wasser hinzu, falls die Mischung zu trocken ist, und massieren Sie sie dann sanft ein. Danach mit kaltem Wasser abspülen. Natürlich können Sie auch einfach eine Handvoll Mandeln in der Gewürz- oder Kaffeemühle mahlen. Verrühren Sie sie mit wenig Wasser zu einer streichfähigen Paste und cremen Sie sich damit das Gesicht ein.

Ein Gesichtspeeling befreit die Gesichtshaut von abgestorbenen Hautschüppchen und bringt einen frischen, klaren Hautton, wenn der Teint zu fahl wirkt.

26. Süße Küsse

Mundgeruch ist unangenehm, gleichgültig, ob es Ihr eigener ist oder der Ihres Gegenübers. Er entsteht durch Bakterien in der Mundhöhle. Manchmal trägt auch unsere Ernährung dazu bei, vor allem, wenn wir Knoblauch und Zwiebeln essen. Mitunter ist er auch ein Anzeichen dafür, dass unser Körper Giftstoffe gespeichert hat oder übersäuert ist. Zweimal täglich Zähneputzen, Mundhygiene mit Zahnseide und Zungenputzen kann Abhilfe schaffen. Wenn Sie allerdings einen frischen Atem haben, dabei aber auf die Zuckerpastillen der Nahrungsmittelindustrie verzichten wollen, sollten Sie es mit den folgenden Tipps versuchen:

Petersilie ist nicht nur hübsch als Dekor für die Erzeugnisse aus Ihrer Küche. Sie enthält viel Chlorophyll und andere Vitalstoffe, darunter auch die Vitamine A und C. Petersilie enthält Beta-Carotin, das freie Radikale unschädlich macht, und Folsäure, die gut fürs Herz ist. Nehmen Sie einfach einen guten Esslöffel Petersilienblätter und kauen Sie diese. Sie schenken einen frischen Atem.

Natürlich ist es nicht besonders praktisch, überall frische Petersilie mitzunehmen. Stellen Sie sich daher eine Mischung aus Kardamom-, Fenchel- und Anissamen zusammen. Diese lassen sich auch leichter transportieren. Wünschen Sie sich frischen Atem, kauen Sie ein paar davon. In indischen Restaurants und Feinkostgeschäften gibt es diese Mischung manchmal fertig zu kaufen. Im Restaurant wird sie nach dem Essen in einer Schale gereicht, da sie auch verdauungsfördernd wirkt. In einigen dieser Fertigmischungen findet sich allerdings auch Zucker. Die aromatischen Samen schmecken nicht nur gut, sie erfrischen auch den Atem und halten uns gesund.

Ananassaft oder Minzblätter haben dieselbe Wirkung. Wenn Sie dauerhaft Schwierigkeiten mit Mundgeruch haben, kann es sein, dass Ihr Körper übersäuert oder mit Schadstoffen überlastet ist. In diesem Fall sollten Sie es mit unserem Detox-Programm versuchen. Siehe dazu Seite 44 ff.

27. Seien Sie nett zu Ihren Füßen

Wenn Sie nicht jeden Tag Strümpfe tragen oder sich häufiger eine Pediküre gönnen, werden Sie das Problem rauer Füße kennen, vor allem im Sommer, wenn man viel barfuß geht. Ist es heiß, trocknen unsere Füße besonders leicht aus, dann gibt es Hornhaut und Schwielen. Aber Sie können etwas dagegen tun:

Ich habe jahrelang Bimsstein benutzt, um meine Füße weicher zu machen. Ich mag das Gefühl, und es sieht einfach besser aus. Ich benutze den Stein fast täglich, gewöhnlich beim Duschen oder Baden. Sie können den Bimsstein allerdings auch trocken anwenden. Reiben Sie Ihre Füße mit kreisenden Bewegungen ab, als würden Sie Sandpapier verwenden. Reiben Sie nicht zu stark. Wenn Sie die Haut vorher aufweichen wollen, ist ein Fußbad gut, am besten mit ein wenig Seife. In der Badewanne können Sie ein wenig Duschgel auf den Bimsstein geben und die Füße an Ferse und Sohle abreiben. Vergessen Sie die Zehen und die Außenränder nicht.

Hat die Hornhaut überhandgenommen, braucht es ein wenig Zeit, bis die Füße weich werden. Verwenden Sie den Bimsstein mindestens drei- bis viermal pro Woche. Die Füße werden auch weicher, wenn Sie sie vor dem Schlafengehen mit Kokosöl einreiben. Ziehen Sie danach Socken an, so kann das Öl besser wirken und Ihre Füße werden gleichsam im Schlaf weich. Mit glatten Füßen fühlen Sie sich jünger und sexy. Außerdem werden unsere Füße gewöhnlich so beansprucht, dass ihnen ein wenig Aufmerksamkeit guttut.

Wenn ich mir eine Pediküre gönne, achte ich darauf, dass man mir die Nagelhaut nicht entfernt, sondern nur zurückschiebt. Wenn sie geschnitten wird, wächst sie stärker nach und wird härter. Für die Fußpfleger ist das gewöhnlich kein Problem. Kokosöl macht auch die Nagelhaut weicher.

28. Feiern Sie einen Monat lang Geburtstag

Irgendwann, ich glaube, ich war so Mitte fünfzig, merkte ich, dass ein Tag im Leben zu wenig ist, um meine Geburt zu feiern. Für viele Menschen gerät ohnehin jeder Geburtstag zur Enttäuschung. Sie haben ziemlich genaue Vorstellungen davon, wie der Tag verlaufen sollte, und erwarten von ihren Mitmenschen, dass sie diesen Traum erfüllen. Wenn der Tag dann nicht nach Wunsch verläuft, ist er vorüber, noch ehe sie sich richtig freuen konnten.

Ich liebe meinen Geburtstag – seit jeher. Doch seit ich ihn einen Monat lang feiere, geht es mir besser als je zuvor. Alle meine Familienmitglieder feiern gerne mit, zumindest behaupten sie das. Versuchen Sie's ruhig mal: Tun Sie sich jeden Tag etwas Gutes, sodass dies der beste Monat Ihres Lebens wird. Einen ganzen Monat lang Geburtstag zu feiern ist toll. Lassen Sie Ihre Freunde wissen, dass sie Ihnen den ganzen Monat lang Geschenke oder Glückwünsche vorbeibringen können. Dann können Sie Ihren Geburtstag noch genießen, auch wenn er längst vorbei ist.

Feiern Sie auch den Geburtstag anderer Leute. Zeigen Sie ihnen, dass Sie daran gedacht haben. Sagen Sie ihnen, dass sie Ihnen wichtig sind und dass Sie froh sind, dass es sie gibt. Einen Kindergeburtstag sollten Sie ohnehin nie vergessen. Ihn zu feiern macht das Kind glücklich, sodass es sich später immer an seine Geburtstage erinnern kann. Erwachsene, die nicht gerne Geburtstag feiern, haben entweder keine schönen Erinnerungen an Geburtstagsfeste oder sie haben Probleme mit dem Älterwerden. Backen Sie einen Kuchen für Ihre

Freunde. Backen Sie einen für sich selbst. (Alles rohköstlich natürlich.) Zünden Sie eine Kerze an und singen Sie »Zum Geburtstag viel Glück«. Feiern Sie das Leben, indem Sie jede Minute davon genießen.

29. Kram und Krempel

Wissenschaftliche Untersuchungen haben ergeben, dass wir 80 Prozent unserer Zeit nur 20 Prozent unserer Kleidung tragen. Ist es nicht wunderbar, wenn man seinen Schrank öffnet, hineingreift und genau das richtige Stück für den betreffenden Anlass herausholt? Ohne suchen zu müssen! Ohne die ursprüngliche Idee wieder verwerfen zu müssen, weil der Gürtel nicht zu den Schuhen passt und die Bluse nicht zur Hose. Es ist wunderbar, wenn der Schrank aufgeräumt und gut organisiert ist. Alles andere sorgt nur für Verwirrung. Stellen Sie sich vor, wie schön es ist, wenn Sie nur Sachen haben, in denen Sie sich wohlfühlen und die Ihnen stehen.

Alles, was Ihnen nicht steht, was altmodisch ist oder Ihnen nicht mehr passt, sollten Sie rauswerfen. Unser Körper verändert sich, unser Leben ändert sich ebenso wie unser Stil. Wir sollten damit Schritt halten können. Auch Lieblingsstücke werden einmal zu eng oder zu weit. Lassen Sie sie vom Schneider anpassen oder verbannen Sie sie aus Ihrem Schrank.

Laden Sie eine wirklich gute Freundin ein und durchforsten Sie mit ihr gemeinsam Ihren Schrank. Nehmen Sie sich dafür einen bestimmten Tag Zeit und legen Sie los. Nehmen Sie alles heraus, was sich in Ihrem Schrank befindet. Dann sortieren Sie es in drei Stapel.

1. Stapel: Alles, was Sie jemand anderem geben können. Das sind Sachen, die Ihnen nicht mehr passen oder nicht mehr zu Ihnen passen. Alles, was Sie nicht wirklich mögen und was auch nicht so toll an Ihnen aussieht.

2. Stapel: Alles, was zu Ihnen und Ihrem Leben passt, was Ihnen gefällt und steht. (Hier brauchen Sie auf jeden Fall eine gute Freundin als Ratgeberin.)

3. Stapel: Sachen, die Sie einfach behalten wollen. Sie wissen zwar nicht, ob sie Ihnen stehen. Möglicherweise passen sie im Moment auch nicht, aber vielleicht passen Sie ja irgendwann wieder rein.

Die Sachen von Stapel 1 verpacken Sie in Kartons oder Tüten und dann ab damit ins Auto. Bringen Sie sie zur Altkleider-Sammelstelle, zum Flohmarkt oder dorthin, wo man sie gebrauchen kann. Die Sachen von Stapel 3 räumen Sie in gut verschließbare Kleiderbeutel oder Plastikboxen und stellen diese in den Keller, in die Garage oder auf den Speicher. Nehmen Sie sich vor, sie in einem gewissen Zeitraum, zum Beispiel nach sechs Monaten, noch einmal durchzugehen und zu entscheiden, ob Sie sich nicht doch von ihnen trennen wollen. Wenn ja, bringen Sie alles weg.

Nun müssen Sie nur noch die Sachen von Stapel 2 organisieren. Ordnen Sie sie nach Farben, Jahreszeit oder Art. Vielleicht alle Tops und Shirts zusammen, Hosen und Röcke, Kleider oder Outdoor-Sachen. Innerhalb dieser Gruppen können Sie die Einzelteile nach Farben ordnen. Suchen Sie Kleiderbügel, die die Schultern nicht ausbeulen. Wenn Sie für alles dieselben Kleiderbügel benutzen, sieht der Schrank gleich aufgeräumter aus.

Nun wirkt der Schrank nicht mehr ganz so voll, doch alles, was jetzt darin hängt, können Sie tatsächlich tragen. Machen Sie sich eine Liste von Dingen, die Sie noch benötigen: ein passendes Top zu einer tollen Hose oder eine passende Hose zu dem flippigen T-Shirt. Dann wissen Sie genau, was Sie brauchen, wenn Sie einkaufen gehen. Ich verspreche Ihnen, so wird Ihr Leben sehr viel einfacher.

Kapitel 3

Zutaten und fleißige Küchenhelfer

Wie Sie roh »kochen«

Sie haben sicher schon einmal ein Rezept aus einem Kochbuch nachgekocht. Ich verspreche Ihnen, dass Rohkostrezepte auch nicht schwerer sind. Es gibt nur ein paar neue Ausdrücke, Zutaten oder Küchengeräte, die Sie kennenlernen werden.

Die meisten Menschen wissen ja, wie man Obst und Gemüse putzt und klein schneidet, um daraus Salat zu machen. Damit geht es los. Die Rezepte in diesem Buch sollen Ihnen helfen, Ihre Kenntnisse der Rohkost so zu erweitern, dass Sie auch künftig »mit Liebe« kochen können.

Lassen Sie sich nicht entmutigen, wenn Sie lange Zutatenlisten sehen. Das heißt nicht, dass diese Rezepte schwierig zuzubereiten wären oder viel Zeit erforderten. Kräuter, Gewürze und die Beschaffenheit der Zutaten sind in der Rohkostküche von enormer Bedeutung. Ein bisschen von dem, eine Prise von jenem – und schon schmeckt jedes Gericht überraschend anders.

Die Rohkost-Küche – erste vorsichtige Schritte auf unbekanntem Terrain

1. Blättern Sie das Buch durch und lassen Sie sich von den Tipps und Bildern inspirieren, diese gesunde Art der Nahrungszubereitung auszuprobieren. Wenn Sie auf diese Art einmal über den Tellerrand schauen, dankt Ihr Körper es Ihnen mit lebenslanger Gesundheit.
2. Achten Sie darauf, dass Sie die Zutaten, die immer wieder verwendet werden, in Ihrer Küche vorrätig haben. Es ist einfacher, beim rohköst-

lichen Lebensstil zu bleiben, wenn man alles Nötige zur Hand hat. Bei gekochtem Essen ist das ja nicht anders.

3. Bevor Sie sich ans Zubereiten machen, holen Sie alle Zutaten, die Sie für das Rezept brauchen, und stellen Sie auf den Küchentisch oder auf die Arbeitsfläche. Auf diese Weise sparen Sie Zeit und vergessen nichts.
4. Da Sie ja ganz neue Zubereitungsarten lernen, sollten Sie sich die komplizierteren Rezepte für das Wochenende oder für den Urlaub aufheben, wenn Sie mehr Zeit haben. Der Alltag ist mit einfachen Rezepten leichter zu bewältigen.
5. Sie können ruhig einmal etwas ausprobieren! Die Zubereitung von Essen sollte Spaß machen und keine lästige Pflicht sein. Denken Sie daran: Sie schenken sich und Ihrer Familie Gesundheit und Kraft. Meiner Ansicht nach bleibt die Liebe, mit der Sie etwas zubereiten, in der Nahrung »gespeichert«.
6. Peppen Sie die Rezepte ruhig nach eigenen Vorstellungen auf. Wenn in den Angaben »nach Belieben« oder »wahlweise« steht, dann heißt das, dass Ihr Gaumen gefordert ist. Darf es vielleicht etwas mehr Salz, Pfeffer, Knoblauch oder Süßungsmittel sein?
7. Wenn Sie Desserts mögen, probieren Sie zuerst die Süßspeisen. Sind Sie ein Fan von leckeren Broten, fangen Sie mit den Brotrezepten an. In anderen Worten: Befriedigen Sie das, wonach es Ihnen am meisten gelüstet, mit einer gesunden Version Ihrer gewohnten, gekochten Leibspeisen.
8. Es heißt ja, dass man alte Gewohnheiten nicht von einem Tag zum anderen ändern kann. Sie haben auf eine bestimmte Weise kochen gelernt. Nun, dann lernen Sie jetzt eben eine neue. Es dauert vielleicht ein wenig, aber ich verspreche Ihnen, dass es Ihnen gefallen wird. Schon bald wird Ihnen all das leicht fallen und einen Heidenspaß machen.

Ich reise gerne und natürlich interessiere ich mich für die Spezialitäten der Länder, die ich besuche. Daher habe ich immer wieder Anregungen aus der internationalen Küche aufgenommen und sie rohköstlich uminterpretiert.

Essen bringt Menschen an einen Tisch. Und leckeres Essen ist immer lecker, ganz gleich, woher es stammt.

Als ich aufwuchs, galt internationale Küche als Privileg der Reisenden. Mittlerweile aber haben Kochbücher und -sendungen sowie zahlreiche Foodblogs dafür gesorgt, dass wir die Welt der Genüsse in all ihrer Vielfalt kennenlernen. Ich war vor einigen Jahren mit meiner Firma auf einer Gewerbeschau, bei der ich viele Leute kannte. Meine Freunde und ich beschlossen, jeden Abend eine andere internationale Küche auszuprobieren. Einige von ihnen hatten noch nie im Leben indisch, äthiopisch, griechisch, libanesisch oder japanisch gegessen. Sie können sich vielleicht vorstellen, wie erstaunt sie waren, als es im äthiopischen Restaurant weder Löffel noch Gabel gab. Wir benutzten stattdessen *injera*, weiches Fladenbrot, um das Essen aufzunehmen. Natürlich war dies eine Bereicherung für uns alle, für einige aber wandelte sich dadurch ihre ganze Weltanschauung. Ich persönlich finde praktisch in jedem Ethno-Restaurant gute vegetarische Gerichte.

Obwohl überall in der Welt mit Hitze gegart wird, gehen gute Köche davon aus, dass frische Nahrung am besten ist und Kräuter und Gewürze jedes Gericht verbessern. Überall sind Gäste gern gesehen, überall wird im Kreise der Familie gegessen. All das können Sie auch in der rohköstlichen Form haben.

Die Zutaten

Die im Folgenden aufgeführten Zutaten sollten roh und möglichst aus biologisch-organischem Anbau verwendet werden. Einige der von mir benutzten Zutaten sind nicht hundertprozentig roh. Es liegt an Ihnen, ob Sie sich dafür oder dagegen entscheiden.

Süßungsmittel

Für die Rohkostküche gibt es verschiedene Süßungsmittel, zum Beispiel:

Roher Agavendicksaft ist ein natürliches Süßungsmittel, das aus der Agave gewonnen wird. Er löst sich in Flüssigkeiten leicht auf und hat einen niedrigen glykämischen Index. Dadurch steigt der Blutzuckergehalt nicht so schnell an. Es gibt aber auch Rohköstler, die Agavendicksaft ablehnen. Wenn ich in meinen Rezepten empfehle, »nach Wahl« zu süßen, heißt das natürlich nicht, dass Sie weißen Raffineriezucker oder synthetischen Süßstoff verwenden sollen.

Agavendicksaft gibt es in einer hellen, bernsteinfarbenen und in einer dunklen Variante. Ich verwende die helle Sorte, weil sie die einzige sein soll, die überhaupt nicht erwärmt wurde.

Palmzucker gilt für gewöhnlich nicht als roh. Trotzdem wird er von rohköstlichen Küchenchefs eingesetzt, da er einen niedrigen glykämischen Index hat. Palmzucker sollte nur getrocknet, nicht gebleicht oder gefiltert sein und keine Konservierungsstoffe enthalten.

Stevia ist kein Zucker, sondern ein Kraut mit erheblicher süßender Wirkung, das keine Karies verursacht. Es ist in Pulverform oder flüssig erhältlich. Lecker in Smoothies oder in Kuchen.

Dattelpaste kann man selbst machen, indem man 1½ Tassen Wasser mit 1 Tasse entsteinter Datteln glatt püriert. Sie kann im Kühlschrank zwischen zwei und vier Wochen aufbewahrt werden. Wenn Sie bei einem Rezept Agavendicksaft durch Dattelpaste ersetzen wollen, sollten Sie das Doppelte der angegebenen Menge nehmen.

Yacon – auch »Jicama« genannt – gibt es sowohl als Pulver als auch als Dicksaft bzw. Sirup. Es ist glucosefrei und lässt den Blutzucker nicht ansteigen.

Samen

Leinsamen sind reich an Omega-3-Fettsäuren, B-Vitaminen, Magnesium und Ballaststoffen, um nur einige ihrer Vorzüge zu nennen. In der Rohkostküche benutzt man Leinsamen als Bindemittel. Eingeweicht werden sie gelatineartig. In den meisten Rezepten können sie sowohl ganz als auch gemahlen verwendet werden. Es gibt sie als braune und als gelbe Variante. Gemahlen werden Leinsamen in der Gewürzmühle, der Kaffeemühle oder im Mixer, so sind sie für den Körper besser zu verwerten.

Hanfsamen stammen von der Hanfpflanze und haben einen hohen Nährwert. Sie enthalten essenzielle Aminosäuren und Fettsäuren, die unser Körper benötigt. Wie Leinsamen kommen Hanfsamen ungeschält in den Handel und wie Mandeln eignen sie sich ideal, um daraus einen vegetarischen Ersatz für Milch zu machen. Neben Vitamin E enthält Hanfsamen zahlreiche Vitalstoffe, Proteine, Kalzium, Eisen, Zink und Magnesium.

Sonnenblumen- und Kürbiskerne enthalten viel Eisen, Proteine, Kalzium, Phosphor und Kalium. Sie verleihen Salaten oder anderen rohköstlichen Gerichten eine knackige Note. Außerdem lassen Sie sich zu vegetarischem Käse verarbeiten. ***Chiasamen*** werden in der Rohkostküche häufig benutzt. Eingeweicht werden sie gelatineartig und können als Bindemittel eingesetzt werden. Chiasamen enthalten viele Vitalstoffe wie Omega-3-Fettsäuren, Ballaststoffe und Proteine. Man kann daraus auch einen tapiokaähnlichen Pudding machen (Seite 290).

Salzende und würzende Zutaten

In meinen Rezepten heißt es stets »nach Belieben abschmecken«. Hier sollten Sie Ihren Gaumen entscheiden lassen.

Himalajasalz oder graues Salz aus der Bretagne greift – anders als die klassischen Salzsorten – die Gefäße nicht an. Es heißt ja immer, dass Salz eine der Ursachen für Bluthochdruck, Herzprobleme und andere gesundheitliche Störungen ist. Doch Salz ist nicht gleich Salz. Gewöhnliches Tafelsalz ist raffiniertes Natriumchlorid, das von allen anderen Mineralstoffen befreit wurde, die unser Körper braucht. Meersalz und Steinsalz hingegen sind sonnengetrocknet und voller Mineralstoffe.

Tamari ist eine dunkelbraune, glutenfreie Würzsauce, die in einem traditionellen Fermentationsverfahren ausschließlich aus Sojabohnen hergestellt wird.

Miso ist eine fermentierte Paste aus Gerste, Reis oder Sojabohnen, die zwischen sechs Monaten und sechs Jahren reift. In der japanischen Küche wird sie seit Jahrhunderten verwendet. Wenn Sie Nama Shoyu oder Tamari ersetzen wollen, rühren Sie einfach ein wenig Miso in Flüssigkeit an.

Nama Shoyu wird wie traditionelle Sojasaucen durch Fermentation hergestellt, am Ende des Reifungsprozesses jedoch nicht erhitzt. Dadurch bleiben wertvolle Enzyme erhalten. Diese »rohe« Sojasauce wird wegen ihres frischen und aromatischen Geschmacks auch als »Champagner der Sojasaucen« bezeichnet.
Nori-Algen sind gewöhnlich geröstete Algenblätter, die für Sushi verwendet werden. Doch Sie können auch nicht geröstete Noriblätter kaufen. In der Rohkostküche macht man damit Wraps. Wie alle Meeresgemüse stecken sie voller Mineralstoffe.
Sonnengetrocknete Tomaten sind frisch vom Strauch gepflückte Tomaten, die getrocknet wurden, um Nährstoffe und Vitamine zu konservieren. Da während des Trocknungsvorgangs alle Zuckermoleküle in der Frucht erhalten bleiben, schmecken sonnengetrocknete Tomaten ausnehmend würzig. Sie können sie im Naturkostladen kaufen oder selbst welche trocknen. Meist sind sie als halbe Stücke erhältlich, es gibt sie aber auch in Streifen geschnitten. Sonnengetrocknete Tomaten müssen eingeweicht werden, bevor man sie verwenden kann, außer sie sind in Öl eingelegt.
Irish Moss ist Knorpeltang, eine Rotalgenart aus dem Nordatlantik. Die getrocknete Pflanze ist von hellbeiger Färbung und quillt eingeweicht zu einer gallertartigen Masse auf. Das Pulver wird auf Lebensmittelverpackungen als »Carragheen« bezeichnet und als natürlicher Emulgator verwendet. Man dickt damit Pudding, Eiscreme, Desserts, Nusskäse und Suppen an. Etwa 45 Gramm getrocknetes Irish Moss mit ⅔ Tassen Wasser übergießen und 24 Stunden lang einweichen. Wenn es nahezu weiß und aufgequollen ist, wird es abgegossen, gespült und von Sand gereinigt. In Stücke schneiden und mit ein wenig Wasser zu einer glatten Paste verrühren. Schaben Sie die Seiten des Mixers ab, damit sich das Irish Moss gut in der Flüssigkeit verteilt. Die Paste können Sie im Kühlschrank drei Wochen lang aufbewahren.
Würzhefe ist streng genommen nicht roh, verleiht aber vielen Rohkostgerichten einen Hauch von Käsegeschmack. Außerdem enthält sie viel Vitamin B6 und Proteine. Würzhefe ist deaktivierte Hefe, die getrocknet wird. Die gelben Hefeflocken verbinden sich gut mit Saucen oder Suppen und schmecken lecker auf Veggie-Pizza, im Brot oder im Nusskäse. Sie erhalten sie in Naturkostläden und Reformhäusern; sie ist allerdings nicht mit Bierhefe identisch.

Fette und Kakaoprodukte

Kakaobutter wird häufig für Desserts verwendet. Sie ist naturbelassen, nicht raffiniert und wird nie über 46 °C erhitzt. Außerdem wirkt sie antioxidativ. Mit rohem Kakao- und Carobpulver vermischt, ergibt sie eine absolut köstliche Schokolade

Kakaopulver wird immer mehr um seiner gesundheitsfördernden Eigenschaften willen gegessen. Kakao ist in vielen Kulturen ein traditionelles Nahrungsmittel. Er soll das körperliche und seelische Wohlbefinden stärken und enthält Magnesium, Kalzium, Zink, Eisen, Kupfer, Kalium und zahlreiche Antioxidantien. Wenn Schokolade Ihnen schmeckt, können Sie hier ohne Schuldgefühle »sündigen«.

Kakaonibs sind knusprige, grob gemahlene Kakaobohnen mit einem intensiven Geschmack. Sie können damit Kuchen und Plätzchen würzen, sie über Eiscreme streuen oder als Snack verzehren. Kakaonibs enthalten viele Antioxidantien und Spurenelemente, zudem Eisen und Magnesium. Darum zählen sie unter Rohköstlern zu den »Superfoods«. Sie werden aus der Kakaobohne gewonnen, daher sind sie auch in Rohkostqualität bei niedriger Temperatur fermentiert worden, um ihnen ihre Bitterkeit zu nehmen.

Kokosfett wird als reines Kokosnussfett aus dem getrockneten Fleisch der Kokosnuss und ohne Lösungsmittel gewonnen. Es findet in zahlreichen Rohkostgerichten Verwendung, auch in Smoothies, aber vor allem bei schokoladigen Desserts. Zum Eincremen verwendet, schenkt es der Haut Feuchtigkeit und kann auch als Conditioner bei der Haarwäsche benutzt werden.

… und weitere Zutaten

Agar-Agar wird aus verschiedenen Algenarten hergestellt und ist ein in der Rohkostküche verbreitetes Geliermittel. Das helle Pulver wird nach Packungsangabe angerührt. Schon eine geringe Menge kann ein schnittfestes Gelee erzeugen. Wenn Sie entsprechend weniger nehmen, bleibt die angedickte Masse streichfähig.

Sprossen sind eine ausgezeichnete Protein- und Nährstoffquelle, die Ihnen das ganze Jahr über in der eigenen Küche zur Verfügung steht. Der Keimprozess ist simpel. Sie brauchen nur ein 1-Liter-Glas, Küchenkrepp und sauberes Wasser. Die Sprossen können Sie dann in Salaten, Veggie-Chilis und Smoothies verwenden. Sie stecken voller Vitamine, Mineralstoffe und Enzyme. (Siehe die Anleitung zum Sprossenziehen auf Seite 180 ff.)

Nüsse werden in der Rohkostküche häufig verwendet: Mandeln, Cashewkerne, Haselnüsse, Paranüsse und Walnüsse. Vielleicht fragen Sie sich, weshalb in den Rezepten immer von »eingeweichten« Nüssen die Rede ist. Das liegt daran, dass Nüsse Inhibitoren für den Keimprozess enthalten. Sie können deshalb lange Zeit aufbewahrt werden. Die Inhibitoren müssen allerdings ausgeschwemmt werden, um die Nüsse sozusagen zum Leben zu erwecken. Dann sind sie leichter verdaulich und die Nährstoffe besser verfügbar.
»Mehl« kann aus Nüssen oder gekeimtem Getreide gemacht werden. Wenn Sie die Nüsse im Mixer oder in einer Kaffeemühle mahlen, erhalten Sie ein feines Pulver. Sie können die Nüsse erst einweichen und dann trocknen lassen. Oder Sie trocknen die Überreste nach der Nussmilchherstellung. Ein Rohkostkünstler kann aus allem leckeres Brot und köstliche Desserts zaubern.
Lecithin wird häufig als Emulgator benutzt, vor allem bei der Herstellung von Brot, Crackern oder Desserts. Da es mittlerweile Lecithin aus Sonnenblumenkernen gibt, steht all jenen, die das traditionelle Sojalecithin wegen der Phytoöstrogene oder einer Allergie lieber meiden, ebenfalls ein kalt gepresster Emulgator zur Verfügung. In einigen meiner Rezepte wird Lecithin verwendet. Achten Sie darauf, dass Ihr Lecithin ausdrücklich als »gentechnikfrei« deklariert wird.

Wie Sie Obst, Gemüse, Nüsse und Samen lagern

Obst und Gemüse werden bei Einzelhändlern oder in Supermärkten mehrmals am Tag mit Wasser besprüht, damit sie frisch aussehen. Zu Hause allerdings lässt der Zauber dann relativ schnell nach.

Frisch halten lassen sich Obst und Gemüse, wenn Sie sie trocken reiben und in Küchentücher wickeln. Packen Sie sie danach in trockene Plastiktüten und legen Sie sie ins Obst- und Gemüsefach des Kühlschranks. Auf diese Weise bleibt die Ware länger frisch und knackig.

Sie können die Küchentücher übrigens wiederverwenden, wenn Sie sie zum Trocknen aufhängen. Plastiktüten sollten Sie ausspülen und trocknen oder in die Recyclingtonne geben.

Obst, vor allem Melonen, sollten Sie allerdings reif werden lassen. Der Kühlschrank verzögert den Nachreifeprozess. Stellen Sie das Obst ein paar Stunden vor dem Verzehr kühl oder legen Sie es erst nach dem Reifeprozess in den Kühlschrank.

Avocados sind verzehrfertig, wenn die Schale auf sachten Druck leicht nachgibt. Sind sie beim Kauf noch hart, legen Sie sie in eine braune Papiertüte und lagern Sie sie so. Dann reifen sie innerhalb von zwei Tagen nach.

Erdbeeren faulen sehr schnell. Sie sollten die roten Früchte einmal täglich durchschauen und alle Erdbeeren mit weichen Stellen herausnehmen. Am besten bewahrt man sie in einem verschlossenen Behälter im Kühlschrank auf, den Sie mit einem Papiertuch auslegen, um etwaige Feuchtigkeit aufzusaugen. Lagern Sie nie Erdbeeren übereinander. Waschen Sie die Früchte erst kurz vor dem Verzehr. Wenn Sie sie nicht innerhalb weniger Tage nach dem Kauf verbrauchen, frieren Sie sie ein.

Frisches Basilikum sollte man behandeln wie einen Blumenstrauß. Kürzen Sie die Stiele ein wenig und stellen Sie das Sträußchen in ein Glas Wasser. Bewahren Sie es so im Kühlschrank auf und schneiden Sie die Stiele jeden zweiten Tag nach.

Stark ölhaltige Nüsse wie Macadamia- und Walnüsse, Cashew- und Pinienkerne sowie Mandeln sollten Sie ebenfalls im Kühlschrank aufbewahren, damit sie nicht ranzig werden. Das gilt auch für Samen und Kerne wie Leinsamen, Hanfsamen und so weiter.

Andere Produkte wie getrocknete Beeren, Rosinen, Getreidekörner, Gewürze und alles Pulverförmige sollten Sie in Glasbehältern mit gut schließendem Deckel lagern. Am besten nehmen Sie solche mit weiter Öffnung. Weckgläser beispielsweise nehmen im Kühlschrank und auf Regalen nicht zu viel Platz weg. Beschriften Sie die Behälter, weil Getreidesorten manchmal nicht gut auseinanderzuhalten sind. Manchmal vergisst man auch einfach, was die Behälter enthalten, vor allem, wenn man dieses Produkt nicht häufig benutzt.

Die Küchenhelfer

Möglicherweise haben Sie noch nicht alles, was Sie brauchen, um ein echter Rohkost-Küchenchef zu werden. Aber lassen Sie sich davon nicht abschrecken. Es gibt schließlich für alles einen Ersatz. Wollen Sie etwas dörren, haben aber keinen Automaten, stellen Sie den Backofen auf die absolut niedrigste Stufe und lassen Sie die Backofentür offen stehen. Haben Sie keine Küchenmaschine oder keinen

Hobel, schneiden Sie eben von Hand. Haben Sie keinen Spitzenmixer, nehmen Sie einen normalen und gießen die Mixtur durch ein sauberes Küchentuch ab. Nichtsdestotrotz erleichtern die richtigen Geräte die Rohkostküche enorm, daher würde ich Ihnen raten, in gute Qualität zu investieren, die auch einige Jahre hält.

Ein guter Mixer ist das Wichtigste. Ein normaler Mixer verschleißt schnell und überhitzt sich leicht, wenn man ihn wirklich häufig nutzt. Außerdem werden Saucen und Smoothies in einem guten Mixer einfach feiner in der Konsistenz. So ein Gerät kostet zwar einiges, aber auf lange Sicht ist es günstiger als fünf schlechte Mixer. Auf der rechten Seite finden Sie eine Liste empfehlenswerter Haushaltsgeräte.

Ein Dörrautomat gehört ebenfalls unabdingbar in eine Rohkostküche. Wenn Sie sich rohköstlich ernähren, brauchen Sie ja weder Ofen noch Mikrowelle. Das schafft doch schon Platz für einen Dörrautomaten. Natürlich können Sie auf dem Herd Wasser erwärmen oder Kakaobutter schmelzen, doch ansonsten wird der Dörrautomat eindeutig häufiger genutzt. Auch hier gibt es günstige Geräte, doch meiner Ansicht nach lohnt sich die Anschaffung eines Qualitätsgeräts.

Die Zitronenpresse gibt es auch vollautomatisch, was wirklich sehr hilfreich sein kann. Zitronen, Orangen und Grapefruits versorgen uns mit vielen Vitaminen. Ich habe eigene Zitronen- und Orangenbäume, für mich ist die Zitronenpresse also unverzichtbar. Wenn Saison ist, ernten wir die Früchte, pressen sie aus und gefrieren den Saft ein. So haben wir das ganze Jahr über frische Zitrussäfte. Auf der rechten Seite finden Sie eine Liste mit guten Geräten.

Die Küchenmaschine ist heute bereits weit verbreitet. Vielleicht nutzen Sie die Ihre ja gar nicht, aber je rohköstlicher Sie sich ernähren, desto öfter kommt sie zum Einsatz. Sie spart eine Menge Zeit und verleiht den Speisen eine ganz eigene, appetitanregende Struktur.

Der Spiralschneider hilft Ihnen, aus den leckersten Gemüsesorten lange, spaghettiartige »Nudeln« zu zaubern. Wenn Ihre Rohkostgerichte peppig daherkommen, bleiben Sie eher bei der Stange. Daher ist der Spiralschneider eines meiner Lieblingsutensilien. Mit ihm können Sie aus jedem Gericht ein Aha-Erlebnis machen.

Julienneschneider: Haben Sie sich schon einmal gefragt, wie die Köche in den schicken Restaurants wohl diese wunderbar feinen Gemüsestifte hinkriegen? Ganz einfach, sie ziehen den Julienneschneider übers Gemüse und fertig.

Der Gemüsehobel (auch »Mandoline« genannt) ist ein höchst professionelles Werkzeug. Die rasiermesserscharfen Blätter erzeugen perfekte Scheiben, die dem Gemüse ein interessantes Aussehen verleihen. Es gibt verschiedene Formen des Gemüsehobels; ich bevorzuge die mit verstellbaren Einsätzen. So kann ich bestimmen, wie das Endergebnis aussieht. Mit so einem Gerät werden Sie viel häufiger als bisher Obst oder Gemüse in Scheiben servieren.
Der Schneebesen sollte aus rostfreiem Stahl sein, damit Sie Luft in eine Mixtur einarbeiten können, die dadurch leichter wird. Die Zubereitung von Dressings oder Saucen wird damit zum Kinderspiel. Ich habe sie in verschiedenen Ausführungen in der Küche hängen. Mir gefällt einfach, wie sie aussehen.
Die Eismaschine ist auch für den Rohkostkoch nützlich. So können Sie blitzschnell hausgemachte Eiscreme zaubern. Jeder liebt Eiscreme und aus rohköstlichen Zutaten ist sie noch verführerischer. Sie können nämlich milch- und sahnefreie Varianten machen.

Diese Küchenmaschinen kann Mimi empfehlen:

- *Excalibur*-Dörrautomat mit 9 Einschüben und *Weston*-Dörrautomat mit 10 Einschüben
- *VitaMix*-Mixer, *Modell 5200* (Auch *Blendtec*-Mixer sollen gut sein.)
- *Omega*-Entsafter, *Modell 8006* oder *VRT330* (Auch *Breville* soll gut sein.)
- Spiralschneider von *World Cuisine* mit drei Messereinsätzen
- Küchenmaschine von *Cuisinart Modell DFP-14CHN*
- Eismaschine von *Cuisinart*, *Modell ICE-21*
- Zitruspresse von *Breville*, *Modell 800 CPXL*

Bezugsquellen für Zutaten und Küchenhelfer

Die meisten rohköstlichen Zutaten und Küchenhelfer können Sie übers Internet bestellen. Eine Liste der Versender finden Sie unter:

- *www rohkostwiki.de/Rohkost-Versender* (Versender in Deutschland)
- *www germanygoesraw.de/Rohkost-Versand* (Versender in Deutschland)
- *www rohvolution.ch/ressourcen/#shop* (Versender in der Schweiz)

Kapitel 4

Kräuter, Gewürze und andere Würzmittel

Kräuter und Gewürze – Die Seele guter Speisen

Auch einfache Gerichte verwandeln sich mit duftenden Kräutern und Gewürzen in ein einmaliges Aromaerlebnis.

- Kräuter reinigen den Körper von Giftstoffen und harmonisieren den Geist.
- Kräuter finden in Medizin, Aromatherapie und Kosmetik Verwendung.
- Aus Kräutern macht man Kräutertee, der jung hält.

Am liebsten mag ich Kräuter frisch, daher ziehe ich sie weitgehend im Garten. Wenn die Saison zu Ende geht, trockne ich sie. Doch Sie erhalten Kräuter aus biologisch-organischem Anbau auch in Naturkostläden, Reformhäusern oder auf dem Markt. Hier ist die schadstofffreie biologische Qualität besonders wichtig, weil die Trocknung für eine Konzentration von etwaigen Toxinen sorgt. Wenn Sie Ihre eigenen Kräuter in Töpfen ziehen, ist das der günstigste und befriedigendste Weg zu Bioware.

Besonders anregend ist es auch, sich selbst Würzmischungen zuzubereiten. Wenn Sie die frischen Kräuter schonend trocknen, bleibt ihr Aroma erhalten. Kräuter, die viel Feuchtigkeit enthalten, sollten Sie im Dörrautomaten trocknen. Dazu gehören Basilikum, Minze, Schnittlauch und Estragon. Weniger feuchtigkeitshaltige Kräuter wie Oregano, Rosmarin, Thymian, Majoran und Dill können auch an der Luft getrocknet werden.

Ernten Sie die Kräuter im Spätsommer ab, bevor es zu kalt wird. Am besten frühmorgens, bevor die Sonne sie austrocknen kann. Zum Lufttrocknen binden Sie die Stiele locker zu einem Bündel. Legen Sie dieses dann mit den Stielen nach oben in eine braune Papiertüte. Binden Sie beides zusammen, stechen Sie zum Lüften Löcher in die Tüte. Dann hängen Sie diese an einem warmen, gut durchlüfteten Ort auf. Nach zwei Wochen sollten Sie das Ergebnis prüfen. Im getrockneten Zustand können Sie die Hälfte davon pur aufheben, die andere Hälfte für Würzmischungen verwenden. Grundsätzlich sollten getrocknete Kräuter in Glasbehältern aufbewahrt werden. Lagern Sie sie nicht im hellen Sonnenlicht, neben dem Dörrautomaten oder in der Nähe des Herds. Getrocknete Kräuter halten etwa ein Jahr.

Im Folgenden finden Sie eine kurze Liste der gebräuchlichsten Kräuter nebst ihren gesundheitlichen Vorzügen:

Basilikum schützt die Zellen vor Strahlung, hilft bei Verdauungsschwäche und reduziert Bakterienwachstum. Es wirkt anti-entzündlich. Die darin enthaltenen Beta-Carotine schützen uns vor Cholesterin-Oxidationsprodukten im Blut. Mich macht der Duft von frischem Basilikum irgendwie munter, weil es mich an Italien erinnert. Basilikum ist eines meiner Lieblingskräuter.

Koriandergrün ist ein echter Energiespender und stärkt das Immunsystem. Gut für die Verdauung. Verleiht Salaten und Smoothies mehr Pep.

Minze: Es gibt unglaublich viele Minzsorten, und alle tun uns gut. Legen Sie einen Stängel davon in heißes Wasser und schlürfen Sie den wunderbar frisch schmeckenden Tee. Minze entspannt den Verdauungstrakt und stärkt den Magen. Sie ist gut bei Sodbrennen, verbessert aber auch das Sehvermögen. Vor allem aber reinigt sie die Leber und trägt dazu bei, Giftstoffe aus dem Körper auszuschwemmen. Ich würze damit Smoothies, Desserts und Dressings. Einen aromatischen Tee mit Minze finden Sie auf Seite 136.

Oregano stärkt das Immunsystem und die Verdauung. Gut bei Blähungen. Als Tee wirkt er antiviral und gefäßentspannend. Ich benutze Oregano sehr häufig.

Petersilie stärkt die Leber, klärt die Augen und ist ein großartiges Diuretikum. Aus glatter oder krauser Petersilie allein lässt sich schon ein köstlicher kleiner Salat zaubern. Ich finde, dass Petersilie belebt. Da sie so viel Chlorophyll enthält, befriedigt sie meine Lust auf »Grünzeug«.

Rosmarin: Die aromatischen Öle des Rosmarins beleben den Geist und machen uns wach.

Salbei macht wach und stärkt die Konzentration, weil es die Sauerstoffzufuhr zum Gehirn verbessert. Salbei findet in vielerlei Gerichten Verwendung, mich erinnert er immer an herzhafte Tafelfreuden im Herbst und im Winter.
Schnittlauch gehört zu den Zwiebelgewächsen und enthält Vitamin C, Kalzium, Eisen und Kalium. Er bringt einen müden Kreislauf in Schwung. Ich esse ihn am liebsten zu Salaten, Käse und Suppen.

Für bestimmte Gerichte komponiere ich meine eigenen Kräutermischungen. Allerdings bewahre ich einen Teil meiner Kräuter auch getrennt auf, damit ich einem Gericht eine ganz bestimmte aromatische Note geben kann. Grundsätzlich zerstoße ich meine getrockneten Kräuter vorher im Mörser.

Bei jedem von sind die Geschmacksknospen auf der Zunge anders verteilt. Daher mag der eine es lieber salzig, der andere sauer, der eine mag es pfeffrig, der andere süß, pikant oder bitter. Die folgenden Mischungen können daher nur als Anhaltspunkt dienen. Lassen Sie sich inspirieren und kreieren Sie Ihre ureigenen Kräutermischungen. Auch die Rezepte sollten Sie grundsätzlich nach Ihrem eigenen Geschmack würzen. Fünf Knoblauchzehen sind für den einen viel zu viel, für den anderen gerade richtig. Wenn Sie Ihrem Instinkt folgen, können Sie nicht falsch liegen.

Mimis Lieblingskräutermischungen

Italienische Gewürzmischung

Italienische Kräuter passen gut zu Tomatensauce, Brot, Suppen, Salatdressings, Eintöpfen und Pizza. Mischen Sie zu gleichen Teilen Basilikum, Thymian, Majoran, Oregano und glatte Petersilie. Geben Sie noch ein wenig Rosmarin und Salbei hinzu.

Mexikanische Gewürzmischung

Die mexikanische Kräutermischung passt gut zu Tomatensauce, Suppen, Dips und Salsas. Mischen Sie zu gleichen Teilen Koriandergrün, Kreuzkümmel, Majoran, Oregano und Thymian. Geben Sie noch ein wenig Safran, Chili und ein ganz klein bisschen gemahlenen Lorbeer hinzu.

Asiatische Gewürzmischung

Die meisten Menschen kennen die charakteristische Note von chinesischer, japanischer, indischer oder thailändischer Küche.

Asiatische Gewürze bringen einen Hauch der großen, weiten Welt in unsere Küche. Bummeln wir in Fernost über einen der zahllosen Märkte, stoßen wir auf allerlei Unbekanntes. Nur wenige Menschen versuchen allerdings, diese Vielfalt der Aromen zu Hause nachzukreieren. Doch wenn Sie fünf bis sieben der folgenden Gewürze zu gleichen Teilen mischen, erhalten Sie den Geschmack Asiens sozusagen frei Haus: Bockshornkleesamen, Chili, Currybaumblätter, Frühlingszwiebeln, Gewürznelken, Ingwer, Kaffernlimettenblätter, Kardamom, Koriandergrün, Koriander, Kreuzkümmel, Kurkuma, Minze, Pfefferkörner, Senfsamen, Sternanis, Tamarindenpaste, Thai-Basilikum, Zimt und Zitronengras.

Indische Gewürzmischung

Die indische Küche kommt ohne *garam masala* nicht aus, eine Gewürzmischung aus schwarzen und weißen Pfefferkörnern, Kreuzkümmel, Gewürznelken, Zimt, Kardamom, Muskatnuss, Sternanis, Koriandersamen, Senfsamen, Fenchelsamen, Ingwer, Sesam und Kurkuma.

Marokkanische Gewürzmischung

Jeder, der dieses Land bereist hat, vergisst die exotischen Düfte, atemberaubenden Landschaften und das marokkanische Essen nie mehr im Leben. Die Gewürzmischungen

sind sehr aromatisch und passen zu roh zubereiteten Couscous-Gerichten und Gemüse. Für diese Mischung vermengen Sie je zwei Teelöffel Ingwer, Kardamom, Muskatblüte; je einen Teelöffel Koriandersamen, Kurkuma, Muskatnuss, Piment, Safran, Zimt; je einen halben Teelöffel Chilipulver, gemahlener Pfeffer und Paprika. Harissa, ein klassisches marokkanisches Würzmittel, ist eine Paste aus Knoblauch, Chili, Olivenöl und Salz – für all jene, die es gern »feurig« mögen. Vielen Gerichten werden Nüsse, Rosinen, Datteln und Feigen zugegeben, sodass sich süße Aromen mit der Schärfe vermischen.

Nahöstliche Gewürzmischung

In Gerichten aus dem Nahen Osten dominieren ebenfalls aromatische Gewürze. Für eine perfekte Gewürzmischung kombinieren Sie am besten eine Prise Kreuzkümmel, Kardamom, Muskatnuss, Kurkuma, Gewürzsumach (ersatzweise Zitronensaft), Kümmel, Anis, Paprika, Piment und Zimt. Mischen Sie ganz nach Belieben.

Griechische Gewürzmischung

Griechische Gerichte enthalten selten viele Gewürze auf einmal, sind aber trotzdem sehr aromatisch. In Griechenland wachsen Kräuter sozusagen überall, der Duft umfängt einen förmlich. Häufig wird Salz verwendet, schließlich liegt das Meer bei den Griechen direkt vor der Haustür. Auch Pfeffer steht immer auf dem Tisch. Es gibt keine typisch griechische Gewürzmischung, aber in Griechenland wird häufig intensiv gewürzt, und zwar mit: Majoran, Salbei, Thymian, Oregano, Basilikum, Gewürznelken, Rosmarin (sparsam), Thymian, Minze, Fenchel, Safran, Paprika, Piment, Muskatnuss, Dill, Petersilie, Koriander, Lorbeerblättern, Kreuzkümmel, Zimt, Anis, Kardamom oder Koriander. Vermischen Sie je eine Prise verschiedener Kräuter aus dieser Auswahl mit einer Prise Salz.

Kräuter der Provence

Diese französische Mischung verwende ich recht häufig für Salatdressings, Marinaden und Suppen. Vermengen Sie je einen Teelöffel Majoran, Estragon, Thymian, Kerbel, Rosmarin und Bohnenkraut. Dazu je einen halben Teelöffel Minze, Oregano und gemahlenen Lorbeer.

Meeresgemüse-Gewürzmischung

- ¼ Teelöffel frisch gemahlener Pfeffer
- 1 Teelöffel Thymian
- 1 Teelöffel Basilikum
- ½ frisches Lorbeerblatt, fein gehackt; oder ⅛ Teelöffel gemahlener Lorbeer
- ½ Teelöffel Himalajasalz oder graues Meersalz aus der Bretagne
- ⅛ Teelöffel Knoblauch oder Knoblauchpulver
- 1 Esslöffel Dulse-, Hijiki- oder andere Algen

Mayonnaise, Senf, Ketchup …

Mayonnaise

Für 1 Portion

- ½ frisches Lorbeerblatt, fein gehackt; oder ⅛ Teelöffel gemahlener Lorbeer
- 1 Tasse Cashewkerne, 3 bis 4 Stunden eingeweicht
- ½ Teelöffel Apfelmost
- 1 Prise Salz
- 2 Esslöffel Zitronensaft
- ½ Teelöffel Agavendicksaft in Rohkostqualität oder ein Süßungsmittel nach Wahl
- ¼ Teelöffel Senfsamen oder hausgemachter Senf (siehe Rezept unten)
- ½ Tasse und 1 Esslöffel kalt gepresstes Olivenöl nativ extra

Alle Zutaten bis auf das Olivenöl in den Mixer geben und glatt pürieren. Olivenöl in den laufenden Mixer geben, bis die Mischung cremig ist. Wasser zugeben, wenn nötig. Nach Belieben abschmecken. In den Kühlschrank stellen. Die Mischung dickt an, wenn sie gekühlt wird. Bleibt im Kühlschrank etwa 1 Woche lang frisch. Mayonnaise kann für Sandwiches, Wraps und Dressings verwendet werden.

Senf

Für ¼ bis ⅓ Tasse

- ⅓ Tasse weiße Senfkörner, 24 Stunden lang in Essig eingeweicht, in der Gewürzmühle zu Paste vermahlen, oder 2 Esslöffel gemahlene Senfkörner
- ¼ Tasse Apfelessig (zunächst zum Einweichen; wird dann zum Würzen esslöffelweise in den Mixer gegeben)
- 1 Schalotte, fein gehackt
- 1 Teelöffel Agavendicksaft in Rohkostqualität oder ein Süßungsmittel nach Wahl
- 1 Esslöffel Quellwasser
- ¼ Tasse Cashewkerne, 4 Stunden eingeweicht
- ½ Teelöffel Himalajasalz oder graues Meersalz aus der Bretagne

Nüsse abgießen und zusammen mit allen anderen Zutaten in den Mixer geben. Glatt pürieren. Wasser zugeben, soweit nötig. Dann nach Belieben abschmecken und mit Essig würzen. Der Senf hält sich im Kühlschrank mindestens drei Wochen lang. Der Senf wird mit der Zeit würziger.

Ketchup

- 1 Esslöffel Cashewkerne, 2 Stunden eingeweicht
- 1 mittelgroße Tomate, grob in Stücke geschnitten
- 3 Esslöffel kalt gepresstes Olivenöl, nativ extra
- ½ Teelöffel Himalajasalz oder graues Meersalz aus der Bretagne
- 1½ Esslöffel Apfelessig
- 1 Knoblauchzehe, fein gehackt
- 1 Tasse sonnengetrocknete Tomaten, 30 Minuten eingeweicht, oder bis sie weich sind
- 3 entsteinte Medjoul-Datteln, in Wasser eingeweicht, bis sie weich sind, oder ein Süßungsmittel nach Wahl
- 1 Tasse Quellwasser oder mehr, um die Konsistenz des Ketchups flüssiger zu machen

Alle Zutaten bis auf die sonnengetrockneten Tomaten in den Mixer geben und pürieren. Sonnengetrocknete Tomaten und so viel Wasser zugeben, bis der Ketchup eine dickflüssige, aber sämige Konsistenz hat. In einem Glasbehälter im Kühlschrank aufbewahren. Hält sich etwa 1 Woche.

Saure Dillgurken

- genug Einlegegurken, um ein großes Einweckglas (1,5 Liter) damit zu füllen (Sie können auch Salatgurken verwenden.)
- 4 Zweige frischer Dill
- 1 Teelöffel Kreuzkümmel
- 1 Chilischote
- 3 bis 4 Knoblauchzehen
- 1 bis 2 Teelöffel Himalajasalz oder graues Meersalz aus der Bretagne
- 1 Tasse Apfelessig
- 1 Esslöffel Pfefferkörner
- 1 Zweig Thymian
- 2 Lorbeerblätter
- Quellwasser

Meine Mutter hat saure Gurken immer selbst eingelegt. Ich konnte aber nie abwarten, bis sie durchgezogen waren, und habe mir immer sofort eine aus dem Glas geholt. Meine Mutter nannte ihre Gurken »frische Pickles«. Und ich mag sie auch heute noch so: frisch und knackig. Diese sauren Gurken können Sie schon einen Tag nach dem Einlegen genießen.

Zubereitung: Die Gurken waschen. Je nach Größe ganz verwenden oder der Länge nach halbieren. Salatgurken in dicke Scheiben schneiden. In ein sauberes Einweckglas 2 Zweige Dill legen. Essig, Salz, Kreuzkümmel, Knoblauchzehen, Pfefferkörner, Lorbeerblätter und Chili (wahlweise) in eine Schüssel geben. Die Flüssigkeit sollte salzig schmecken. Salz können Sie allerdings auch noch zugeben, wenn die Gurken durchgezogen sind. Ich verwende tendenziell eher wenig Salz, aber vielleicht mögen Sie es ja salziger. Die Würzflüssigkeit in das Einweckglas gießen. Die Gurken von außen nach innen einlegen und zum Schluss die Mitte befüllen. Geben Sie möglichst viele Gurken in das Glas. Dann von oben mit Wasser auffüllen. Legen Sie zwei Zweige Dill und den Thymianzweig darauf. Schrauben Sie den Deckel fest zu und stellen das Glas auf den Kopf, damit die Flüssigkeit sich gut verteilt und alle Gewürze umspült. Im Kühlschrank aufbewahren. Ich kann Ihnen leider nicht sagen, wie lange sich die sauren Gurken halten, denn wir essen sie gewöhnlich innerhalb von wenigen Tagen auf. Sie sind durchgezogen, wenn Sie finden, dass sie lecker schmecken. Aber Sie können auch nach Belieben nachwürzen.

Olivenöl-Knoblauch-Butter

- 4 Esslöffel kalt gepresstes Olivenöl, nativ extra
- 1 zerdrückte Knoblauchzehe
- 2 Prisen Himalajasalz oder graues Meersalz aus der Bretagne

Diese Würzbutter eignet sich zum Bestreichen von rohköstlichem Brot und Crackern.

Zubereitung: Alle Zutaten verrühren und in eine Souffléform geben. In den Gefrierschrank stellen, bis die Mischung streichfähig ist. Kann mehrfach eingefroren werden.

Kapitel 5

Smoothies, Säfte, »warme« Drinks, Mocktails und mehr

Trinken Sie einen grünen Smoothie pro Tag

Häufig wird mir die Frage gestellt, wofür ich mich entscheiden würde, wenn ich nur ein Element meines Lebensstils beibehalten dürfte. Und meine Antwort ist stets die gleiche: »grüne Smoothies«.

Die meisten Menschen nehmen nicht genug Nährstoffe zu sich, um gesund zu bleiben. Es ist fast unmöglich, alle Nähr- und Vitalstoffe über die Nahrung aufzunehmen, die der Körper jeden Tag benötigt. Daher schlucken viele Leute Nahrungsergänzungsmittel in der Hoffnung, sie könnten sich so verschaffen, was der Körper braucht. Doch Nahrungsergänzungsmittel können das in den meisten Fällen nicht leisten.

Daher bleibt nur eines: der konsequente Entschluss, sich besser zu ernähren. Und Sie müssen auf nichts verzichten: Fangen Sie einfach an, indem Sie *Smoothie für Smoothie die Welt verändern.*

Eine der einfachsten Methoden, dem Körper alle Nährstoffe zu geben, die er benötigt, besteht darin, täglich einen grünen Smoothie zu trinken. Das erfordert weniger Zeit als ein klassisches Frühstück oder das Aufbrühen des Kaffees an Morgen. Ein grüner Drink schenkt Ihnen Energie bis weit in den Nachmittag hinein.

Nahrungsergänzungsmittel können das nicht ersetzen. Zum einen weiß man nicht viel über ihre Dosierung, sodass eine längere Einnahme zu Leberschäden führen kann. Wenn Sie aber Smoothies und Säfte trinken, schenkt Ihnen Ihre pflanzliche Ernährung alles, was Sie brauchen. Mit Säften allerdings meine ich nicht das Zeug, das Sie im Supermarkt kaufen können und das gewöhnlich

keinerlei Enzyme oder Vitamine mehr enthält. Natürlich ist ein Saft immer noch besser als Limonade oder Kaffee, doch wenn Sie sich erst einmal an Ihre grünen Drinks nach Hausmacherart gewöhnt haben, werden Sie sie nicht mehr missen wollen. Und Sie werden den Unterschied merken: im Aussehen wie im Wohlbefinden.

Viele Menschen berichten, sie hätten die positive Wirkung schon nach dem ersten Mal gespürt. Auf jeden Fall werden Ihnen grüne Drinks helfen, den Übergang zu einer rohköstlichen Ernährung fließend zu gestalten. Wenn Sie Ihrem Körper alles geben, was er braucht, lassen auch die Heißhungerattacken nach und Sie können Ihre Nahrungsmittelsüchte ein für alle Mal vergessen.

To-do-Liste für jeden Tag

1. Trinken Sie täglich einen grünen Smoothie oder Saft.
2. Gehen Sie täglich 30 Minuten spazieren.
3. Machen Sie täglich fünf Liegestütze.
4. Machen Sie täglich fünf Bauchmuskelübungen.
5. Machen Sie täglich fünf Minuten Stretching.
6. Denken Sie jeden Tag positiv.
7. Lachen Sie täglich.
8. Lieben Sie täglich.

Was ist ein grüner Saft? Grüne Säfte werden mit dem Entsafter gemacht. Wenn Sie Obst und Gemüse entsaften, filtern Sie die Ballaststoffe heraus. Sie erhalten ein dünnflüssiges, leichtes Getränk. Reiner Saft ist gleichsam vorverdaut. Er kann enorme Heilkräfte entfalten, denn er enthält noch alle Vitalstoffe, selbst wenn die Ballaststoffe nicht mitverwendet werden. Damit verschaffen Sie Ihrer Verdauung eine Verschnaufpause.

Säfte sind besser als feste Nahrung, weil wir gewöhnlich nicht gut kauen, was wir verzehren. Säfte stärken das Immunsystem, schenken uns Kraft und Konzentration. Wenn wir eine rohe Karotte entsaften, haben wir alles, was sie uns an Nährstoffen zu bieten hat, also Beta-Carotine (Vitamin A), Enzyme und Antioxidantien. Außerdem können wir diese Nährstoffe schnell aufnehmen und für Gewebe, Knochen und Organe verwerten. Was wir nicht brauchen, wird ausgeschieden, ohne den Darm zu belasten.

Was ist ein grüner Smoothie? Grüne Smoothies sollten nur in sehr guten Mixern hergestellt werden. Dabei gießt man das Obst und Gemüse mit Quellwasser auf, bevor man mixt, damit das Getränk flüssig wird. Die Ballaststoffe werden vom Mixer in kleinste Bestandteile aufgespalten. Ein Smoothie ist gewöhnlich so dickflüssig, dass man ihn nicht trinkt, sondern kaut. Er ist schneller herzustellen als ein Saft, weil man die Stücke in den Mixer gibt und sie innerhalb weniger Minuten fein zerkleinert. Mit einem Smoothie tun Sie sich also wirklich etwas Gutes. Wie reiner Saft trägt der Smoothie zur Darmreinigung bei.

Grüne Säfte und Smoothies stecken voller lebendiger Enzyme. Sie reinigen das Blut und enthalten wenige Kalorien, aber viele Mineralstoffe und vor allem Chlorophyll. So halten Sie Ihre Haut jung, weil alle Giftstoffe und Krankheitserreger ausgeschwemmt werden.

Ob unser Körper fit und gesund bleibt, hängt letztlich von unserer Ernährung ab. Wir brauchen nämlich Enzyme, um unsere Nahrung verdauen zu können. Doch die Enzyme, die der Körper selbst herstellt, reichen oftmals nicht aus. Dann müssen wir sie von außen zuführen. Und mit jedem grünen Drink nehmen wir frische Enzyme aus Obst und Gemüse auf.

Ich werde häufig gefragt, ob es denn nicht genauso gut sei, Obst und Gemüse einfach frisch zu verzehren. Natürlich ist das wunderbar, wie jeder weiß, der schon mal in einen Apfel oder eine Mohrrübe gebissen hat. Aber wir können nie genug essen, um alle Nährstoffe zu bekommen, die wir benötigen. Außerdem können wir einfach nicht so gut kauen, wie der Mixer das für uns tut. Viele Nährstoffe werden einfach wieder ausgeschieden. Meiner Ansicht nach ist nichts so gesund wie ein grüner Drink jeden Tag, weil sich darin mehr Vitalstoffe als in einem Riesenteller voller Salat finden. Ein einziges Glas Saft kann uns mehr Nährstoffe bieten als drei vegetarische Mahlzeiten am Tag. Ein grüner Drink täglich und wir verzehren mehr Obst und Gemüse, als wir je essen könnten.

Ein einziger Drink kann zum Beispiel Äpfel, Staudensellerie, Gurke, Brokkoli, rote Paprikaschoten und Spinat enthalten. Solch ein Drink liefert uns eine ungeheure Bandbreite von Vitaminen, Mineralstoffen, sekundären Pflanzenstoffen und Spurenelementen. Und all das schon vorverdaut. Ja, es ist super,

Salat und Obst zu essen, aber nicht als Ersatz für grüne Drinks. Meiner Ansicht nach ist ein grüner Drink am Morgen mit einem ordentlichen Salatteller zum Mittagessen eine tolle Kombination.

Natürlich gibt es grüne Säfte und Smoothies in allen möglichen Varianten. Sobald Sie erst einmal damit angefangen haben, werden Ihnen immer neue Abwandlungen einfallen.

Mimis Tipp

Bereiten Sie Ihre Smoothies aus »Grünzeug« *plus* Gojibeeren, Macapulver, Hanfsamen und frischen Beeren zu.

Wenn Sie biologisch-organisch angebautes Obst und Gemüse für Ihre grünen Drinks einkaufen, achten Sie darauf, dass sie von kräftiger Farbe sind und keine Schadstellen haben. Kaufen Sie von Bauern und Gärtnern vor Ort und nach Saison. Dann sind Obst und Gemüse am günstigsten. Wenn Sie Saisonware einfrieren, haben Sie stets leckere Zutaten für Ihre Smoothies zur Verfügung.

Am liebsten friere ich Bananen ein. Diese sollten reif sein, was Sie an den dunklen Flecken auf der Schale erkennen. Frieren Sie das geschälte Fruchtfleisch in einem luftdicht verschlossenen Behälter ein. Später können Sie damit Ihre Smoothies süßen. Gerade Bananen mit fleckiger Schale sind im Supermarkt meist billiger. Diese Früchte sind zum Einfrieren perfekt, weil dann der Zuckergehalt am höchsten ist. Bei großen braunen Flecken auf der Frucht, die auf Druck nachgeben, handelt es sich jedoch um Druckstellen. Schneiden Sie das Fruchtfleisch an diesen Stellen heraus, bevor Sie die Bananen einfrieren.

Beeren und Früchte sollten Sie in Behältern einfrieren, die keine Feuchtigkeit durchlassen. Ich verwende meist Ziplock-Gefrierbeutel oder Tupperware. Um die Früchte gefrierfertig zu machen, sollten Sie zunächst all jene mit weichen Stellen aussortieren. Dann mit Wasser überbrausen und sachte trocken tupfen. Stiele und Stängel entfernen. Beeren können im Ganzen eingefroren werden, andere Früchte sollten Sie in Stücke schneiden. Frieren Sie sie in kleinen Portionen ein, die Sie dann auf einmal aufbrauchen können. Eine Gefrierportion sollte für ein oder zwei Smoothies reichen. Damit die

Fruchtstücke nicht zu einem Klumpen gefrieren, sollten Sie sie auf ein Backblech legen, sodass sie einander nicht berühren. Lassen Sie sie dann zwanzig bis dreißig Minuten lang im Gefrierschrank hart werden. Erst dann werden sie verpackt und eingefroren.

Basisrezept für grüne Smoothies

Für 1 Portion

- 1 Apfel oder Birne, in große Stücke geschnitten
- 2 Handvoll Spinat oder anderes grünes Blattgemüse
- 1 Tasse Quellwasser oder mehr zum Glattpürieren
- 2 Stangen Staudensellerie, in große Stücke geschnitten

Wahlweise:

- ½ gefrorene Banane
- 1 Handvoll Heidelbeeren, Erdbeeren oder Gojibeeren

Alles im Mixer glatt pürieren.

Green-Power-Smoothie

Für 2 Portionen

- 2 Äpfel
- 3 Stangen Staudensellerie
- 2 Handvoll Spinat
- ½ Fenchelknolle
- 1 Gurke
- 3 Blätter Romanasalat
- 2 Stiele Grünkohl, vom Strunk befreit
- 2,5 Zentimeter frische Ingwerwurzel
- ½ geschälte Zitrone

Diesen Drink mag ich lieber aus dem Entsafter als aus dem Mixer, aber Sie können natürlich auch einen Smoothie daraus machen.

Zubereitung: Alles in den Entsafter geben. Wenn Sie einen Smoothie zubereiten wollen, zusätzlich 1½ Tassen Quellwasser in den Mixer geben.

Mimis Tipp

Lassen Sie Ihrer Fantasie freien Lauf bei der Auswahl der Zutaten.

Grüne Mandarine

Für 1 Portion

- 2 Mandarinen
- 1 grüner Apfel
- 1 Banane, wenn möglich gefroren
- 2 Stiele Grünkohl, vom Strunk befreit
- 1 kleine Handvoll Spinat
- 1 bis 1½ Tassen Quellwasser zum Glattmixen
- 2 bis 3 entsteinte Medjoul-Datteln zum Süßen
- 1 kleine Handvoll Koriandergrün

Geben Sie nach Belieben noch etwas gecrushtes Eis dazu. Anschließend glatt pürieren.

Grüner Smoothie – einfach und lecker

Für 2 Portionen

- Wasser von 2 jungen Thai-Kokosnüssen (Frieren Sie das Fleisch für andere Zubereitungen ein.)
- 2 bis 3 gefrorene Bananen
- 2 große Handvoll Spinat

Im Mixer glatt pürieren.

Mimis Tipp

Das Wasser von frischen Thai-Kokosnüssen enthält viele Elektrolyte und spendet unserem Körper Feuchtigkeit. Ich verwende es in meinen Smoothies häufig anstelle von Wasser. Thai-Kokosnüsse sind im Asia-Markt oder im Internet erhältlich. Kokoswasser gibt es in Reformhäusern oder Naturkostläden auch fertig abgepackt, doch es schmeckt längst nicht so gut wie das Wasser einer frischen Kokosnuss.

Grüner Kokos-Beeren-Smoothie

Für 1 bis 2 Portionen

- Wasser von 1 jungen Thai-Kokosnuss
- 6 Stiele Grünkohl, vom Strunk befreit
- 1 Handvoll Beeren der Saison
- 2 Pfirsiche, Pflaumen oder Nektarinen, ohne Stein

Gecrushtes Eis hinzufügen und glatt pürieren. Wenn Sie es süßer mögen, geben Sie 2 entsteinte Medjoul-Datteln hinzu – und wenn nötig etwas Quellwasser.

Granny-Smoothie

Für 2 Portionen

- 2 Granny-Smith-Äpfel, in Stücke geschnitten
- 2 Handvoll Spinat
- ½ geschälte Gurke, in Stücke geschnitten
- 1½ Tassen Quellwasser

Im Mixer glatt pürieren. Wahlweise gecrushtes Eis zugeben und nochmals kurz durchmischen.

Mango-Smoothie

Für 2 Portionen

- 2 Tassen Mangofruchtfleisch, in Stücke geschnitten
- Saft von 1 Limette
- 1 grüner Apfel, in Stücke geschnitten
- 1 Esslöffel Chiasamen, mit Wasser bedeckt und eingeweicht
- 3 entsteinte Medjoul-Datteln
- 1 Tasse Wasser von jungen Thai-Kokosnüssen, ersatzweise Quellwasser
- 1 Esslöffel Kokosöl in Rohkostqualität, flüssig
- 1 bis 2 Handvoll grünes Blattgemüse nach Wahl

Alle Zutaten in den Mixer geben und glatt pürieren.

Honigmelonen-Smoothie

Für 2 bis 4 Portionen

- 3 Tassen Wassermelonenstücke
- 1 Honigmelone, in Stücke geschnitten

Verwenden Sie für diesen Smoothie ungespritzte Melonen in Bio-Qualität. So viel Melonensaft auffangen und in den Mixer geben, dass Sie den Drink ohne Wasser zubereiten können. Einmal durchpürieren, dann gecrushtes Eis zugeben, erneut kurz durchmixen, bis die Masse sämig ist. Nach Belieben natürliche Süße hinzufügen. In großen Gläsern mit einem Strohhalm servieren.

Tropical-Smoothie

Für 2 Portionen

- ½ Ananas in Stücke geschnitten
- 1 Gurke, in Stücke geschnitten
- 1 geschälte Limette
- 1 große Handvoll Spinat
- 1 geschälte Grapefruit
- 1 Esslöffel Kokosöl in Rohkostqualität, flüssig
- 2 Teelöffel Agavendicksaft in Rohkostqualität oder ein Süßungsmittel nach Wahl

In den Mixer geben und je nach gewünschter Konsistenz Quellwasser hinzufügen. 1 Tasse Eiswürfel zugeben und gut durchmixen.

Birnen-Smoothie

Für 2 Portionen

- 2 reife Birnen
- 1 Tasse Staudensellerie, in Stücke geschnitten
- 1 Gurke, in Stücke geschnitten
- 1 geschälte Zitrone
- 1 geschälte Limone
- 2,5 Zentimeter frische Ingwerwurzel

Nach Belieben Quellwasser zugeben und im Mixer glatt pürieren. Gecrushtes Eis hinzufügen und nochmals kurz durchmixen.

Banana-Mania-Smoothie

Für 2 Portionen

- 3 Bananen
- 2 Granny-Smith-Äpfel, in Stücke geschnitten
- 1 Handvoll Spinatblätter
- 4 Stiele Grünkohl, vom Strunk befreit
- Saft von 1 Limette

Nach Belieben Wasser zugeben und gut pürieren. Eiswürfel hineingeben und noch einmal mixen.

Schoko-Beeren-Smoothie

Für 2 Portionen

- 1½ Tassen gemischte Beeren der Saison
- 1 geschälte Orange
- 1 Stange Staudensellerie
- ½ Gurke
- ½ gefrorene Banane
- 1 Tasse Quellwasser
- 1 Esslöffel Kakaopulver in Rohkostqualität
- 1 Esslöffel Agavendicksaft in Rohkostqualität
- 2 Datteln oder ein Süßungsmittel nach Wahl

In den Mixer geben und gut pürieren. Eiswürfel dazugeben und erneut kurz mixen.

Sommerfest-Smoothie

Für 2 Portionen

- 1 große Mango
- Saft von 1 Granatapfel
- 2 Tassen Quellwasser
- ½ Ananas
- 1 Esslöffel eines Süßungsmittels nach Wahl
- gecrushtes Eis nach Belieben

Alles in den Mixer geben und gut pürieren.

Nussmilch

Die leckersten Nussmilchsorten entstehen in Ihrer eigenen Küche. Sie sind recht einfach herzustellen und können für viele Rezepte verwendet werden – für Saucen, Smoothies, Eiscreme, Kuchen oder Müsli. Aber auch pur ist sie ein Genuss. Und dazu ein paar Veggie-Cookies?

Mandelmilch beispielsweise versorgt uns mit Vitamin E, Kalium, Kupfer und Magnesium und enthält weniger Kalorien als Kuhmilch, nämlich etwa 70 Kilokalorien auf 200 Milliliter. Zudem ist sie gesünder als Reis- oder Sojamilch und schmeckt auch viel besser.

Nussmilch allgemein ist bekömmlicher als Kuhmilch und enthält keine Hormon- oder Steroidreste. Sie können sie leicht selbst herstellen. Alle Nussmilchsorten sind laktose- und glutenfrei. Außerdem enthalten sie keine gesättigten Fettsäuren. Mandelmilch schmeckt sehr lecker, aber auch Cashew-, Hanfsamen- oder Paranussmilch sind einfach köstlich.

Mandelmilch

Für 3 Tassen

- 1 Tasse Mandeln, über Nacht eingeweicht
- 3 Tassen Quellwasser (oder mehr, wenn Sie sie flüssiger mögen)
- 2 entsteinte Medjoul-Datteln
- ½ Teelöffel Vanillepulver oder Mark von 1 Vanilleschote

Die eingeweichten Mandeln abgießen und in den Mixer geben. Wasser, Datteln, Vanille hinzufügen und glatt pürieren. Die Mandelmilch durch einen Nussmilchbeutel (im Internet erhältlich) oder durch ein sauberes Tuch gießen. Zur Not tut es auch ein feines Sieb. Mandelmasse gut auspressen oder gründlich ausstreichen, sodass alle Flüssigkeit abtropft.

Die übrig gebliebene Masse können Sie eine Zeit lang in einem luftdicht verschlossenen Behälter im Kühlschrank aufbewahren. Sie eignet sich hervorragend als »Mehl« für Kuchen, Brot und Cookies. Bewahren Sie die Milch in einem Glas mit Schraubdeckel auf. Sie hält sich im Kühlschrank etwa 3 bis 4 Tage. Andere Nussmilchsorten werden auf dieselbe Weise hergestellt.

Kakao-Mandelmilch

Für 3 Tassen

- 1 Tasse Mandeln, über Nacht eingeweicht
- 3 Tassen Quellwasser
- 2 entsteinte Medjoul-Datteln
- ½ Teelöffel Vanillepulver oder Mark von 1 Vanilleschote
- ⅓ Tasse Kakaopulver in Rohkostqualität
- 2 bis 3 Esslöffel Agavendicksaft in Rohkostqualität oder ein Süßungsmittel nach Wahl

Die Mandeln abgießen und in den Mixer geben. Wasser, Datteln und Vanille hinzufügen und glatt mixen.

Die Milch durch einen Nussmilchbeutel oder ein sauberes Tuch abseihen, auch ein feines Sieb geht, wenn Sie nichts anderes zur Hand haben. Die Flüssigkeit gründlich ausstreichen. Kakaopulver und Agavendicksaft zugeben. Noch einmal gut durchmixen.

Bananen-Kakao-Smoothie

Für 1 Portion

- 1 Tasse Mandelmilch (Seite 132)
- 1 Banane, am besten gefroren
- 1 Esslöffel Macapulver (sehr gut für den hormonellen Ausgleich)
- 1 Esslöffel Kakaopulver in Rohkostqualität
- 1 Esslöffel Agavendicksaft in Rohkostqualität, Ahornsirup, Palmzucker oder 2 bis 3 Datteln

Einen großen Löffel gecrushtes Eis oder Eiswürfel zugeben, damit der Drink schön dick und schaumig wird, und glatt pürieren.

Alternative: Wenn Sie keine fertige Mandelmilch zur Hand haben, können Sie statt 1 Tasse Mandelmilch auch einfach 1 Esslöffel Mandelmus und 1 Tasse Quellwasser verwenden.

Orangen-Eis-Smoothie

Für 1 Portion

- 2 geschälte Orangen, entkernt
- 1 Tasse Mandelmilch (Seite 132)
- 3 bis 4 entsteinte Datteln
- ¼ Teelöffel Vanillepulver oder Mark von ½ Vanilleschote

Mit einem großen Löffel Eiswürfel schön dick und schaumig mixen.

Alternative: Ersetzen Sie die Mandelmilch durch 2 Esslöffel rohes Mandelmus und 1 Tasse Quellwasser.

Karottenflip

Für 1 Portion

- 1 Tasse Mandelmilch (Seite 132)
- ½ Tasse frischer Karottensaft

Einer meiner Lieblingsdrinks für die Ferien!

Mit Agavensirup oder 2 entsteinten Medjoul-Datteln süßen. Dicken Sie den Smoothie mit einem großen Esslöffel Eiswürfel an. Mit Muskatnuss und Zimt bestreut servieren.

Tee, Chai, Schokolade & Kaffee

Aromatischer Tee

Für 1 große Teeschale

- 3 bis 4 Stängel frische Minze
- 1 kleine Scheibe von einem knackigen Apfel
- 1 Erdbeere, halbiert
- 1 kleines Stück Guave oder Mandarine
- 5 bis 6 Kamillenblüten
- 3 bis 4 frische Weißdornbeeren

Ich habe diesen Drink und seine Zubereitung in Bogotá kennengelernt.

Zubereitung: Wenn Sie keine Kamillenblüten oder Weißdornbeeren bekommen können, nehmen Sie einen Beutel Kamillentee. Lassen Sie das Wasser für den Tee auf Trinktemperatur abkühlen und übergießen Sie damit Minze, Blüten und Früchte. Ebenso vorgehen, wenn Sie einen Teebeutel verwenden.

Natürlich können Sie auch andere Früchte oder Kräuter verwenden. Noch aromatischer wird der Tee zum Beispiel mit Lavendel, Salbei und Thymian. Der Aromatische Tee ist ein wunderbares Stärkungsmittel, wenn am Nachmittag die Energiekurve abfällt, schmeckt aber auch nach dem Abendessen großartig.

Ich serviere den Aromatischen Tee in großen Teeschalen.

Maca-Kaffee

Für 1 Portion

- 1 Tasse Quellwasser, warm
- 1 Esslöffel Macapulver
- ¼ Tasse Mandelmilch (Seite 132) oder mehr
- 1 Esslöffel Agavendicksaft in Rohkostqualität oder ein anderes Süßungsmittel

Das Wasser im Wasserbad vorsichtig erwärmen. (Nicht mehr als handwarm!) Macapulver zugeben und gut verquirlen. Dann nach und nach Süßungsmittel und Mandelmilch mit dem Schneebesen einrühren. Je nach Geschmack mehr zugeben.

Würziger Chai

Für 2 Portionen

- 2 bis 3 Tassen warmes Wasser
- 1 Beutel Grüntee ohne Koffein oder Tee nach Wahl
- ½ Teelöffel frische Ingwerraspel oder ⅛ Teelöffel gemahlener Ingwer
- 1 Zimtstange oder ⅛ Teelöffel gemahlener Zimt
- 3 Gewürznelken oder 1 Prise gemahlene Gewürznelken
- 1 Sternanis
- 1 zerdrückte Kardamomschote oder 1 Prise gemahlenen Kardamom
- frisch gemahlener schwarzer Pfeffer, 3 Umdrehungen mit der Pfeffermühle
- Agavendicksaft in Rohkostqualität oder ein Süßungsmittel nach Wahl
- ⅓ bis ½ Tasse Mandelmilch (Seite 132)

Im Winter warm, im Sommer eisgekühlt genießen!

Zubereitung: Das gefilterte Wasser im Wasserbadtopf erwärmen. Wenn Sie es auf dem Herd erwärmen, achten Sie darauf, dass es nicht wärmer als handwarm wird. (Nicht überhitzen!) Alle Zutaten hineingeben, vom Herd nehmen, Deckel auf den Topf setzen und etwa 1 Stunde lang ziehen lassen. Mit Agavendicksaft oder einem natürlichen Süßungsmittel Ihrer Wahl süßen. Mit ⅓ bis ½ Tasse Mandelmilch aufgießen und auf Trinktemperatur erwärmen. Stimmen Sie Gewürze und Süßungsmittel nach Ihrem Geschmack ab. Vor dem Trinken abseihen.

Wenn Sie das Getränk eine Nacht lang kühlstellen, werden die Gewürze noch intensiver.

Mimis Tipp

Etwas dickflüssiger wird der Chai, wenn Sie die Mandelmilch wie folgt zubereiten: 1 Tasse eingeweichte Mandeln, 2 entsteinte Medjoul-Datteln, 1½ Tassen Wasser im Mixer glatt rühren. Durch einen Nussmilchbeutel abseihen und den Chai damit aufgießen. Die restliche Milch in einem geschlossenen Behälter im Kühlschrank aufbewahren. Bereiten Sie ruhig die doppelte Menge Chai zu, er schmeckt auch am nächsten Tag noch fantastisch.

Warmer Apfel-Chai

Für 3 Portionen

- 3 Tassen frischer Apfelsaft
- 1/8 Teelöffel Zimt oder 1 Zimtstange
- 1 Sternanis
- 1 Prise gemahlene Gewürznelken oder 3 Gewürznelken
- 1/8 Teelöffel gemahlener Ingwer

Den Apfelsaft im Wasserbad handwarm erhitzen. Wenn Sie ihn auf dem Herd warm machen, sollten Sie darauf achten, ihn nicht zu überhitzen. Alle Zutaten hinzufügen, vom Herd nehmen. Deckel auf den Topf setzen und 1 Stunde lang ziehen lassen. Vor dem Servieren erneut handwarm erhitzen.

Heiße Schokolade

Für 2 Portionen

- 3 Tassen Mandelmilch (Seite 132)
- 1/3 Tasse Kakaopulver in Rohkostqualität
- 1 Esslöffel Kakaobutter in Rohkostqualität, geraspelt
- 2 bis 3 Esslöffel Agavendicksaft in Rohkostqualität oder ein Süßungsmittel nach Wahl

Eine Köstlichkeit für kalte Tage.

Zubereitung: Die Mandelmilch im Wasserbad leicht anwärmen (handwarm). Kakaopulver teelöffelweise mit dem Schneebesen unterrühren. Süßungsmittel und geraspelte Kakaobutter zugeben.

Leckere Drinks von Rohkost-Küchenchefs aus aller Welt

Ich habe befreundete Küchenchefs um Rezepte für Drinks geben, die uns auf gesunde Weise jung halten. Die Zutaten sind zwar mitunter etwas ungewöhnlich, aber im Internet erhältlich. Ich lade Sie ein von den Profis zu lernen, wie man jung bleibt.

Sarmas Grüner-Mango-Shake

Für 3 bis 4 Portionen

- 2 Tassen frische Mango, gewürfelt
- 2 Tassen Wasser von jungen Thai-Kokosnüssen
- 1 Tasse Gurke, geschält und grob geschnitten
- 3 Esslöffel Limettensaft
- 3 Esslöffel Agavendicksaft in Rohkostqualität oder 1 Teelöffel Steviapulver
- Mark von 1 Vanilleschote
- 1 Prise Meersalz

In einem Mixer alle Zutaten zu einem glatten Drink verrühren.

Sarma Melngaillis ist Mitbegründerin, Besitzerin und Leiterin des ersten hochklassigen Rohkostrestaurants in New York: *Pure Food and Wine*. Gleich um die Ecke befindet sich *One Lucky Duck*, ein rohköstlich-veganer Imbiss. Vor Kurzem hat sie eine weitere Außenstelle im Chelsea Market eröffnet, einer großen Markthalle in NY mit Restaurants, Läden und so weiter. Sie hat selbst zwei Bücher geschrieben: *Living Raw Food* und *Raw Food Real World* (zusammen mit Matthew Kenney). Ihre rohköstliche Gourmetküche ist hervorragend und der Innenhof ihres Restaurants ist der perfekte Ort für romantische Schwelgereien. (siehe: *www.oneluckyduck.com* und *www.purefoodandwine.com*)

Itos Super-Lunch-Drink

Für 2 Portionen

- 2 Tassen Wasser von jungen Thai-Kokosnüssen
- 1 Esslöffel Gerstengraspulver
- 1 Esslöffel frisches Kokosmus oder -mehl
- 1 Esslöffel Spirulinapulver
- 1 Esslöffel Blue-Manna-Algenpulver
- 1 Esslöffel *Quantum Green Mix Powder* (von *Premier Research Labs*; pulverisierte Mischung aus verschiedenen Grassorten, im Internet auf englischsprachigen Webseiten erhältlich)
- ½ Tasse Nonisaft in Rohkostqualität

Im Mixer zu einem leckeren grünen Drink mischen.

Küchenchef Ito serviert seine unglaublich köstlichen rohköstlich-veganen Gerichte im Restaurant *Au Lac* in Fountain Valley (Kalifornien). Dort gibt es beispielsweise ein »Elixir Cocktail Menu«, ein Menü aus Superdrinks. Itos Leckereien verlocken allein schon durch ihre atemberaubende Präsentation. Da er vor sieben Jahren ein Schweigegelübde abgelegt hat, drückt er sich nur noch durch seine Kreationen aus. Wenn Sie Glück haben, kommen Sie sogar in den Genuss einer Massage mit einer der von ihm selbst kreierten Körperöl-Mischungen. Es ist eine Freude, in seiner Nähe zu sein, und seine Kochkünste machen mich einfach glücklich. (siehe *www.aulac.com*)

Alissa Cohens Neroliblüte

Für 1 bis 2 Portionen

- ¼ Tasse Eiswürfel
- ¼ Tasse Wasser von jungen Thai-Kokosnüssen
- 1 Tasse Ananaswürfel
- 1 Teelöffel frische Minze, gehackt
- 1 Banane
- 1 Teelöffel Neroliwasser

Neroliwasser wird aus Orangenblüten gewonnen und ist in Naturkostläden oder in der Apotheke erhältlich. Achten Sie dabei auf Qualität aus biologischem Anbau und darauf, dass es keinen Alkohol enthält.

Zubereitung: Alle Zutaten imm Mixer glatt rühren.

Alissa Cohen ist Rohkost-Küchenchefin, Buchautorin und Ernährungsberaterin mit internationalem Ruf. Ihre Bücher *Living on Live Foods* und *Raw Food for Everyone* sind ein Beweis für ihre unglaublichen Fähigkeiten als Köchin. (Siehe *www.alissacohen.com*)

Russell James' Aloe-Limonade

Für 4 Portionen

- 900 Millil ter Quellwasser
- 1 bis 2 geschälte Zitronen
- ½ bis 1 Aloeblatt
- 1 bis 2 Prisen Salz
- 1 bis 3 Esslöffel Agavendicksaft in Rohkostqualität oder ein Süßungsmittel nach Wahl

Entfernen Sie die äußere gelbe Schale der Zitrone und lassen Sie so viel wie möglich von der weißen Haut an der Frucht. Schälen Sie das Aloeblatt, sodass nur noch das Gel übrig bleibt. Wasser und Zitronen in den Mixer geben. 40 bis 60 Sekunden lang durchmixen. Die Flüssigkeit abseihen und wieder in den Mixer geben. Salz, Aloegel und Süßungsmittel zugeben, erneut pürieren und genießen!

Russell James kommt aus England. Er ist als Küchenchef international bekannt und verrät die Geheimnisse seiner Kochkünste in seinem Blog, in Kochkursen und auf DVDs. (siehe *www.therawchef.com*)

Dans Grüner Traum

- 1 mittelgroße Gurke
- 2 Stangen Staudensellerie
- 3 Stiele Grünkohl, vom Strunk befreit
- 3 Rucolablätter, ersatzweise Spinat
- 1 mittelgroße Birne
- 2,5 Zentimeter frische Ingwerwurzel
- Saft von ½ Zitrone

Alle Zutaten entsaften. Wenn Sie den Drink im Mixer zubereiten wollen, ausreichend Quellwasser zugeben, damit eine glatte Mischung entsteht.

Küchenchef Dan hat 1999 sein Restaurant *Quintessence* in New York eröffnet. Auch er unterstützt seine Kochschüler mit Blogs, Videos und einem Newsletter. Wenn Sie nach New York reisen, sollten Sie seinem Restaurant unbedingt einen Besuch abstatten. (siehe *www.rawchefdan.com/raw_chef_dan/resume.html*)

Matthew Kenneys Ananas-Aloe-Smoothie Für 2 Portionen

- 1 Tasse frische Ananas, in Stücke geschnitten
- ½ Tasse reife Bananen, in Stücke geschnitten und eingefroren
- 1 Esslöffel Kokosöl in Rohkostqualität, flüssig
- 1 Prise Cayennepfeffer
- 1 Esslöffel frischer Aloesaft
- 1 Prise Limettenschale
- Mark von ½ Vanilleschote
- 220 Milliliter Wasser von jungen Thai-Kokosnüssen
- 1 Esslöffel Agavendicksaft in Rohkostqualität oder ein Süßungsmittel nach Wahl
- 1 kleine Prise Meersalz

Mindestens 1 Minute lang gut pürieren. Mit einer Ananasscheibe garnieren.

Matthew Kenney ist ein Pionier der Rohkostszene. Er schreibt Bücher, führt ein Restaurant und seine Rohkost-Kochschule *105degrees* in Oklahoma. Sein Unternehmen *Matthew Kenney Cuisine* konzentriert sich auf den Vertrieb und die Entwicklung von Produkten für eine »nachhaltige Küche«. Bei seinen Kreationen legt er Wert auf Modernität. (siehe *www.105degrees.com* und *www.matthewkenneycuisine.com*)

Cheries Pfirsich-Sahne-Smoothie

Für 4 Tassen (2 Portionen)

- 4 Tassen frische, reife Pfirsiche (oder Nektarinen), entsteint und grob zerteilt
- 2 Orangen, geschält und grob zerteilt
- ½ Tasse rohe Cashewkerne, 1 bis 2 Stunden lang in 1 Tasse Wasser eingeweicht, dann abgegossen
- Quellwasser zum Verdünnen

Einige Kompositionen sind einfach unschlagbar: Pfirsich und Sahne gehören dazu. Dieser leckere Smoothie ist reichhaltig und sättigend. Als Frühstück genossen haben Sie garantiert keinen Hunger bis zur Mittagspause. Aber auch am Nachmittag ist er ein wahrer Energiespender!

Zubereitung: Pfirsiche, Orangen und Nüsse im Mixer mit Wasser glatt pürieren. Sofort servieren.

Cherie Soria ist die Begründerin des legendären *Living Light Culinary Arts Institute* und Autorin von drei Büchern, unter anderem von *Raw Food Revolution Diet*. Seit 1992 gibt sie ihre Kochkünste in ihrem Institut an zahlreiche Schüler weiter. Cherie Soria ist auch als »Mutter der rohköstlichen Gourmetküche« bekannt. Auf folgender Webseite erhalten Sie Informationen über Kurse und Zertifikate des *Living Light Culinary Arts Institute*: *www.rawfoodchef.com.*

Mimis Tipp

Wenn Sie zu Ihrem Smoothie ein paar Salatblätter oder etwas Staudensellerie geben, wird er mineralstoffreicher und die natürliche Süße der Früchte wird ausgeglichen.

Smoothie Girl und Shiitake präsentieren den Vanilla-Sky-Smoothie

- 1 Tasse ungesalzene Macadamianüsse aus biologischem Anbau, über Nacht eingeweicht
- 150 Gramm Ananasstücke, gefroren
- Mark von ½ Vanilleschote oder 1 Messerspitze Vanillepulver
- 1 Teelöffel Agavendicksaft in Rohkostqualität oder 2 Medjoul-Datteln

Alle Zutaten in den Mixer geben und glatt pürieren.

Wahlweise (für Nicht-Veganer):

- 1 Teelöffel Manuka-Honig
- 1 Teelöffel Blütenpollen

Omid Jaffari hat den Vanilla-Sky-Smoothie kreiert und fotografiert. Er ist Küchenchef der *Botanical Cuisine* und hat die Blogs *Shiitake* und *Tried. Tasted. Served.* eingerichtet. (siehe *www.shiitakeblog.com* und *www.triedtastedserved.com*)

Lucy Stegley ist Mit-Koordinatorin von Australiens erstem vegarisch-veganem Campus-Café *Realfoods*. Ihr virtuelles Ich *Smoothie Girl* präsentiert im Internet regelmäßig leckere Smoothies aus Zutaten der Saison. (siehe *www.rawevents-australia.com* und *www.su.rmit.edu.au/departments/rusu-realfoods*)

Mimis Tipp

Geben Sie ein paar Salatblätter oder etwas Staudensellerie in den Smoothie, um die natürliche Fruchtsüße auszugleichen.

Mias Anti-Aging-Smoothie

Für 1–2 Portionen

- 12 Stiele Grünkohl, vom Strunk befreit
- 1 Tasse frische Ananaswürfel
- 1 Banane
- 1 Birne
- 1 Apfel
- 1 Zitrone
- 30 Gramm Weizengraspulver
- 4 Stängel Minze mit Blättern
- 1½ Tassen Quellwasser
- 8 Eiswürfel

Wasser, Banane, Grünkohl, Weizengras und Ananaswürfel im Mixer pürieren. Birne, Apfel, Zitrone, Minze und Eis zugeben. Erneut glatt pürieren. Einfach köstlich!

Mia Kirk White ist Gesundheitsberaterin für alternative Medizin. Sie versteht es, besonders Kindern Rohkost schmackhaft zu machen, und berät ihre Kunden persönlich, im Internet und am Telefon. (siehe *www.mia-kirk-white.healthcoach.integrativenutrition.com* und *www.rawpeople.com*)

Anis Ingwer-Limetten-Drink

Für 8 Tassen

- 1 Esslöffel frische Ingwerwurzel, fein geraspelt
- ½ Tasse kalt geschleuderter Honig, Agavendicksaft in Rohkostqualität oder Ahornsirup
- ⅓ Tasse Limettensaft
- 8 Tassen Mineralwasser mit Kohlensäure
- 1 Tasse gecrushtes Eis

Aus: *Ani's Raw Food Essentials*. Alle Zutaten bis auf das Eis in den Mixer geben und glatt pürieren. Eis zugeben und erneut durchmixen. Sofort servieren.

Ani Phyo ist eine der bekanntesten Rohkostexpertinnen und Autorin der Bücher *Ani's Raw Food Essentials*, *Ani's Raw Food Kitchen* und *Ani's Raw Food Desserts*. Sie wurde für ihre Arbeit mehrfach ausgezeichnet und ihre »Uncooking-Show« auf YouTube ist sehr beliebt. (siehe *www.aniphyo.com*)

Köstliche Mocktails!

Sie kommen nach einem langen Arbeitstag nach Hause, lassen sich aufs Sofa fallen, legen die Beine hoch und sehnen sich nach einem Cocktail. Dann fällt Ihnen ein, dass Sie jetzt ja anders leben wollen als früher: Gesundheit geht vor. Was nun? Keine Sorge, für diese Lebenslagen habe ich die *Mocktails* erfunden. Mocktails sind Cocktails, die so tun, als ob … dabei aber herrlich gesund sind. Mit einem Hauch Fantasie werden Sie davon vielleicht sogar beschwipst.

Einige der Mocktails werden mit Kombucha hergestellt, einem fermentierten Getränk aus dem Kombuchapilz und gesüßtem Tee. Es hat heilende Eigenschaften, die auch medizinisch genutzt werden. Viele Menschen schwören auf ihr tägliches Glas Kombucha. Sie können fertigen Kombucha in Reformhäusern und Naturkostläden kaufen oder ihn zu Hause selbst herstellen. Falls Sie nichts dergleichen zur Hand haben, nehmen Sie stattdessen Mineralwasser mit Kohlensäure. Kombucha enthält aufgrund der Fermentation (Gärung) eine geringe Menge Alkohol.

Viele Rohkostcocktails enthalten Sake in Rohkostqualität, Bio-Wein oder -Wodka. Ich persönlich halte mich bei Alkohol lieber zurück, aber wenn Sie wollen, können Sie die Mocktails auch mit ein wenig Alkohol aufpeppen und so echte Cocktails daraus machen.

Mockarita

Für 2 bis 3 Portionen

- Saft von 1 Orange
- 1 Teelöffel Limettensaft
- 1 Teelöffel Agavendicksaft in Rohkostqualität oder ein Süßungsmittel nach Wahl
- ⅛ Teelöffel geriebene Orangenschale
- 1 Tasse weiche tropische Früchte wie Ananas, Mango oder Papaya
- ½ Tasse Kombucha
- ¼ Tasse Mineralwasser mit Kohlensäure
- 1 Tasse gecrushtes Eis

Alle Zutaten außer Kombucha, Mineralwasser und Eis kurz pürieren. Eis zugeben und zu einem dickflüssigen Drink mixen. Die Mischung in Margarita-Kelche geben und mit Kombucha bzw. Mineralwasser aufgießen. Kurz einrühren. Den Rand des Glases mit einer Zitronenscheibe garnieren.

Raw Mojito

Für 1 Portion

- 1 kleiner Stängel Minze
- 1 Esslöffel Limettensaft
- 1 Teelöffel Agavendicksaft in Rohkostqualität oder ein Süßungsmittel nach Wahl
- ⅓ Tasse Kombucha
- ¼ Tasse Mineralwasser mit Kohlensäure
- gecrushtes Eis

Gläser auswählen. Minze zerpflücken und in jedes Glas ein paar Blättchen geben, mit Limettensaft aufgießen. Agavendicksaft zugeben, mit Kombucha und Mineralwasser aufgießen. Vorsichtig verrühren. Nach Belieben stärker süßen. Gecrushtes Eis hineingeben.

Mocktini – geschüttelt, nicht gerührt

Für 1 Portion

- 120 Milliliter Cranberrysaft (aus frischen Beeren entsaftet oder gemixt)
- 60 Milliliter Ananassaft (aus frischen Früchten entsaftet oder gemixt)
- 1 Esslöffel Zitronensaft
- Süßungsmittel nach Wahl
- 2 bis 3 Esslöffel Mineralwasser mit Kohlensäure

Wenn Sie die Fruchtsäfte im Mixer herstellen, geben Sie ein wenig Wasser hinzu. Alle Zutaten in einen Cocktailshaker füllen und schütteln. In hohen Gläsern servieren. Nach Belieben mit Mineralwasser aufgießen. Das Glas mit einer Zitronenscheibe verzieren.

Ein Hauch von Sangria

Je nach Anzahl der Gäste

- 1 Tasse frisch gepresster Orangensaft
- 1 Orange, in Scheiben geschnitten
- 1 Apfel, in Scheiben geschnitten
- 1 Zitrone, in Scheiben geschnitten
- 1 Limette, in Scheiben geschnitten
- ½ Tasse Erdbeeren
- ⅓ Tasse Weintrauben
- 1 Kiwi, in Scheiben geschnitten
- 1 Flasche Kombucha
- 1 Tasse Mineralwasser mit Kohlensäure
- Agavendicksaft in Rohkostqualität oder ein Süßungsmittel nach Wahl

Sie brauchen ein großes Gefäß, denn Sangria schmeckt am besten, wenn Sie sie über Nacht im Kühlschrank durchziehen lassen.

Cranberrys, Granatapfelkerne, Weintrauben und Erdbeeren sind eine gute Grundlage für Ihre Sangria. Sie können die Früchte entsaften oder pürieren. Rechnen Sie etwa 1½ Tassen Fruchtstücke pro Person. Wenn Sie sich für den Mixer entscheiden, gießen Sie etwas Quellwasser auf, sodass die Früchte sich gut mixen lassen. Geben Sie die Fruchtmischung in einen großen Behälter. Hinzu kommen:

Alle Zutaten über Nacht ziehen lassen, dann mit mehr Kombucha aufgießen, wenn nötig. Sie können auch noch nachsüßen. Bringen Sie die Sangria in einer Punschschale auf den Tisch. Geben Sie vorher Eiswürfel hinein und legen Sie einen Schöpflöffel bereit, damit Ihre Gäste sich die Früchte ins Glas löffeln können.

Da Da Daiquiri

Für 1 Portion

- Saft von 1 Limette
- 1 Tasse Erdbeeren
- 1 Tasse frisch gepresster Orangensaft
- 1 Esslöffel Agavendicksaft oder ein Süßungsmittel nach Wahl
- ein paar Minzblätter
- gecrushtes Eis

Alle Zutaten bis auf das Eis in den Mixer geben. Kurz pürieren. Flüssigkeit mit Eis in den Cocktailshaker füllen, kurz schütteln. In einem Kelch servieren und mit einer Orangenscheibe auf Cocktailspießchen garnieren.

Mai Tai Traum

Für 1 Portion

- ½ Tasse frischer Ananassaft
- ½ Tasse frisch gepresster Orangensaft
- ½ Tasse Wasser von frischen Thai-Kokosnüssen
- 1 Tropfen natürliches Bittermandelöl, säurefrei
- gecrushtes Eis
- ¼ Tasse Granatapfelsaft mit natürlicher Süße zu Sirup verrührt

Alle Zutaten in ein hohes Glas geben und verrühren. Mit einem langen Strohhalm und einem Minzblatt servieren.

Shortys

Ich serviere meinen Gästen zur Begrüßung gern eine dieser Leckereien in einem Likörglas. Das regt den Gaumen an und sieht hervorragend aus.

Granatapfel-Shorty

Der einfachste Weg, einem Granatapfel seine Früchte zu entlocken, ist: Eine große Schüssel mit Wasser füllen, den Granatapfel hineinlegen und zunächst halbieren, dann vierteln. Lösen Sie die Kerne dann unter Wasser heraus. Diese sinken zu Boden, während die weiße Haut auf dem Wasser schwimmt. Sammeln Sie die Häutchen ab und gießen Sie das Wasser mit den Kernen durch ein Sieb. Mein Entsafter – ein Omega 8006 – kann auch Granatapfelkerne entsaften. Wenn Ihrer diese Funktion nicht hat, geben Sie die Kerne in den Mixer und drücken kurz auf die Pulse-Taste, damit sich das Fruchtfleisch von den Samen löst. Geben Sie einen Esslöffel Wasser zu, wenn nötig. Die Samen sollten nicht zerteilt werden, sie schmecken bitter. Gießen Sie dann den Saft durch einen Nussmilchbeutel oder ein sauberes Tuch ab. In Likörgläsern servieren.

Kombucha-Shorty

Servieren Sie Kombucha in Likörgläsern, nach Belieben verfeinert.

Ananas-Shorty

Ananassaft mit einem Hauch Kokoswasser.

Ingwer-Zitronen-Shorty

Zitronen entsaften. Den Saft mit geraspeltem Ingwer, etwas gefiltertem Wasser und einem natürlichen Süßungsmittel Ihrer Wahl abschmecken und servieren.

Gojibeeren-Shorty

1 Tasse Gojibeeren in 1 Tasse Wasser einweichen. Im Kühlschrank über Nacht ruhen lassen. Abseihen und mit einem Spritzer Agavendicksaft in Rohkostqualität und Limettensaft servieren. Die übrigen Gojibeeren können Sie für Smoothies verwenden.

Tomaten-Shorty

Frische Tomaten mit einem Spritzer Tamari und einer winzigen Prise Chili- oder Jalapeño-Pulver pürieren. Abseihen und kalt mit einer Prise Salz und Pfeffer sowie einem Spritzer Limettensaft servieren.

Cranberry-Shorty

Frische Cranberrys und Quellwasser im Mixer zu Saft pürieren. Abseihen, süßen und mit einem Spritzer Zitronensaft verfeinern. Kalt servieren.

Trauben-Shorty

Rote oder weiße Weintrauben pürieren, den Saft abgießen, mit ein wenig kohlensäurehaltigem Mineralwasser aufgießen, süßen und eiskalt servieren.

Pick me up

Zuerst ein Likörglas Weizengrassaft reichen, dann Granatapfel- oder Cranberrysaft, anschließend ein Likörglas Ananassaft. Und die Party kann beginnen!

Kapitel 6

Leckeres zum Frühstück, rohköstliches Brot und Cracker

Leckeres zum Frühstück

Bananen-Heidelbeer-Pfannkuchen

Für 3 bis 4 Pfannkuchen

- 2 reife Bananen
- 1 Esslöffel Agavendicksaft in Rohkostqualität
- ½ Teelöffel Zimt
- ¼ Tasse Pekannüsse, gehackt
- ½ Tasse Heidelbeeren

Stacy Stowers inspirierte mich mit einem ihrer Eiscreme-Desserts zu diesem Rezept.

Bananen in eine Schüssel geben und mit der Gabel vorsichtig zerdrücken, bis keine größeren Stücke mehr übrig sind, dabei sollte jedoch kein Bananen-Babybrei entstehen. Restliche Zutaten bis auf die Hälfte der Heidelbeeren zugeben. Alles leicht unterheben.Auf eine Dörrfolie geben und die Mischung zu 3 bis 4 Pfannkuchen ausstreichen. Die restlichen Heidelbeeren auf den Pfannkuchen verteilen. 4 Stunden lang bei 43 °C trocknen. Wenn sie trocken genug sind, einen der Gitterböden aufsetzen und das Ganze stürzen. Wenn nötig, die Pfannkuchen mit dem Messer von der Dörrfolie lösen. Weitere 3 bis 4 Stunden trocknen. Die Pfannkuchen sollten innen weich, außen leicht und knusprig sein.

Warm aus dem Dörrautomaten servieren. Mit Agavendicksaft oder Ahornsirup bestreichen und mit frischen Erdbeeren garnieren.

Granola

- ½ Tasse Hafergrütze, 4 Stunden oder über Nacht eingeweicht
- ½ Tasse Buchweizengrütze, 4 Stunden oder über Nacht eingeweicht
- 1 Tasse Mandeln, 4 Stunden eingeweicht
- 1 Tasse Sonnenblumenkerne, 2 Stunden eingeweicht
- 1 Tasse Kürbiskerne, 2 Stunden eingeweicht
- 1 Tasse Pekannüsse, 2 Stunden eingeweicht
- 1 Tasse Rosinen, 1 Stunde eingeweicht
- 1½ Tassen Datteln, eingeweicht, bis sie weich sind (etwa 1 Stunde)
- 4 Äpfel, grob geraspelt
- ½ Tasse Heidelbeeren
- 1 Teelöffel Zimt
- 1 Esslöffel Zitronensaft
- ½ Tasse Agavendicksaft in Rohkostqualität oder ein Süßungsmittel nach Wahl (für Granolaschnitten ein wenig mehr)
- 1 Teelöffel Ahornsirup
- 1 Prise Salz
- Vanillepulver

Das Rezept erfordert zwar einiges an Zutaten, die zudem über Nacht eingeweicht werden müssen, aber danach ist das Granola schnell zubereitet.

Zubereitung: Geben Sie die Grütze und die Nüsse, Mandeln, Sonnenblumen- und Kürbiskerne in die Küchenmaschine und drücken 4- bis 5-mal auf die Pulse-Taste. Grütze mit dem Spatel von den Wänden ablösen, wenn nötig. Geben Sie die Mischung dann in eine Rührschüssel. Apfelraspel, Datteln, Agavendicksaft, Ahornsirup, Vanillepulver, Zitronensaft, Zimt und Salz in den Mixer geben und die Mischung glatt pürieren. Dann zu den anderen Zutaten in die Rührschüssel geben und alles gut verrühren. Rosinen und Heidelbeeren unterheben.

Die Mischung auf einer Dörrfolie ausstreichen und 8 Stunden lang bei 43 °C trocknen. Auf den Gitterboden des Dörrautomaten stürzen und erneut 8 Stunden dörren, bis das Granola wirklich trocken ist. Zum Probieren ein wenig davon abbrechen. Wenn Sie Schnitten machen wollen, jeweils zwei Esslöffel der Mischung auf den Boden geben und ausstreichen. Etwas längere Trockenzeit einplanen.

Das Granola zerbröseln und in einem luftdicht verschlossenen Behälter aufbewahren.

Gesundes Frühstück

Für 2 Portionen

- 2 Äpfel, vom Kerngehäuse befreit
- 2 Esslöffel rohes Mandelmus
- 1 Banane
- 1 Teelöffel Zitronensaft
- frische Beeren

Alle Zutaten bis auf die Beeren in die Küchenmaschine geben und ein paar Mal auf die Pulse-Taste drücken, um die Äpfel grob zu zerkleinern. Machen Sie keine Apfelsauce daraus.

Mit einer Handvoll Beeren bestreut in Schalen servieren.

Nach Belieben Nüsse, gemahlene Leinsamen oder Hanfsamen zugeben.

Haferkeimlinge

Für 2 Portionen

- 1 Tasse Hafergrütze (Tipps zum Sprossenziehen auf Seite 180 ff.)
- Mandelmilch (Seite 132)
- ½ Banane
- ½ Tasse Beeren
- 1 Esslöffel Rosinen
- 2 Esslöffel gehackte Nüsse nach Wahl

Hafer mit 2 Tassen Quellwasser in ein Schraubglas geben. Bei 40 bis 43 °C in den Dörrautomaten stellen und über Nacht quellen lassen. Das Wasser abgießen und den Hafer spülen.

Den Hafer in eine Schale geben und mit Mandelmilch und Früchten vermischen. Nach Belieben süßen. Gemahlene Leinsamen oder Nüsse darüberstreuen.

Hafergrütze-Frühstück

Für 1 Portion

- ¼ Tasse Hafergrütze, über Nacht eingeweicht
- ½ Tasse Mandeln, über Nacht eingeweicht und abgegossen
- 2 Esslöffel Hanfsamen
- ¼ Tasse Sonnenblumensamen
- ½ Tasse Früchte nach Wahl, grob gehackt
- 1 Prise Zimt
- 2 klein geschnittene Datteln oder 1 Esslöffel Rosinen
- Mandelmilch (Seite 132)

Die Hafergrütze in ein Schraubglas geben und bei 40 bis 43 °C über Nacht in den Dörrautomaten stellen. Dann wird die Grütze weich und ist am Morgen verzehrfertig. Alle Zutaten bis auf die Mandelmilch in eine Schüssel geben und gut vermischen. Mandelmilch zugeben, Früchte unterheben und genießen.

Rohköstliches Brot und Cracker

Brot wird von vielen vermisst, wenn sie anfangen, sich rohköstlich zu ernähren. Wenn Sie lernen, Brot und Cracker roh zuzubereiten, kommt kein Heißhunger auf und Sie kommen gar nicht erst auf dumme Gedanken.

Bagels

Für 6 Bagels

- 2 Tassen Weizenkörner, über Nacht eingeweicht und im Mixer grob zerkleinert
- ½ Tasse Sonnenblumenkerne, im Mixer grob zerkleinert
- ¼ Tasse Agavendicksaft in Rohkostqualität oder ein Süßungsmittel nach Wahl
- 1¾ Tasse Zucchini, geraspelt
- 3 Esslöffel kalt gepresstes Olivenöl nativ extra
- 2 Esslöffel Sonnenblumenlecithin (als Emulgator; nicht roh, aber vegan)
- 1 Apfel, grob geraspelt
- 3 Esslöffel Würzhefe (nicht roh, aber vegan)
- ½ Tasse sonnengetrocknete Tomaten, etwa 1 Stunde eingeweicht
- 1 Esslöffel Zitronensaft
- ½ Teelöffel Salz
- ½ Tasse Zwiebeln, fein gehackt
- 1 Avocado, in Stücke geschnitten
- ¼ Tasse Irish-Moss-Paste (Seite 102)
- ½ Tasse Leinsamen, frisch gemahlen
- ½ Tasse Quellwasser oder mehr

Lassen Sie sich überraschen: Diese Bagels schmecken etwas anders. Doch wenn Sie sie mit Ihren gewohnten Frühstückszutaten bestreichen, haben Sie einen vollwertigen Ersatz.

Ich nehme statt Räucherlachs Kombu-Algen. Sie schmecken salzig und nach Meer. Kombu-Algen werden weich, wenn man sie über Nacht einweicht. Dazu ein bisschen Frischkäse, ein paar Tomatenscheiben, rote Zwiebeln und Kapern – und schon haben Sie das Gefühl, in einem erstklassigen Restaurant zu speisen.

Die Zutatenliste ist zwar lang, doch die Zubereitung ist recht einfach, also lassen Sie sich nicht abschrecken.

Zubereitung: Alle Zutaten bis auf die Leinsamen in die Küchenmaschine geben. Zu einer lockeren Masse zerkleinern. Am besten machen Sie das in zwei Durchgängen. Wenn alle Zutaten gut eingearbeitet sind, die Hälfte der Mischung herausnehmen. Die gemahlenen Leinsamen zur restlichen Mischung in der Küchenmaschine geben und mit der Pulse-Taste untermischen. Dann beide Teighälften in eine Schüssel geben und verkneten.

2 bis 3 Esslöffel Teig auf eine Dörrfolie setzen und mit der Hand in eine runde Form bringen. Die Bagels sollten etwa 1 Zentimeter groß sein. Formen Sie mit dem Finger ein Loch in der Mitte. Was wäre ein Bagel ohne Loch? Mit einem Spatel oder einer breiten Messerklinge die Seiten glätten. 2 bis 3 Stunden bei 40 bis 43 °C Celsius trocknen. Dann auf einen Gitterboden stürzen, sodass die untere Seite nun oben ist. Ziehen Sie die Dörrfolie ab und trocknen erneut etwa 8 Stunden, bis sich die Bagels leicht anfühlen. Sie sollten außen knusprig und in der Mitte weich sein.

Streichen Sie Frischkäse (Seite 213) auf Ihr Bagel und legen Sie in Streifen geschnittene, eingeweichte Kombu-Algen darauf, eine Tomatenscheibe und ein paar dünne rote Zwiebelringe. Zum Abschluss noch ein paar Kapern – et voilà. Köstlich!

Brot aus karamellisierten Zwiebeln

Für 16 bis 18 Scheiben

- 3 Tassen Zwiebeln, in dünne Ringe geschnitten
- 2 Tassen Weizenkörner, über Nacht eingeweicht, im Mixer grob zerkleinert
- 1 Tasse Sonnenblumenkerne, im Mixer grob zerkleinert
- 1 Prise Stevia
- 2 Tassen Zucchini, grob geraspelt
- 3 Esslöffel kalt gepresstes Olivenöl nativ extra
- 2 Esslöffel Sonnenblumenlecithin (als Emulgator; nicht roh, aber vegan)
- 1 Apfel, grob geraspelt
- 3 Esslöffel Würzhefe (nicht roh, aber vegan)
- 1 Tasse sonnengetrocknete Tomaten, etwa 1 Stunde eingeweicht
- 1 Esslöffel Zitronensaft
- 1 Knoblauchzehe
- ½ Teelöffel Salz
- 1 Avocado, in Stücke geschnitten
- ¼ Tasse Irish-Moss-Paste (Seite 102)
- 1 Tasse Leinsamen, frisch gemahlen
- ½ Tasse oder mehr Quellwasser nach Bedarf
- 1 Teelöffel Oregano
- 1 Teelöffel Thymian
- ½ Tasse eingeweichte Datteln
- 2 Esslöffel Tamari oder Nama Shoyu
- frisch gemahlener Pfeffer

Zwiebeln mit Salz und Stevia oder einem anderen trockenen Süßungsmittel bestreuen und 30 Minuten ziehen lassen. Datteln abgießen, entsteinen und mit 1 Esslöffel Tamari, 1 Esslöffel Wasser und 1 Spritzer Olivenöl kurz durchmixen.

Die Dattelmischung zu den Zwiebeln geben, gut durchmengen. Zwiebeln auf eine Dörrfolie streichen und 2 Stunden trocknen lassen, bis sie weich sind

Restliche Zutaten außer Zwiebeln und Leinsamen in die Küchenmaschine geben und vermahlen. Am besten machen Sie das in zwei Durchgängen. Die Hälfte herausnehmen. Den Leinsamen zum verbliebenen Teig in der Küchenmaschine geben. Mit der Pulse-Taste kurz mischen. Den Teig in eine Rührschüssel geben, karamellisierte Zwiebeln zufügen und mit den Händen einarbeiten. Den Teig etwa 1 Zentimeter dick auf zwei Dörrfolien ausstreichen.

8 Stunden lang bei 40 bis 43 °C trocknen. Wenn die Fladen oben trocken sind, auf einen Gitterboden stürzen, die Folie abziehen und zurück in den Dörrautomaten schieben. Noch einmal 8 bis 10 Stunden trocknen, bis sich die Brotfladen leicht und kross anfühlen, in der Mitte aber noch weich sind.

Kräuterbrot

Für 9 Scheiben

- 2 Tassen Weizen oder Kamut, über Nacht eingeweicht
- 2 Tassen Zucchini, grob geraspelt
- Fleisch von 4 frisch entsafteten Karotten
- ¼ Tasse Leinsamen, frisch gemahlen
- ¼ Tasse Kürbiskerne, gemahlen
- ¼ Tasse Sonnenblumenkerne, gemahlen
- ½ Tasse sonnengetrocknete Tomaten, etwa 1 Stunde eingeweicht
- 1 Esslöffel kalt gepresstes Olivenöl nativ extra
- 1 Prise Himalajasalz oder graues Meersalz aus der Bretagne
- frisch gemahlener Pfeffer
- 1 Esslöffel Gewürzmischung aus Majoran, Oregano, Rosmarin und Basilikum

Alle Zutaten bis auf die Leinsamen in die Küchenmaschine geben und zu einer möglichst glatten Masse verrühren. Teig mit dem Spatel von den Wänden ablösen, wenn nötig.

Teig in eine Rührschüssel geben. Leinsamen zugeben und gut einarbeiten. Den Teig auf eine Dörrfolie ausstreichen. Bei 43 °C etwa 6 Stunden trocknen. Auf einen Gitterboden stürzen, in 9 Scheiben zerteilen und weitere 6 bis 8 Stunden trocknen lassen. Das Brot sollte am Ende leicht und knusprig sein, mit einer feuchten Mitte.

Maisbrot

- 2 Tassen frische Maiskörner
- 1 rote Paprikaschote, klein geschnitten
- 2 Esslöffel Zwiebeln, fein gehackt
- 1 mittelgroße Tomate, klein geschnitten
- 1 Teelöffel kalt gepresstes Olivenöl nativ extra
- ½ Teelöffel Kurkuma, gemahlen
- ½ Teelöffel Oregano
- 3 Esslöffel Zwiebeln, fein gehackt
- 1 Knoblauchzehe, fein gehackt
- ¼ Tasse Karotten, grob geraspelt
- ¼ Teelöffel Paprikapulver
- ⅛ Teelöffel Himalajasalz oder graues Meersalz aus der Bretagne
- Pfeffer, frisch gemahlen
- ½ Tasse Sonnenblumenkerne, frisch gemahlen
- ¼ Tasse Leinsamen, frisch gemahlen

Alle Zutaten bis auf ¼ Tasse Maiskörner sowie Sonnenblumenkern- und Leinsamenmehl in die Küchenmaschine geben. Mit der Pulse-Taste zu einer lockeren Masse verarbeiten. Diese in eine Rührschüssel geben, Maiskörner, gemahlene Leinsamen und Sonnenblumenkerne unterziehen und gut einarbeiten.

Etwa 1 bis 2 Zentimeter dick auf eine Dörrfolie ausstreichen. Bei 45 °C etwa 6 bis 8 Stunden trocknen lassen. Dann auf einen Gitterboden stürzen, die Dörrfolie abziehen und weitere 6 bis 8 Stunden trocknen, bis Sie die gewünschte Konsistenz erhalten. Sollte das Maisbrot zu weich sein, um es auf den Gitterboden zu stürzen, noch länger trocknen lassen.

Mimis Tipps

Für ein bisschen mehr Würze fügen Sie eine Jalapeño-Schote hinzu.

Schmeckt super zu Chili sin Carne (Seite 253).

Süßes oder herzhaftes Brot

- 2 Tassen Weizenkörner, über Nacht eingeweicht
- ½ Tasse Pekannüsse, gehackt
- 1 Apfel, in Würfel geschnitten
- ¼ Tasse Sonnenblumenkerne
- ¼ Tasse Rosinen
- ¼ Tasse Hanfsamen
- 1 Teelöffel Zimt
- ¼ Tasse Leinsamen, frisch gemalen
- ¼ Tasse kalt gepresstes Olivenöl nativ extra
- ⅛ Teelöffel Himalajasalz oder graues Meersalz aus der Bretagne

Dies ist ein dichtes, köstliches Frühstücksbrot, das Sie mit rohem Mandelmus bestreichen und mit Bananenscheiben belegen können.

Ich habe es mehr oder weniger durch Zufall entdeckt, als ich gekeimten Weizen weiterverarbeiten wollte. Ich hatte keine Zucchini mehr, die ich häufig für meine Brotsorten verwende, also ließ ich mir etwas Neues einfallen.

Zubereitung: Weizenkörner mit Olivenöl und Salz in die Küchenmaschine geben und glatt pürieren. Wenn nötig, den Teig mit dem Spatel von den Wänden ablösen. Dann die restlichen Zutaten bis auf die Rosinen zugeben und mit der Pulse-Taste zu einer lockeren Mischung verarbeiten. Teig in eine Rührschüssel geben und die Rosinen von Hand einarbeiten.

Den Teig in drei Teile aufteilen und etwa 1 Zentimeter dick auf eine Dörrfolie ausstreichen. Mit dem Spatel glätten. 4 Stunden lang bei 43 °C trocknen, dann auf einen Gitterboden stürzen und weitere 6 Stunden trocknen lassen, bis das Brot außen knusprig und innen weich ist.

Mimis Tipp

Für die herzhafte Variante nehmen Sie statt der Rosinen einfach Kräuter und Oliven.

Mediterranes Fladenbrot

Für 16 bis 18 Scheiben

- 3 Tassen Buchweizen oder Weizenkörner, über Nacht eingeweicht, im Mixer grob zerkleinert
- ¼ Tasse Sonnenblumenkerne, im Mixer grob zerkleinert
- ¼ Tasse Agavendicksaft in Rohkostqualität oder ein Süßungsmittel nach Wahl
- ½ Zucchini, grob geraspelt
- 3 Esslöffel Sonnenblumenlecithin (als Emulgator, nicht roh, aber vegan)
- 6 Esslöffel kalt gepresstes Olivenöl, nativ extra
- 2 Teelöffel Himalajasalz oder graues Meersalz aus der Bretagne
- 3 bis 4 Esslöffel Italienische Gewürzmischung aus Rosmarin, Thymian, Basilikum, Majoran und Oregano
- 2 Knoblauchzehen, grob gehackt
- 2 Tassen Quellwasser
- ¾ Tasse Würzhefe (nicht roh, aber vegan)
- 2 Tassen sonnengetrocknete Tomaten, 20 Minuten bis 1 Stunde eingeweicht
- 2 Tassen Leinsamen, frisch gemahlen

Alle Zutaten bis auf die Würzhefe, die Tomaten und die Leinsamen in die Küchenmaschine geben und zu einer lockeren Mischung verarbeiten. Sonnengetrocknete Tomaten zugeben und mit der Pulse-Taste unterrühren. Wenn die Mischung jetzt zu dick ist, um die Leinsamen einzuarbeiten, geben Sie sie in eine Rührschüssel und ziehen Sie die Leinsamen von Hand unter. Wenn nicht, können Sie auch hier mit der Pulse-Funktion arbeiten.

Den Teig in zwei Hälften aufteilen und auf 2 Dörrfolien verteilen. Zu großen 1 Zentimeter dicken Quadraten ausstreichen. Die Oberfläche mit Olivenöl einstreichen. Etwa 10 Stunden lang bei 41 bis 43 °C trocknen. Sind die Fladen an der Oberfläche trocken, auf Gitterböden stürzen, Dörrfolie abziehen und in die gewünschte Größe schneiden. Gewendet weitere 9 Stunden lang trocknen, bis sie außen knusprig und innen noch etwas weich sind.

Lassen Sie Ihrer Fantasie freien Lauf und belegen Sie die Fladen wie eine Pizza. Oder Sie bereiten eine leckere Tapenade zu (Seite 221).

Leinsamen-Cracker

- 2 Tassen Leinsamen, ½ Tasse in 2 Tassen Wasser eingeweicht, bis die Leinsamen gelatineartig sind, die restlichen 1½ Tassen gemahlen
- 1 Tasse Sonnenblumenkerne, die Hälfte 4 Stunden lang in Wasser eingeweicht, die andere Hälfte gemahlen
- 2 Esslöffel klein gehackte Zwiebeln
- ¼ Tasse sonnengetrocknete Tomaten, eingeweicht, bis sie weich sind
- 2 Esslöffel Tamari oder Nama Shoyu
- 1 Esslöffel Kräutermischung (Italienische oder Kräuter der Provence oder nach Belieben)
- ½ Teelöffel Himalajasalz oder graues Meersalz aus der Bretagne

Alle Zutaten bis auf die eingeweichten Leinsamen und die eingeweichten Sonnenblumenkerne in die Küchenmaschine geben und gründlich durchmixen. Den Teig in eine Rührschüssel geben und die eingeweichten Samen zufügen und gut einarbeiten.

Auf eine Dörrfolie ausstreichen. Wenn der Teig zu klebrig ist, mit einem nassen Spatel arbeiten. Es macht nichts, wenn sich hier oder da ein Löchlein zeigt. Versuchen Sie nur, den Teig so dünn wie möglich auszustreichen, damit er gut trocknet. Mit dem Spatel dann die Crackerform auf der ausgestrichenen Masse in der gewünschten Größe formen. Dann sind die Cracker im trockenen Zustand leichter abzubrechen.

7 bis 8 Stunden trocknen. Auf den Gitterboden stürzen und weitere 7 Stunden lang trocknen, bis sie knusprig sind.

Mimis Tipp

Wenn Sie eine süßere Variante möchten, lassen Sie Zwiebeln, Tamari und Kräuter weg und fügen stattdessen Rosinen, Süßungsmittel und Zimt hinzu.

Pizza-Cracker

- 2 Tassen Leinsamen, in 2 Tassen Wasser 4 bis 6 Stunden eingeweicht
- ¼ Tasse sonnengetrocknete Tomaten, eingeweicht, bis sie weich sind
- ¼ Tasse Hanfsamen
- ¼ Tasse gemahlene Sonnenblumenkerne
- ¼ Tasse gemahlene Kürbiskerne
- ½ Tasse Zwiebeln, grob gehackt
- 1 kleine Knoblauchzehe, zerdrückt
- ¼ Tasse Oliven, fein gehackt
- 1 Teelöffel kalt gepresstes Olivenöl nativ extra
- 1 Spritzer Tamari oder Nama Shoyu
- 1 Teelöffel Zitronensaft
- 1 Esslöffel Italienische Kräutermischung aus Oregano, Rosmarin, Majoran und Basilikum
- Himalajasalz oder graues Meersalz aus der Bretagne
- frisch gemahlener Pfeffer
- Wasser nach Bedarf

Alles, was Sie für diese leckeren Cracker tun müssen, ist Einweichen und Trocknen. Daher dauert die Zubereitung auch nur 20 Minuten. Stellen Sie zuvor alle Zutaten auf dem Küchentisch parat. An Geräten benötigen Sie Ihre Küchenmaschine, eine Kaffeemühle oder einen Mixer für die Samen, einen Spatel, eine Schüssel zum Einweichen der Nüsse und eine für die Tomaten. Dazu ein Messer und einen Dörrautomaten.

Zubereitung: Geben Sie alle Zutaten bis auf die Oliven in die Küchenmaschine und verarbeiten Sie sie zu einem glatten Püree. Mit Salz und Pfeffer abschmecken. Den Teig mit einem Spatel von den Wänden ablösen, falls erforderlich. Wasser zugeben, wenn sich Klümpchen bilden. Heben Sie dann die Oliven mit dem Spatel unter.

Teilen Sie den Teig auf 2 bis 3 Dörrfolien auf und streichen Sie ihn zu großen Quadraten von etwa 20 Millimeter Dicke aus. 6 Stunden lang bei 43 °C trocknen, dann auf einen Gitterboden stürzen und weitere 6 Stunden trocknen, bis die Cracker schön knusprig sind.

Maischips

- Körner von 6 bis 8 frischen Maiskolben
- ½ Tasse gelbe Leinsamen, gemahlen
- ¼ Tasse Zwiebeln, gehackt
- ⅛ Teelöffel Salz
- ¼ Teelöffel Mexikanische Gewürzmischung, zum Beispiel aus Kreuzkümmel, Oregano und Knoblauchpulver

Maiskörner, Zwiebeln und Salz in die Küchenmaschine geben. Glatt pürieren. Gemahlene Leinsamen zugeben und die Pulse-Taste drücken, bis alles gut vermischt ist.

Mit einem Spatel auf eine Dörrfolie verteilen. Den Spatel in kaltes Wasser tauchen und die Mischung glatt und dünn ausstreichen. Den Gitterboden, auf dem die Dörrfolie liegt, hochnehmen und einmal kurz auf der Tischplatte aufstoßen. Noch einmal über die Chips streichen. Sie können den Teig auch esslöffelweise auf die Dörrfolie geben und ihn zu runden, etwas dickeren Chips verstreichen. 12 Stunden lang trocknen. Danach den Teig auf einen Gitterboden stürzen, zu Chips zerteilen und von der anderen Seite noch einmal 12 Stunden lang trocknen, bis die Chips lecker und knusprig sind.

Mimis Tipp

Ritzen Sie die Teigmasse mit dem Spatel an, bevor Sie den Einschub in den Trockner schieben oder bevor Sie den Teig wenden. Sie können ihn auch mit einer Küchenschere in die gewünschte Größe bringen.

Kapitel 7

Suppen

Butternut-Kürbissuppe

Für 4 Portionen

- 3 Tassen Mandelmilch (Seite132)
- 3 Tassen Butternut-Kürbis, in Stücke geschnitten
- 1 Esslöffel Zwiebeln, fein gehackt
- ½ Stange Staudensellerie, in Stücke geschnitten
- 1 Karotte, fein geschnitten
- 1 Esslöffel Agavendicksaft in Rohkostqualität oder ein Süßungsmittel nach Wahl
- ⅛ Teelöffel Currypulver
- ⅛ Teelöffel Kreuzkümmel
- 1 Prise Zimt
- 1 Knoblauchzehe
- 1 bis 2 Spritzer Tamari
- Himalajasalz oder graues Meersalz aus der Bretagne zum Abschmecken
- frisch gemahlener Pfeffer zum Abschmecken

Alle Zutaten in den Mixer geben und glatt pürieren. Wenn Sie die Suppe erwärmen wollen, verwenden Sie den Dörrautomaten, einen Wasserbadtopf oder einen normalen Topf auf dem Herd. Sachte erwärmen, damit die Suppe nicht überhitzt wird. Dabei ständig umrühren.

Einzeln in Schalen auf den Tisch bringen und mit einem Tupfen Veggie-Sauerrahm (Seite 216) garnieren. Mit gehackten Frühlingszwiebeln oder Schnittlauch bestreuen.

Tom-Yum-Misosuppe

Für 2 bis 4 Portionen

- 2 Tassen Wasser von frischen Thai-Kokosnüssen (gibt es auch fertig abgepackt in Naturkostläden und Reformhäusern, es schmeckt jedoch nicht so aromatisch)
- 1 Tasse Quellwasser
- 1 gehäufter Esslöffel helles, traditionell fermentiertes Miso
- Saft von ½ Limette
- 2,5 Zentimeter Ingwerwurzel
- 2 Knoblauchzehen
- 3 Frühlingszwiebeln, gehackt
- ½ Tasse Spinat, grob gehackt
- ¼ Tasse Koriandergrün, ohne Stängel
- 1 Stiel Zitronengras, nur der untere Teil, gehackt
- 4 Kaffernlimettenblätter
- 2 Shitake-Pilze, in dünne Scheiben geschnitten

Kokoswasser, Quellwasser, Miso, Limettensaft, Ingwer und Knoblauch glatt rühren. Suppengrundlage in einen Topf geben und restliche Zutaten hinzufügen. Leicht erwärmen, dabei nicht überhitzen. Von der Wärmequelle nehmen und 10 Minuten lang ruhen lassen, damit sich die Aromen besser entfalten können. Erneut leicht erwärmen. Entfernen Sie die Kaffernlimettenblätter und das Zitronengras. Die Zutaten sollten auf keinen Fall »gegart« werden, damit die Suppe roh bleibt. Wenn Sie die Suppe ein wenig dickflüssiger wollen, geben Sie eine halbe Tasse Kokosnussfleisch zur Suppengrundlage.

Für das Zitronengras beziehungsweise die Kaffernlimettenblätter gibt es geschmacklich keine Alternative. Sie bekommen beides in gut sortierten Feinkostabteilungen oder Asia-Läden. Auch ohne diese Zutaten schmeckt die Suppe fein, mit ihnen aber bekommt sie eine exquisite Geschmacksnote.

Servieren Sie die Suppe in Schalen und garnieren Sie sie mit Frühlingszwiebeln oder gehacktem Koriandergrün.

Mimis Tipp

Geben Sie ein paar Zucchinispiralnudeln dazu oder etwas rohen Sushireis.

Dicke Tomatensuppe

Für 2 bis 3 Portionen

- 7 mittelgroße Kirschtomaten
- ½ Tasse sonnengetrocknete Tomaten, eingeweicht, bis sie weich sind
- 1 Avocado, in Stücke geschnitten
- 1 Esslöffel Zwiebeln, grob gehackt
- 1 kleine Knoblauchzehe, grob gehackt
- 2 Esslöffel Basilikum, grob gehackt
- Himalajasalz oder graues Meersalz aus der Bretagne zum Abschmecken
- frisch gemahlener Pfeffer zum Abschmecken
- Wasser nach Bedarf

Alle Zutaten in die Küchenmaschine geben, auf die Pulse-Taste drücken und durchmixen, bis die Masse stückig ist. Geben Sie Wasser dazu, bis sie die gewünschte Konsistenz hat.

In eine Schüssel geben und nach Belieben im Dörrautomaten, im Wasserbad oder auf dem Herd leicht erwärmen, sodass die Enzyme nicht zerstört werden.

Pilzcreme-Suppe

Für 2 Portionen

- 2 Tassen Champignons oder Egerlinge
- 2 Esslöffel kalt gepresstes Olivenöl nativ extra
- 2 Esslöffel Tamari oder Nama Shoyu
- Gemüsebrühe (Rezept siehe unten)
- 2 Tassen Cashewmilch (Seite 132 f.)
- 1 Tomate
- 1 Tasse sonnengetrocknete Tomaten, eingeweicht, bis sie weich sind
- 1 Dattel
- Himalajasalz oder graues Meersalz aus der Bretagne zum Abschmecken
- frisch gemahlener Pfeffer zum Abschmecken

Die Pilze mit einem feuchten Tuch säubern und in einer Marinade aus Olivenöl und Tamari 30 Minuten ziehen lassen.

Gemüsebrühe

- 1 Zucchini, fein gehackt
- ¼ mittelgroße Zwiebel, fein gehackt
- 1 Stange Staudensellerie, fein gehackt
- 2 Karotten, geschält und fein gehackt
- ¼ Süßkartoffel, fein geschnitten
- ½ Tasse Pastinakenwurzel, geschält und fein gehackt
- 1 Teelöffel Gewürzmischung aus Rosmarin, Thymian, Majoran, Pfeffer, Oregano, Lorbeerblättern und anderen Kräutern der Saison
- 3 Tassen Quellwasser

Zucchini, Zwiebeln, Sellerie, Karotten, Brokkoli, Süßkartoffeln und Gewürze in einen Topf geben und mit Wasser bedecken.

Die Mischung vorsichtig erwärmen. (Nicht überhitzen!) Probieren und nach Belieben abschmecken. Die Brühe von der Wärmequelle nehmen und einen Deckel aufsetzen. Lassen Sie sie ruhen, bis das Gemüse weich geworden ist, also etwa 30 Minuten. Sie können natürlich auch den Dörrautomaten verwenden.

Gemüsebrühe, Cashewmilch, Tomate, sonnengetrocknete Tomaten mit Einweichwasser, Dattel, Salz und Pfeffer zugeben und glatt pürieren. ¾ der Pilze mit Marinade zugeben und erneut glatt rühren. Wenn Sie die Suppe flüssiger wollen, fügen Sie Wasser hinzu, soll sie dicker werden, geben Sie noch ein paar eingeweichte Cashewkerne dazu. Probieren und nach Belieben abschmecken.

Geben Sie die Suppe zurück in den Topf und erwärmen Sie sie unter ständigem Rühren. Achten Sie darauf, sie nicht zu überhitzen, um die Enzyme nicht zu zerstören. Oder Sie geben sie in ein Weckglas und erwärmen Sie im Dörrautomaten.

Geben Sie von den restlichen Pilzen ein paar in jede Suppenschale, verteilen Sie die Suppe darüber und servieren Sie mit fein gehacktem Schnittlauch.

Gazpacho

Für 4 Portionen als Hauptmahlzeit und 8 als Vorspeise

- 3 Tassen reife, rote Eiertomaten, entkernt und in Würfel geschnitten
- ½ Tasse gewürfelter Staudensellerie
- 1 gewürfelte Avocado
- 2 Tassen gewürfelte Gurke
- 2 Tassen gewürfelte rote Paprikaschoten
- 1 rote Zwiebel, in Scheiben geschnitten
- ¼ Tasse Basilikum, gehackt
- 1 Teelöffel Knoblauchzehe, fein gehackt
- 1 Teelöffel Kreuzkümmel
- Salz und Pfeffer zum Abschmecken
- 1 Prise Cayennepfeffer, wenn Sie es gern scharf mögen
- 1 Esslöffel Zitronen- oder Limettensaft
- 1 Esslöffel Apfelessig
- 2 Tassen Gemüsesaft (Entsaften Sie dafür eine beliebige Mischung aus folgenden Sorten: Staudensellerie, Karotten, Brokkoli, Tomaten, Lauch, Koriandergrün, Spinat und rote Paprikaschoten. Sie können das Gemüse auch mit Wasser in den Mixer geben und glatt pürieren.)

Gazpacho wird in Spanien und Portugal häufig gegessen. Sie enthält viele Nähr- und Vitalstoffe, aber nur wenig Kalorien. Für mich steckt in der Gazpacho der ganze Geschmack des Sommers.

Als ich noch in Taos in New Mexico lebte, fragten die Leute mich manchmal, was ich im Garten anbaue. Dann antwortete ich immer: »Gazpacho!« Die Zutaten sind einfach und leicht zu ziehen: Tomaten, Gurken, rote Paprikaschoten, Knoblauch und Zwiebeln. Im Sommer würde ich sie am liebsten täglich essen, vor allem, wenn sie aus Kirsch- oder Eiertomaten hergestellt ist. Wenn Sie noch nie eine kalte Suppe gegessen haben, ist Gazpacho ein guter Einstieg.

Gazpacho kann als leichte Hauptmahlzeit oder als Vorspeise in einer exquisiten Menüfolge serviert werden. Ich bereite die Suppe immer einen Tag vor dem Servieren zu, damit sie gut durchziehen kann.

Zubereitung: Tomaten-, Staudensellerie-, Avocado-, Gurken-, Paprika- und Zwiebelstücke vermengen. Die Hälfte in den Mixer geben. Knoblauch, Kreuzkümmel, Basi-likum, Cayennepfeffer, Salz und Pfeffer sowie Limettensaft und Essig hinzufügen. Glatt pürieren. Gemüsesaft dazugeben und so lange mixen, bis er gut eingearbeitet ist.

Nach Belieben abschmecken. Gießen Sie die Gemüsecreme dann über die restlichen Gemüsestücke. Die Schüssel zugedeckt in den Kühlschrank stellen. Am besten über Nacht, mindestens aber 3 bis 4 Stunden lang ruhen lassen.

Mit rotem Chili- oder Jalapeño-Pulver aufpeppen. Sie können die Gazpacho als Vorspeise in Gläsern mit einer Zitronenscheibe servieren. Zum Mittagessen geben Sie sie in farbenprächtige Schalen und garnieren sie mit einer hauchdünnen Limettenscheibe und einigen Korianderblättchen.

Mimis Tipp

Stellen Sie eine Schüssel mit Tomaten-, Gurken-, Zwiebel- und Avocadowürfeln oder roten Chilischoten auf den Tisch, damit Ihre Gäste sie nach Belieben in die Suppe streuen können.

Maissuppe

Für 2 bis 3 Portionen

- 3 Tassen Mandelmilch (Seite 132)
- 4 Tassen frische Maiskörner, vom Kolben geschnitten
- 1 Avocado
- 1 Esslöffel Zwiebeln, fein gehackt
- 1 Teelöffel Kreuzkümmel
- ⅛ Teelöffel Kurkuma
- Himalajasalz oder graues Meersalz aus der Bretagne zum Abschmecken
- frisch gemahlener Pfeffer zum Abschmecken

Alle Zutaten bis auf ½ Tasse Maiskörner im Mixer glatt pürieren. Die Suppe probieren und nach Belieben nachwürzen. Servieren Sie die Suppe in Schalen und bestreuen Sie sie mit den restlichen Maiskörnern. Sie können mit gehacktem Koriandergrün oder Petersilie garnieren. Die Suppe kann im Dörrautomaten, im Wasserbad oder auf dem Herd erwärmt werden. Achten Sie darauf, dass sie nicht überhitzt, sondern nur vorsichtig erwärmt wird.

Brokkolisuppe

Für 2 bis 4 Portionen

- 2 Tassen Mandel- oder Cashewmilch (Seite 132)
- 2 Tassen Brokkoli, in Röschen zerpflückt
- 1 Avocado, in Stücke geschnitten
- 1 Esslöffel Zwiebeln, fein gehackt
- ½ Stange Staudensellerie, grob gehackt
- 1 Knoblauchzehe
- 1 Esslöffel kalt gepresstes Olivenöl nativ extra
- ½ Teelöffel Kreuzkümmel
- Himalajasalz oder graues Meersalz aus der Bretagne zum Abschmecken
- frisch gemahlener Pfeffer zum Abschmecken

Alle Zutaten in einen Mixer geben und glatt pürieren. Zwei Stunden lang kühl stellen, damit sich die Zutaten aromatisch verbinden können. Im Dörrautomat, im Wasserbad oder auf dem Herd unter ständigem Rühren langsam erwärmen. Nicht überhitzen, damit die Enzyme nicht zerstört werden. Höchstens handwarm werden lassen – wie fürs Babyfläschchen.

Mit einem Tupfen Veggie-Sauerrahm (Seite 216) verziert in Schalen servieren. Wahlweise mit einzelnen Gemüsescheiben garnieren.

Avocadosuppe

Für 4 Portionen

- 1 Knoblauchzehe, fein gehackt
- 2,5 Zentimeter frische Ingwerwurzel, geschält und fein gehackt oder ⅛ Teelöffel Ingwerpulver
- ⅛ Teelöffel Kreuzkümmel
- 1 kleine Jalapeño-Schote, von den Kernen befreit (oder mehr, wenn Sie es scharf mögen)
- 2 Esslöffel kalt gepresstes Olivenöl nativ extra
- 3 Avocados, in Stücke geschnitten
- Saft aus 5 Stangen Staudensellerie, 1 großen Gurke, 1 roten Paprikaschote und ¼ milder Zwiebel; so viel Wasser zugeben, dass es 4 Tassen Saft ergibt
- Saft von 1 Limette
- Salz und Pfeffer zum Abschmecken
- Veggie-Sauerrahm (Seite 216)
- ½ Tasse Koriandergrün, gehackt
- ⅛ Teelöffel Koriandersamen, grob gemahlen

Alle Zutaten – außer vegetarischem Sauerrahm und Koriander – in den Mixer geben und pürieren. Probieren und abschmecken. Zugedeckt in einer Schüssel in den Kühlschrank stellen und 30 Minuten kühlen.

Auf vier Schalen verteilen, in jede einen Tupfen Sauerrahm setzen, mit gehacktem Koriander und grob gemahlenen Korianderkörnern bestreuen.

Kapitel 8

Salate und Dressings

Sprossen ziehen

Sprossenziehen ist wie ein Garten in den eigenen vier Wänden. Keimlinge sind randvoll mit Vitalstoffen, Enzymen und Vitaminen und kosten fast gar nichts. Für ein paar Cent können Sie pfundweise Grünzeug in Ihrer Küche produzieren. Sprossen können das ganze Jahr über ganz einfach gezogen werden und schmecken wunderbar. Alles, was Sie brauchen, sind große Gläser, Samen und Wasser. Am besten sind Sprossengläser mit breiter Öffnung. Dazu brauchen Sie ein sauberes Mulltuch und ein Gummiband zum Befestigen. Beides spannen Sie über die Öffnung des Glases. Oder Sie kaufen sich ein Keimgerät. (Seite 106).

Sprossen ziehen Sie am besten so: Die Samen gründlich waschen und dann abseihen. 3 Esslöffel Samen in das Sprossenglas geben. Etwa 7,5 Zentimeter hoch mit frischem Wasser aufgießen. Über Nacht an einem dunklen, kühlen Ort stehen lassen. Am nächsten Morgen das Mulltuch mit einem Gummiband über der Öffnung befestigen. Es funktioniert gleichzeitig als Sieb: Drehen Sie also das Glas um und gießen Sie die Einweichflüssigkeit ab. Wenn Sie mögen, können Sie diese für Smoothies verwenden. Spülen Sie die Samen noch zweimal mit frischem Wasser und gießen Sie dieses jeweils wieder ab. Wenn Wasser im Glas zurückbleibt, faulen die Samen. Ich drehe die Gläser einfach um und stelle sie mit der Öffnung nach unten auf, damit das Wasser abrinnen kann. Wenn Sie tagsüber zu Hause sind, können Sie noch ein drittes Mal spülen. Zweimal pro Tag aber müssen Sie spülen. Spülen Sie also den Inhalt des Glases täglich durch und sehen Sie nach, ob die Samen schon kleine »Schwänzchen« austreiben. Die meisten Sprossen sind nach fünf Tagen erntefertig. Gießen Sie

dann Ihre Sprossenzucht ein letztes Mal ab und bewahren Sie die Sprossen im Kühlschrank auf. Sie halten sich etwa eine Woche lang.

Die Anzucht von Getreidesprossen verläuft etwas anders, da sich hier keine »Schwänzchen« bilden. Wildreis geht zwar auf, bei anderen Getreidesorten aber werden nur die Körner weich. Legen Sie die Getreidekörner in das Sprossenglas und füllen Sie es etwa 10 Zentimeter hoch mit frischem Wasser auf. Stellen Sie dann das Glas bei 42 °C in das Dörrgerät. Lassen Sie es 12 bis 24 Stunden dort stehen. Dann können Sie das Getreide abgießen, spülen und benutzen. Wenn Sie kein Dörrgerät haben, stellen Sie das Glas an einen warmen Ort, zum Beispiel in die Backröhre. Im Sommer können Sie es auch in ein Handtuch wickeln und draußen stehen lassen. Vergessen Sie nicht, die Körner zu wässern und zu spülen.

Aus den folgenden Lebensmitteln können Sie Sprossen ziehen:

Samen: Alfalfa-, Bockshornklee-, Kresse-, Rettich- und Sesamsamen; Kürbis-, Sonnenblumenkerne
Getreide: Buchweizen, Kamut, Quinoa, Roggen, Weizen, Wildreis
Hülsenfrüchte: Linsen; Erbsen, Kichererbsen; Azuki- und Mungbohnen
Nüsse und Kerne zum Keimen: Mandeln, Cashewkerne; Hasel-, Macadamia-, Para-, Pekan- und Walnüsse

(*Achtung:* Nüsse weicht man nur ein, um die bei einigen Nusssorten enthaltenen Enzymhemmer auszuschwemmen. Damit wird ein Keimprozess angestoßen, der die Nüsse »zum Leben erweckt«.)

Verschiedene Salate

Es fiel mir wirklich nicht leicht, unter den Salaten eine Auswahl zu treffen, weil ich eine Unmenge köstlicher Salatrezepte kenne. Meiner Ansicht nach sind Salate für unsere Ernährung mindestens ebenso wichtig wie Smoothies und grüne Säfte. Früher galt der Salat als klassische Vorspeise. In Frankreich servierte man ihn allerdings nach der Hauptmahlzeit, um die Verdauung zu unterstützen oder – wie andere meinen – damit der Essig im Dressing den Geschmack des Weins nicht überlagert. Salate gab es, in der einen oder anderen Form schon bei den alten Griechen und Römern. Heute kommt Salat auch als Hauptmahlzeit auf den Tisch, sowohl mittags als auch abends.

Am besten schmeckt er natürlich, wenn er frisch aus dem Garten oder vom Balkon kommt, wo Sie Pflücksalat in Töpfen ziehen können. Natürlich gibt es auch auf lokalen Märkten gute Ware. Am besten aber versorgen Sie sich mit Bio-Salaten aus dem Naturkostladen. Wenn Sie im Winter keine grünen Blattsalate aus der Region bekommen, weichen Sie auf andere Leckereien aus.

Haben Sie jemals rohe Pastinaken gegessen? Oder Rote Bete? Süßkartoffeln? Wenn Sie diese Köstlichkeiten nicht kennen, kann ich Ihnen ein ganzes Kapitel voller kulinarischer Abenteuer versprechen. Selbst wenn Sie diese Gemüsesorten in gekochter Form nicht mochten: Ich garantiere Ihnen, dass sie roh einfach exquisit schmecken.

Natürlich lebt ein Rohköstler nicht vom Salat allein, aber ich glaube, ich könnte das. Jeder Tag bietet neue Überraschungen. Natürlich kann man sich in Kalifornien das ganze Jahr über von Salaten ernähren. Im Sommer gibt es zahllose Obst- und Gemüsesorten in allen Variationen, vor allem auch leckere grüne Blattsalate. Salate sind schnell zubereitet und stecken voller Vitamine. Ein paar knackige Gemüsesorten, ein leckeres Dressing – fertig ist die Mahlzeit.

Als ich mit Rohkost anfing, bereitete ich mir am liebsten die ausgefalleneren Gerichte zu. Bald aber wurde mein Verlangen nach frischen, grünen Blattsalaten stärker. Mit all dem »Grünzeug« geht es meinem Körper ganz wunderbar.

Am liebsten esse ich Salat zu Hause, weil ich hier sicher bin, dass die Zutaten aus biologisch-organischem Anbau stammen. Aber auch auf Reisen esse ich in Restaurants Salat. Ich bitte dann den Küchenchef darum, nicht-vegane und nicht-rohe Zutaten wegzulassen. In den meisten Restaurants bereitet das keine Probleme.

Kopfsalat

Kopfsalat schmeckt am besten, wenn er richtig kalt ist. Waschen Sie also so viele Salatblätter, wie Sie brauchen, wickeln Sie sie in ein Küchentuch und bewahren Sie sie bis zur Zubereitung im Kühlschrank auf. Sie können die Salatblätter auch in Quellwasser waschen, in der Salatschleuder ganz kurz trocken schleudern und in ein Küchentuch eingewickelt in den Kühlschrank legen, um sie kalt und knackig zu verarbeiten. Das Dressing haftet besser, wenn die Salatblätter ganz trocken sind.

Kühlen Sie auch die Teller, auf denen Sie den Salat servieren. Stellen Sie sie 10 bis 15 Minuten lang in den Kühlschrank. Dann bleibt der Salat auch beim Verzehren kühl.

Babysalat

Ein Babysalatmix gehört wohl zum Köstlichsten, was man essen kann. Er besteht aus jungen Salatblättern und Sprossen, die noch ganz zart und frisch sind. Sie können Pflücksalat sogar auf der Fensterbank ziehen und die jungen Blätter dann ernten. Ich schätze besonders Mesclun-Salat, zu dem auch junge Zichorienblätter gehören. Gelegentlich gibt es diese Mischungen auch in Naturkostläden.

Geben Sie die Babysalatmischung in eine große Schüssel. Gießen Sie etwas Olivenöl und frisch gepressten Zitronensaft darüber. Etwas frisch gemahlenes Meersalz und einmal kurz durchmischen – fertig.

Caesar-Salat

Für 4 Portionen

Für den Salat

- Die Herzen von 3 Köpfen Romanasalat.

Für das Dressing

- 2 Knoblauchzehen, zerdrückt
- ½ Tasse kalt gepresstes Olivenöl nativ extra
- ⅛ Teelöffel Tamari
- 1 Teelöffel Kapern, mit der Gabel gut zerdrückt
- 1 Limette oder Zitrone, entsaftet (im Originalrezept wird Mexikanische Limette verwendet)
- ⅛ Teelöffel Dijon-Senf (nicht roh, wahlweise selbst gemachter Senf, Seite 117)
- Himalajasalz oder graues Meersalz aus der Bretagne zum Abschmecken
- frisch gemahlener Pfeffer zum Abschmecken
- ¼ Tasse Veggie-Parmesan, zerbröselt (Seite 216)

Für die Croutons

- 1 kleine Tomate, halbiert
- ½ rote Paprikaschote, halbiert
- 3 Knoblauchzehen, halbiert
- ¼ Tasse kalt gepresstes Olivenöl nativ extra
- ½ Esslöffel Kapern
- ¼ Teelöffel Himalajasalz
- ½ Jicama-Wurzel, geschält, in kleine Würfel geschnitten

Von Italien bis Mexiko streiten sich die Geister darüber, wer den Caesar-Salat erfunden hat. Cesare Cardini wurde am Lago Maggiore in Italien geboren. Er wanderte in die USA aus und eröffnete im mexikanischen Tijuana ein Restaurant. Dort wurde der Salat 1927 serviert. Ist er also der Erfinder dieses Salats? Oder ist es jemand aus seiner Familie? Oder brachte er das Rezept aus Italien mit? Vermutlich werden wir die Wahrheit nie erfahren, zu lesen ist jedoch immer wieder, dass der Salat in Tijuana erfunden wurde.

Ich jedenfalls wuchs mit Caesar-Salat auf. Meine Mutter kaufte das Dressing dafür in großen Flaschen. Jahre später aß ich ihn in dem Restaurant, wo er ursprünglich serviert wurde. Ein Herr in einem stark glänzenden Anzug machte ihn am Tisch für uns an. Man ließ mich das Rezept notieren, und ich fand es fantastisch, ob es nun original war oder nicht. Noch eleganter sieht das Ergebnis aus, wenn Sie den fertigen Salat vor dem Servieren kurz in den Gefrierschrank stellen.

Zubereitung: Die äußeren Blätter der Salatköpfe können Sie für einen anderen Salat aufbewahren oder entsaften. Die Salatblätter waschen und in ein Küchentuch einwickeln. In den Kühlschrank legen, damit sie schön knackig sind.

Die Zutaten für das Dressing einer kleinen Schüssel mit einem Schneebesen verrühren. Alle Zutaten für die Croutons außer der Jicama-Wurzel in den Mixer geben und glatt pürieren.

Lassen Sie die Jicama-Würfel in der Crouton-Mischung 1 bis 2 Stunden lang ziehen. Legen Sie sie dann auf die Dörrfolie Ihres Trockenautomaten und trocknen Sie sie 8 bis 12 Stunden bei 43 °C. Dann auf den Gitterboden des Dörrautomaten geben und weitere 3 Stunden lang trocknen. Mit ein wenig Salz und Pfeffer abschmecken. Vor dem Servieren legen Sie den Romanasalat in eine Holzschüssel. Gießen Sie die Hälfte des Dressings darüber. Verteilen Sie darauf den Veggie-Parmesan. Wenden Sie die Salatblätter vorsichtig in der Mischung.

Geben Sie das restliche Dressing darüber und achten Sie darauf, dass alle Blätter benetzt sind. Nach Belieben noch mehr Parmesan über die Blätter streuen. Auf jedes Salatherz 3 bis 4 Croutons legen. Gewöhnlich isst man die Salatherzen mit den Fingern. Ich mag es, ihn auf diese Weise zu genießen.

Mimis Tipp

Mit einem Gemüsehobel können Sie die Jicama-Wurzel schnell zu Würfeln oder Stiften verarbeiten.

Rucolasalat

Für 2 Portionen

Für den Salat

- 4 Tassen Rucola
- ½ rote Paprikaschote, in dünne Ringe geschnitten
- ¼ Tasse rote Zwiebeln, in dünne Ringe geschnitten

Für das Dressing

- 1 geschälte und gehackte Schalotte
- ¼ Tasse kalt gepresstes Olivenöl nativ extra
- 1 Esslöffel Sesamöl
- 1 Esslöffel Apfelessig
- 1 Esslöffel helles Miso
- 1 Teelöffel frische Ingwerraspel

Alle Zutaten für das Dressing in den Mixer geben und gut pürieren. Nach Belieben abschmecken.

Rucola, Paprika und Zwiebeln in eine Schüssel geben, das Dressing darübergeben und vorsichtig unterheben.

Fenchelsalat

Für 2 Portionen

Für den Salat

- 2 Tassen Fenchel, in dünne Streifen geschnitten
- 1 Tasse Rucola oder Spinat (Waschen und in der Salatschleuder trocken schleudern, in ein Küchentuch wickeln und in den Kühlschrank legen, damit er schön knackig ist)
- ½ rote Paprikaschote, in dünne Streifen geschnitten
- Veggie-Parmesan (Seite 216)

Für das Dressing

- ½ Tasse kalt gepresstes Olivenöl nativ extra
- 4 Esslöffel Zitronensaft oder mehr
- 1 Knoblauchzehe, klein gehackt
- Himalajasalz zum Abschmecken
- frisch gemahlener Pfeffer zum Abschmecken

Alle Dressingzutaten in einer Schale mit dem Schneebesen gut verrühren.

Den Salat in eine große Schüssel geben. Die Hälfte des Dressings darübergießen und vorsichtig unterheben. Esslöffelweise weiter Dressing zugeben, bis alle Blätter bedeckt sind. Mit Pinienkernen und frisch gemahlenem Pfeffer bestreut auf zwei gekühlten Tellern servieren.

Paprika-Antipasto

Für 6 bis 7 Portionen

Für die Antipasti

- 1 rote Paprikaschote
- 1 gelbe Paprikaschote
- 1 orangefarbene Paprikaschote
- Oliven

Für die Marinade

- 3 bis 4 Esslöffel kalt gepresstes Olivenöl nativ extra
- 2 Esslöffel Kapern
- je 1 Prise Oregano, Rosmarin, Basilikum, Thymian und Majoran
- 6 frische Basilikumblätter
- 1 bis 2 Knoblauchzehen, zerdrückt oder klein gehackt
- 1 Esslöffel Zitronensaft
- Himalajasalz zum Abschmecken
- frisch gemahlener Pfeffer zum Abschmecken

Die Paprikaschoten in dünne Ringe schneiden. Die Marinade mit dem Schneebesen gut verrühren und über Paprika und Oliven geben. 3 Stunden oder länger im Kühlschrank ruhen lassen.

Richten Sie Paprikaringe nach Farben getrennt auf einem großen Tablett an. Die Oliven in einer Schale dazu reichen.

Mimis Tipp

Sie können dieselbe Marinade auch für Pilze und rohe Artischockenherzen verwenden, die Sie auf Zahnstocher spießen und zu Ihren Antipasti servieren.

Bunte Salatplatte

Für den Salat

- gelber Kürbis
- Zucchini
- Spargel
- Brokkoli
- Pastinaken
- Karotten
- Rotkohl
- Butterrüben
- Fenchel
- frische Kräuter wie Minze, Estragon, Sauerampfer und Dill zum Garnieren

Für das Dressing

- ½ Tasse Tahin
- ½ Tasse kalt gepresstes Olivenöl nativ extra
- ¼ Tasse frische Petersilie
- ¼ Tasse Apfelessig
- ⅓ Tasse Cashewkerne
- 3 bis 4 Esslöffel Zitronensaft
- 2 Knoblauchzehen
- ¼ Tasse Tamari oder Nama Shoyu
- Himalajasalz nach Belieben
- frisch gemahlener Pfeffer zum Abschmecken
- 2 bis 3 Esslöffel Agavendicksaft in Rohkostqualität oder ein Süßungsmittel nach Wahl
- ¾ Tasse Quellwasser oder mehr

Alle Zutaten für das Dressing in den Mixer geben und glatt pürieren. Das Wasser esslöffelweise zugeben, bis das Dressing die richtige Konsistenz hat. Es sollte dick und cremig sein, sich aber noch flüssig aus dem Mixer gießen lassen.

Alle Gemüsesorten für den Salat in kleine, möglichst gleich große Stücke schneiden und in eine große Schüssel geben. Dressing nach Belieben darübergießen. Manche Menschen mögen ihren Salat mit viel, andere lieber mit wenig Dressing. Das Gemüse verträgt jedenfalls viel Dressing. Oder Sie reichen das Dressing in Schalen dazu, sodass jeder Gast sich selbst davon nehmen kann.

Vor dem Servieren stellen Sie einen hohen Dessertring in die Mitte der Salatplatte. Füllen Sie den Ring mit dem angemachten Salat, wobei Sie den Salat etwas zusammendrücken sollten. Dann halten Sie den Salat mit einem Löffel unten und ziehen den Ring ab. Auf diese Weise bleibt ein kleiner »Stapel« Salat auf der Platte zurück, den Sie mit Minze, Estragon, Sauerampfer oder Dill garnieren können. Sehr lecker, wenn der Salat kalt serviert wird.

Cooler Kohlsalat

Für den Salat

- je 1 Tasse Pak Choi, Rotkohl und Wirsing, in Streifen geschnitten
- 1 Tasse Zuckererbsen, geputzt und in Streifen geschnitten
- 2 Schalotten, fein gehackt
- 3 Rosenkohlröschen, in dünne Scheiben geschnitten
- ½ Tasse Mungbohnensprossen
- ½ Tasse Karotten, in Streifen geschnitten
- ¼ Tasse Rosinen
- ½ Tasse Cashewkerne, grob gehackt
- 1 Esslöffel Sesamsamen, nach Möglichkeit schwarze
- ½ Orangenscheibe

Für das Dressing

- 2 Esslöffel kalt gepresstes Olivenöl nativ extra
- 1 Esslöffel Sesamöl
- 1 Esslöffel Apfelessig
- 1 Teelöffel Tamari oder Nama Shoyu
- ½ Teelöffel oder mehr frischen Ingwer, fein gehackt
- 1 gehäufter Teelöffel Tahin
- 1 bis 2 Teelöffel Agavendicksaft in Rohkostqualität oder ein Süßungsmittel nach Wahl
- 1 Prise Himalajasalz
- frisch gemahlener Pfeffer zum Abschmecken

Kohl gehört zu den Kreuzblütlern. Er enthält viele sekundäre Pflanzenstoffe, die besonders gegen Brustkrebs vorbeugen können. Kreuzblütler enthalten Antioxidantien, die unseren Körper vor Karzinogenen und anderen Giftstoffen schützen. Eine Tasse roher Kohl pro Tag reicht schon aus, um diesen Effekt zu erzielen. Auch Rosenkohl, Blumenkohl, Brokkoli, Grünkohl, Pak Choi und Markstammkohl gehören zu den Kreuzblütlern.

Zubereitung: Alle Salatzutaten bis auf die Cashewkerne, die Sesamsamen und die Orangenscheibe in eine große Schüssel geben.

Dressingzutaten in eine kleine Schale geben und mit dem Schneebesen durchrühren. Nach Belieben abschmecken. Dressing über den Salat gießen und vorsichtig unterziehen, bis alle Blätter benetzt sind. Den Salat ziehen lassen, damit das Gemüse das Aroma besser annimmt. Sollten Sie mehr Dressing brauchen, noch etwas anrühren. Den Salat kühl stellen.

Kohlsalat aus dem Kühlschrank holen, die Cashewkerne unterziehen. Mit Sesamsamen bestreuen und mit ½ Orangenscheibe garnieren. Mit Essstäbchen servieren.

Mediterraner Salat

Für 2 bis 3 Portionen

- 4 feste Ochsenherztomaten oder grüne Tomaten, geachtelt
- 2 rote oder gelbe Paprikaschoten, entkernt und in Streifen geschnitten
- 1 kleine oder ½ mittelgroße weiße oder rote Zwiebel, in Streifen geschnitten
- ½ Gurke, grob gehackt
- 1 Tasse Oliven
- kalt gepresstes Olivenöl nativ extra
- 1 bis 2 Teelöffel Zitronensaft
- Himalajasalz oder graues Meersalz aus der Bretagne zum Abschmecken
- frisch gemahlener Pfeffer zum Abschmecken

Wenn die Wüstenwinde aus Afrika herüberwehen und die Nächte ebenso heiß sind wie die Tage, ist dieser Salat ein echter Gaumenschmaus. Besorgen Sie dafür frisches Gemüse aus organisch-biologischer Landwirtschaft. Für diesen einfachen Salat sollten Sie das beste Olivenöl nehmen, das Sie bekommen können.

Zubereitung: Das Gemüse in eine Schüssel geben. Mit Salz und Pfeffer würzen. Großzügig Olivenöl und Zitronensaft darübergießen. Alles gut durchmischen und 15 bis 20 Minuten ruhen lassen, damit sich die Aromen verbinden können.

Mit Salz und Pfeffer abschmecken, wenn nötig. Der Salat sollte frisch und zitronig schmecken. Gekühlt auf grünen Salatblättern servieren.

Green-Power-Salat

Für 2 Portionen

Für den Salat

- 9 Blätter Romanasalat, in breite Streifen geschnitten
- 6 Stiele Grünkohl, vom Strunk befreit, in breite Streifen geschnitten
- 1 Bund glatte Petersilie, ohne Stängel, fein gehackt
- 1 Bund Pak Choi, gehackt
- 1 Handvoll Portulak, fein gehackt
- 1 Handvoll Gänsefuß, fein gehackt
- 1 Handvoll Rucola, fein gehackt
- ¼ Tasse Dill, fein gehackt
- ½ Tasse Basilikum, fein gehackt
- ¼ rote Zwiebel, in dünne Ringe geschnitten
- ½ Gurke, halbiert und in Scheiben geschnitten
- 1 Handvoll Rosinen oder getrocknete Cranberrys oder beides
- 1 Handvoll Walnüsse

Für das Dressing

- 7 Esslöffel kalt gepresstes Olivenöl nativ extra
- Saft von 1 Orange
- 1 Knoblauchzehe, zerdrückt
- 3 Esslöffel Apfelessig
- 2 Esslöffel Agavendicksaft in Rohkostqualität oder ein Süßungsmittel nach Wahl
- ½ Avocado, zerdrückt
- ¼ Tasse Basilikum, fein gehackt
- 1 bis 2 Prisen Kräuter der Provence
- 1 Prise Himalajasalz oder graues Meersalz aus der Bretagne zum Abschmecken
- frisch gemahlener Pfeffer zum Abschmecken

Alle grünen Zutaten für den Salat mit Ausnahme der Kräuter waschen und in der Salatschleuder trocken schleudern.

Grünkohl in eine Schüssel geben. Einen Spritzer Olivenöl und eine Prise Salz verrühren und einmassieren. Zur Seite stellen, bis der Grünkohl weich ist. Romanasalat, Zwiebeln und Gurke in einer großen Salatschüssel mischen. Rosinen, Cranberrys und Walnüsse zugeben. Grünkohl unterheben.

Das Dressing verrühren und großzügig über den Salat geben. Den Salat in der Mitte der Salatplatte anrichten und mit Walnüssen oder Mandeln garnieren.

Mimis Salat nach Art des Hauses

Für 2 Portionen

Für den Salat

- Körner von 1 frischen Maiskolben
- ½ Tasse Koriandergrün, fein gehackt
- ½ Tasse Staudensellerie, fein geschnitten
- ½ Tasse Gurke, klein geschnitten
- ½ Tasse Tomate, klein geschnitten
- ½ Tasse rote Zwiebeln oder 2 Schalotten, klein geschnitten
- 1 Avocado, halbiert, ohne Kern und Schale; diagonal in Scheiben geschnitten, dabei das Fleisch an einer Seite nicht ganz durchtrennen, sodass sich die Avocado auffächern lässt
- 3 Blätter Romanasalat

Für das Dressing

- 3 Esslöffel kalt gepresstes Olivenöl nativ extra
- ⅛ Teelöffel Dijon-Senf (nicht roh) oder selbst gemachter Senf (Seite 117)
- ½ Zitrone oder Limette, entsaftet
- 1 Esslöffel Agavendicksaft in Rohkostqualität oder ein Süßungsmittel nach Wahl
- 1 Prise Himalajasalz
- frischer schwarzer Pfeffer, 3 Umdrehungen mit der Mühle

Von Haus zu Haus, mit besten Wünschen!

Zubereitung: Das Dressing mit dem Schneebesen zu einer glatten, homogenen Flüssigkeit verrühren. Die Salatzutaten mischen, das Dressing darübergeben und vorsichtig unterziehen, sodass alle Zutaten bedeckt sind. Eine flache Schale mit Salatblättern auslegen. Am besten schmeckt junger Kopfsalat. Wenn Sie Romanasalat verwenden, schneiden Sie den Großteil der mittleren Blattrippen heraus. 2 bis 3 Blätter sollten genügen.

Richten Sie den Salat auf den Blättern an. Garnieren Sie ihn mit den Avocadofächern, gehacktem Schnittlauch oder Schalotten und ein paar Blättchen glatter Petersilie.

Spinatsalat

Für 2 bis 3 Portionen

Für den Salat

- 1 Bündel Spinatblätter, gewaschen und in der Salatschleuder getrocknet. Wenn die Blätter sehr groß sind, sollten Sie sie zerteilen.
- ¼ rote Zwiebel, in dünne Ringe geschnitten
- ½ Gurke, in dünne Scheiben geschnitten
- 2 Esslöffel Minzblätter, fein gehackt
- 8 halbierte schwarze Kalamata-Oliven ohne Stein
- ¼ rote Paprikaschote, in dünne Ringe geschnitten
- ½ Orange oder reife Birne, grob zerteilt
- 1 Handvoll Wal- oder Pekannüsse, grob gehackt

Für das Dressing

- 3 Esslöffel kalt gepresstes Olivenöl nativ extra
- 1 Teelöffel Apfelessig
- 1 Knoblauchzehe, zerdrückt
- ½ Teelöffel Senf
- Saft von 1 Orange
- etwas Agavendicksaft in Rohkostqualität, wenn gewünscht
- 1 Prise Himalajasalz
- frisch gemahlener Pfeffer zum Abschmecken

Brauchen Sie mal wieder eine Portion Eisen? Oder Vitamin A, E, C und K? Dann ist Spinat Ihr Favorit. Spinat steckt voller Antioxidantien. Sein Luteingehalt sorgt für gesunde Augen. Viele Menschen genießen ihn roh, andere aber mögen ihn lieber leicht gedämpft. Im Restaurant bekommen Sie Spinatsalat meist mit schwer verdaulichen Beigaben wie Spiegelei, Speck und fetten Dressings. Bitten Sie doch einfach um eine vegane Variante, zum Beispiel mit Avocado und rohen Zwiebelringen. Lassen Sie sich Olivenöl und Zitronensaft an den Tisch bringen, so können Sie den Salat selbst anmachen. Ein bisschen frischer Pfeffer darüberstreuen und schon haben Sie eine richtig gesunde Mahlzeit.

Frischer Spinat aus dem Garten schmeckt natürlich am allerbesten. Dieser Spinatsalat ist wirklich einfach zuzubereiten. Ein leichter Genuss!

Zubereitung: Die Zutaten für das Dressing mit dem Schneebesen verrühren. Spinat in eine große Schüssel geben und mit den übrigen Salatzutaten vermischen. Dressing zugeben, leicht unterheben. Wie viel Dressing Sie nehmen, bleibt Ihrem Geschmack überlassen. Den Salat auf eine große Salatplatte schichten. Mit Nüssen bestreuen. Das Dressing um den Salat herum auf die Platte geben.

Mimis Tipp

Am besten schmeckt der Salat, wenn er richtig kalt ist. Wickeln Sie den Spinat, nachdem Sie ihn gewaschen und trocken geschleudert haben, in ein Küchentuch und legen Sie ihn in den Kühlschrank. Lassen Sie ihn dort ruhen, bis das Dressing fertig ist. Kühlen Sie auch die Salatteller 15 bis 20 Minuten lang, bevor Sie den Salat servieren.

Grünkohl

Grünkohl ist der König unter den grünen Blattgemüsen und das einzige Gemüse, das ich fast täglich esse. Er enthält Vitamin A, K und Beta-Carotine, aber auch viel Vitamin C und Magnesium. Er wirkt antientzündlich und antikarzinogen. Da er so viele Antioxidantien enthält, wirkt er dem Altern entgegen. Außerdem hat Grünkohl nur wenige Kalorien. Er lässt den Blutzucker also kaum ansteigen und ist gut fürs Herz. In Grünkohl steckt mehr verwertbares Kalzium als in Milch. Grünkohlsalate schmecken gut und sind leicht zuzubereiten.

Ich ziehe Grünkohl im eigenen Garten und gebe immer ein wenig davon in meine morgendlichen Säfte oder Smoothies. Grünkohlblätter fallen nicht zusammen, wenn man sie mit Dressing übergießt. Daher ist Grünkohlsalat häufig auch noch am nächsten Tag genießbar. Wenn ich zu einer Party Grünkohlsalat mitbringe, fahre ich immer mit einer leeren Schüssel nach Hause. Frisch geerntet schmeckt Grünkohl etwas bitter. Wenn Sie das Dressing in die Blätter einmassieren, verliert er seinen bitteren Geschmack. Die Blätter scheinen sich dabei regelrecht zu entspannen, wie wir bei einer Massage. Vielleicht wird Grünkohl ja bald zu Ihrem Lieblingsgemüse.

Palmkohl, eine Unterart des Grünkohls, hat lange, geschmeidige Stängel. Und Wirsing kennt ja wohl jeder.

Mimis Tipp

Sie müssen den Grünkohl zunächst von dem harten Strunk befreien. Dazu können Sie das Blatt einfach abreißen oder entlang des Strunks abschneiden. Um ihn in breite Streifen zu schneiden, sollten Sie die Blätter aufeinanderlegen. Das spart Arbeit.

Palmkohl-Papaya-Salat

Für 2 bis 4 Portionen

Für den Salat

- 2 Bund Palmkohl oder Wirsing ohne Stiele, gewaschen und in breite Streifen geschnitten
- ¼ Rotkohl, dünn geschnitten
- ½ Tasse frische Maiskörner
- ½ Tomate, in Würfel geschnitten
- 1 kleines Stück Zwiebel, fein gehackt
- ½ Tasse Petersilie, gehackt
- ½ Tasse Pekannüsse, grob gehackt

Papaya-Vinaigrette

- 1 Papaya, geschält und gewürfelt
- 2 Esslöffel Apfelessig
- Saft von 1 Zitrone
- 2 Esslöffel kalt gepresstes Olivenöl nativ extra
- 2 Esslöffel Agavendicksaft in Rohkostqualität oder ein Süßungsmittel nach Wahl
- 1 Esslöffel Minze, gehackt
- 1 Knoblauchzehe, gehackt

Alle Zutaten für den Salat außer den Pekannüssen in einer großen Schüssel vermischen.

Alle Vinaigrettezutaten außer der Papaya mit dem Schneebesen verrühren. Ein Drittel der Papayawürfel mit der Gabel zerdrücken und unter das Dressing rühren. Ein Drittel des Dressings über den Palmkohlsalat geben. Mit den Händen in die Blätter einmassieren. Mehr Dressing zugeben, wenn nötig. Papayawürfel, Rotkohl, Maiskörner, Tomaten, Zwiebeln und Petersilie unterheben. 2 Stunden lang im Kühlschrank ruhen lassen, damit der Palmkohl gut durchzieht. Aber natürlich können Sie diesen leckeren Salat auch gleich genießen.

Auf einer großen Servierplatte anrichten und die Pekannüsse darüberstreuen.

Fruchtiger Grünkohlsalat

Für 2 bis 4 Portionen

Für den Salat

- 2 Bund Grünkohl ohne Stiele
- 1 Tasse Rosinen oder getrocknete Cranberrys
- ¼ weiße oder rote Zwiebel, in dünne Ringe geschnitten
- 1 Orange oder Mandarine, in Schnitze zerteilt
- ¾ Tasse Cashewkerne, grob gehackt oder als ganze Kerne
- rote Paprikaringe bzw. geraspelte Karotten oder Pastinaken zum Garnieren

Für das Dressing

- Saft von 1 Orange
- 3 Esslöffel Agavendicksaft in Rohkostqualität oder 3 eingeweichte Datteln (mit etwas Wasser zur Paste gemixt)
- 6 Esslöffel kalt gepresstes Olivenöl nativ extra
- 2 Esslöffel Apfelessig
- 1 kleine Knoblauchzehe, fein gehackt oder zerdrückt
- 1 Prise Himalajasalz
- frisch gemahlener Pfeffer zum Abschmecken
- 1 Spritzer Tamari oder Nama Shoyu

Alle Zutaten für das Dressing bis auf das Olivenöl in eine kleine Schale geben und mit dem Schneebesen verrühren. Dann langsam das Olivenöl hineinrinnen lassen und weiter rühren. Nach Belieben abschmecken. Grünkohl in eine Schale geben und die Hälfte des Dressings darübergießen. Mit den Händen in die Blätter einmassieren, bis die Blätter beginnen, weich zu werden. Mehr Dressing zugeben, wenn nötig. Rosinen oder Cranberrys, Zwiebeln, Orangen- oder Mandarinenschnitze und die Hälfte der Cashewkerne unterheben. Den Grünkohl im Kühlschrank durchziehen lassen oder gleich verzehren.

Grünkohlsalat auf einer großen Servierplatte anrichten, mit den restlichen Cashewkernen bestreuen, mit Orangenschnitzen garnieren. Kalt oder bei Zimmertemperatur servieren.

Mimis Tipp

Grünkohlsalat hält sich im Kühlschrank in einem verschlossenen Behälter ein bis zwei Tage lang.

Alternatives Salatdressing

- 6 Esslöffel kalt gepresstes Olivenöl nativ extra
- ½ Zitrone, entsaftet
- ¼ Tasse Apfelessig
- 1 Knoblauchzehe, klein gehackt
- 1 Esslöffel Agavendicksaft in Rohkostqualität oder ein Süßungsmittel nach Wahl
- ½ Teelöffel Dijon-Senf (nicht roh) oder selbst gemachter Senf (Seite 117)
- 1 Spritzer Tamari oder Nama Shoyu
- Himalajasalz zum Abschmecken
- frisch gemahlener schwarzer Pfeffer zum Abschmecken

Alle Zutaten für das Dressing in eine kleine Schale geben und mit dem Schneebesen zu einer cremigen Sauce verrühren. Nach Belieben abschmecken.

Petersiliensalat

Für 2 Portionen

Für den Salat

- 2 Bund glatte Petersilie ohne Stängel, fein gehackt
- 1 Handvoll Cashewkerne, gehackt
- ¼ rote Paprikaschote, in dünne Ringe geschnitten

Für das Dressing

- ½ Zitrone, entsaftet
- 2 bis 3 Esslöffel kalt gepresstes Olivenöl nativ extra
- Himalajasalz zum Abschmecken
- frisch gemahlener Pfeffer zum Abschmecken

Dieses Rezept ist wirklich einfach, aber es schmeckt so gut, dass ich es Ihnen unbedingt ans Herz legen möchte. Es gehört zu meinen besten Salatrezepten und ist eigentlich für 2 Personen gedacht, aber meist esse ich den Salat dann ganz allein auf.

Zubereitung: Alle Zutaten für das Dressing mit dem Schneebesen gut verrühren. Die gehackte Petersilie mit Paprika vermengen. Geben Sie nur so viel Dressing über die Salatzutaten, wie Sie mögen. Die Petersilie in einer flachen Schale anrichten. Die Paprikaringe darüberschichten. Mit Dressing übergießen und mit Cashewkernen bestreuen.

Omas Waldorfsalat

Für 2 bis 3 Portionen

Für den Salat

- 2 grüne, knackige Äpfel, fein gehackt
- 2 Stangen Staudensellerie, gehackt
- 1 Handvoll Rosinen, 15 Minuten eingeweicht, damit sie praller werden
- ½ Tasse Wal- und Pekannüsse, grob gehackt
- 1 gute Handvoll rote oder weiße Trauben, halbiert
- ½ Zitrone, entsaftet

Für das Dressing

- 3 entsteinte Medjoul-Datteln oder ein anderes Süßungsmittel
- ½ Tasse Mandeln, 4 Stunden eingeweicht (oder 3 bis 4 Esslöffel rohes Mandelmus)
- ¼ Tasse Pinienkerne
- ¾ Tasse Quellwasser (oder weniger, wenn Sie Mandelmus verwenden)
- 1 Knoblauchzehe, zerdrückt
- 1 Esslöffel Zitronensaft
- 1 Prise Himalajasalz oder graues Meersalz aus der Bretagne
- 2 Esslöffel Irish-Moss-Paste (*wahlweise*, Seite 102)
- ⅓ Tasse kalt gepresstes Olivenöl nativ extra

Dies ist eine eigene Waldorfsalat-Kreation; sie ist schnell gemacht, herzhaft und sättigend wie eine Hauptmahlzeit.

Zubereitung: Die Äpfel für den Salat mit dem Zitronensaft beträufeln, damit sie nicht braun werden.

Alle Dressingzutaten bis auf das Olivenöl in den Mixer geben. Bei mittlerer Geschwindigkeit zerkleinern, das Öl in einem dünnen Faden durch die Öffnung im Deckel des Mixers hineinlaufen lassen. Cremig und glatt pürieren. Geben Sie Pinien- oder Cashewkerne hinzu, wenn Sie das Dressing etwas dicker haben wollen. 4 Stunden lang kühl stellen. Sie können statt des Dressings auch Mayonnaise (Seite 116) nehmen. Ein Drittel des Dressings über den Salat geben und unterheben. Oder verwenden Sie so viel Dressing, wie Sie mögen. Eine flache Schale oder Servierplatte mit Salatblättern auslegen. Ich nehme am liebsten junge Kopfsalatblätter, weil sie wie kleine Schüsselchen aussehen. Geben Sie den Waldorfsalat darauf und garnieren Sie ihn mit den Weintrauben und den gehackten Nüssen.

Kalter Nudelsalat

Für den Salat

- 3 bis 4 mittelgroße Zucchini
- 2 Frühlingszwiebeln, gehackt
- 1 kleine Karotte, geschält und diagonal in Scheiben, dann in Stifte geschnitten
- 4 Esslöffel Koriandergrün, gehackt
- ½ Tasse Zuckererbsen, geputzt und gehackt
- ½ Tasse Mungbohnensprossen
- 2 Esslöffel schwarze Sesamsamen

Für das Dressing

- 2 Esslöffel Sesamöl (nicht roh; wenn Sie rohes Sesamöl selbst herstellen wollen, mixen Sie kalt gepresstes Olivenöl nativ extra mit Sesamsamen und lassen es 2 Wochen lang durchziehen; vor der Verwendung abgießen)
- 3 Esslöffel kalt gepresstes Olivenöl nativ extra
- 3 Esslöffel Apfelessig
- 1 Knoblauchzehe, fein gehackt
- ½ bis 1 Teelöffel frischer Ingwer, fein gehackt oder geraspelt
- 1 Spritzer Tamari oder Nama Shoyu
- 1 Esslöffel Agavendicksaft in Rohkostqualität oder ein Süßungsmittel nach Wahl
- 1 Prise Himalajasalz
- 1 Prise Chiliflocken in Bio-Qualität

Mit ein paar asiatischen Gewürzen aufgepeppt ergibt dieser Salat ein leckeres Mittagessen. Und Sie werden sich danach deutlich besser fühlen als nach einer Pasta mit glutenhaltigen Nudeln. Wenn Sie keinen Spiralschneider zur Hand haben, nehmen Sie einen Kartoffelschäler und machen Sie aus den Zucchini Bandnudeln. Die Zucchinischale können Sie auch dran lassen, denn das Auge isst ja bekanntlich mit.

Zubereitung: Für den Salat die Zucchini schälen, halbieren und mit dem Spiralschneider Spaghetti daraus machen. In eine Schüssel geben und mit etwas Salz bestreuen. 15 Minuten lang ziehen lassen. Sie können die »Nudeln« kürzen, wenn Ihnen das lieber ist. Zucchini abgießen und mit dem Küchentuch trocken tupfen. Alle Zutaten außer der Hälfte der Frühlingszwiebeln und den Sesamsamen in eine Schüssel geben und vorsichtig vermengen.

Alle Dressingzutaten bis auf das Olivenöl in eine kleine Schale geben und dann mit dem Schneebesen langsam das Olivenöl einarbeiten, bis die Flüssigkeit andickt. Nach Belieben abschmecken. Die Salatzutaten in eine Schüssel geben. Das Dressing darübergießen und sachte unterheben, bis die Nudeln bedeckt sind.

In flachen Schalen oder auf einer großen Servierplatte anrichten. Mit Sesamsamen und gehackten Schalotten bestreuen. Wenn noch Dressing übrig ist, in einer extra Schale dazu reichen.

Mimis Tipp

Für die Fans der scharfen Küche können Sie »scharfes Öl« reichen: Öl in eine Flasche gießen und mit Chilischoten oder -flocken würzen. Je länger es zieht, desto schärfer wird es.

Rote-Bete-Salat

Für 1 bis 2 Portionen

Für den Salat

- 2 Rote Bete, geschält und geraspelt

Für das Dressing

- ½ Tasse Apfelessig
- 2 bis 3 Esslöffel Agavendicksaft in Rohkostqualität oder ein Süßungsmittel nach Wahl

Ich habe Rote Bete schon immer geliebt, vor allem, wenn sie langsam und lange in der Pfanne gebraten wurden. Jetzt stehe ich allerdings auf die rohe Version, die meiner Ansicht nach Suchtpotenzial hat.

Das Dressing mit dem Schneebesen gut verrühren. Mit 1 Prise Salz abschmecken, wenn nötig. Ich mag es lieber ein bisschen süß. Über die Roten Bete gießen und 10 bis 15 Minuten ziehen lassen. Das übrige Dressing in der Salatschüssel trinke ich am liebsten gleich aus, ich gebe es zu.

Meeresgemüse

Seetang und Algen gedeihen vor allem in mineralstoffreichen Gewässern. Sie absorbieren Nährstoffe wie Kalzium, Magnesium, Kalium, Eisen und Jod und können uns damit versorgen. Vor allem für Frauen sind Algen daher ein empfehlenswertes Nahrungsmittel. Sie helfen, den Hormonhaushalt zu regulieren und kurbeln den Stoffwechsel an. Doch Männer und Frauen können den Schub an Beta-Carotinen (Vitamin A) sowie an Vitamin B_1, B_2, B_6, Niacin sowie Vitamin C und E gut gebrauchen, den Algen uns liefern. Meeresgemüse enthält sogar Spuren von Vitamin B_{12}, das ansonsten nicht in pflanzlicher Kost enthalten ist, und Omega-3- und Omega-6-Fettsäuren sowie zahlreiche Antioxidantien. Algen befreien den Körper von Giftstoffen und sorgen für ein gesundes Wachstum von Haaren und Nägeln. Birgt Meeresgemüse also das Geheimnis langen Lebens? In meinen Augen durchaus. Ich halte Meeresgemüse für ein Geschenk der Natur an alle Veganer.

Wenn Sie in einem japanischen Restaurant Meeresgemüsesalat essen, ist dieser meist hellgrün – durch die enthaltenen Farbstoffe. Die getrockneten Algen, die ich kaufe, kommen in vielen Farben daher, aber nicht in »Neongrün«. Es gibt zahlreiche Algen- und Tangsorten: Nori, Dulse, Hijiki, Arame, Palmentang, Kombu und Wakame, um nur einige zu nennen. Am besten sind sie frisch, aber frische Algen finden Sie in unseren Breiten leider kaum. Achten Sie bei den getrockneten Sorten auf den Anbieter. Das Meeresgemüse sollte aus sauberen Gewässern stammen.

Meeresgemüsesalat

- 1/3 bis 1/2 Tasse Meeresgemüse

Für das Dressing

- 2 Esslöffel Sesamöl
- 1 Teelöffel Tamari oder Nama Shoyu
- 1/2 Knoblauchzehe, zerdrückt
- 1 Prise Chiliflocken in Bio-Qualität, wenn Sie es gern scharf mögen
- 1 Esslöffel kalt gepresstes Olivenöl nativ extra
- 1/8 Teelöffel frischer Ingwer, geraspelt
- 1 Esslöffel Apfelessig
- Sesamsamen
- grüne Stängel von 1 Frühlingszwiebel

Weichen Sie die Algen etwa 15 Minuten ein. Vor der Verwendung abgießen.

Alle Zutaten für das Dressing mit dem Schneebesen gut verrühren. Das Dressing über den Salat gießen. Mit Sesamsamen und Frühlingszwiebelröllchen bestreut servieren.

Dressings

Vegetarisches Thousand Island Dressing

- 1 Tasse Cashewkerne, 4 Stunden eingeweicht
- 5 bis 6 halbierte sonnengetrocknete Tomaten, eingeweicht
- 3 Esslöffel Zitronensaft (etwa ½ Zitrone)
- 1 Teelöffel Senfsamen, im Mörser zerstoßen
- Salz nach Belieben
- ¼ Zwiebel, sehr fein gehackt
- 1 Stange Staudensellerie, sehr fein gehackt

Alle Zutaten bis auf die Zwiebel und den Staudensellerie in den Mixer geben und mit Wasser zu einer sämigen Mischung pürieren. Fangen Sie mit etwa einer halben Tasse an, vielleicht auch mehr. Die Sauce sollte dick sein, aber noch aus dem Mixer fließen. Wenn sie glatt gemixt ist, in eine Schale gießen. Zwiebeln und Staudensellerie unterrühren, damit bekommt die Sauce ein wenig Biss.

Lassen Sie das Dressing über Nacht in einem verschlossenen Behälter im Kühlschrank durchziehen.

Grundrezept für Vinaigrette

- 1 große Zitrone, entsaftet
- 1 Knoblauchzehe, fein gehackt
- Himalajasalz zum Abschmecken
- frisch gemahlener Pfeffer zum Abschmecken
- 1 Prise Paprika
- 1 Prise Kräuter der Provence oder eine andere Kräutermischung
- 6 Esslöffel kalt gepresstes Olivenöl nativ extra

Alle Zutaten außer dem Olivenöl in eine Schale geben. Das Olivenöl in einem dünnen Faden einlaufen lassen, während Sie es mit dem Schneebesen unterrühren. Nach Belieben abschmecken.

Italienische Kräuter-Vinaigrette

- ½ Tasse kalt gepresstes Olivenöl nativ extra
- 1 Esslöffel Apfelessig
- 3 Esslöffel Zitronensaft
- 2 Teelöffel Agavendicksaft in Rohkostqualität oder ein Süßungsmittel nach Wahl
- 1 Prise Salz
- frisch gemahlener Pfeffer zum Abschmecken
- 1 Teelöffel gemischte Kräuter wie Oregano, Rosmarin, Thymian
- 1 Teelöffel frisches Basilikum, fein gehackt

Alle Zutaten außer dem Olivenöl in eine Schale geben. Das Olivenöl mit dem Schneebesen langsam einarbeiten. Nach Belieben abschmecken.

Ranch-Dressing

Für 1 Tasse

- 1 Tasse Mayonnaise (Seite 116)
- ½ Teelöffel frischer Schnittlauch, fein gehackt
- ¼ Teelöffel getrockneter Estragon
- ½ Teelöffel frische Petersilie, fein gehackt, oder ⅛ Teelöffel getrocknete Petersilie
- ¼ Teelöffel Oregano
- ½ Teelöffel Knoblauchpulver
- 1 Teelöffel Zitronensaft
- frisch gemahlener Pfeffer zum Abschmecken
- Himalajasalz zum Abschmecken

Hervorragend für Salate oder Dips!

Zubereitung: Alle Zutaten in den Mixer geben und glatt pürieren. In einem verschlossenen Behälter im Kühlschrank aufbewahren.

Mimis Tipp

½ Avocado zugeben, um einen sämigen Dip daraus zu machen.

Kapitel 9

Käse, Aufstriche, Tapenaden, Wraps und Rolls

Veganer Käse

Vielen Vegetariern fällt es schwer, auf Käse zu verzichten, obwohl sie wissen, dass Käse als Nahrungsmittel nicht unbedingt zu empfehlen ist. Er ist meist sehr kalorienreich und ausgesprochen fett. Dazu kommt noch sein Gehalt an Salz und Cholesterin. Käse mag ja gut schmecken, doch wenn Ihnen eine gesunde Ernährung am Herzen liegt, sollten Sie lieber darauf verzichten.

Im Folgenden stelle ich Ihnen einige Rezepte für vegetarischen Käse vor. Bald schon werden Sie Ihre eigenen Käse-Variationen kreieren und gar keinen Appetit mehr auf Käse aus Milchprodukten verspüren. Veggie-Käse besteht aus Nüssen, probiotischem Pulver oder Rejuvelac (Kanne-Brottrunk® eignet sich ebenfalls hervorragend) für den säuerlichen Geschmack, Zitronensaft, Salz, Würzhefe und Irish Moss zum Andicken. Natürlich können Sie seinen Geschmack mit allerlei Kräutern auch nach Belieben abwandeln.

Grundrezept für Kräuterkäse

- 2 Tassen Macadamianüsse, Cashewkerne, Pinienkerne oder Mandeln, 4 Stunden lang in 3 Tassen Quellwasser eingeweicht
- ½ Teelöffel Himalajasalz oder graues Meersalz aus der Bretagne
- ½ Teelöffel probiotisches Pulver, vegan
- 1 Esslöffel Würzhefe (nicht roh, aber vegan)
- 1 Teelöffel Zitronensaft
- 1 oder mehr Tassen Quellwasser

Alle Zutaten in einen Mixer geben und glatt pürieren. Zunächst nur eine halbe Tasse Wasser zugeben. Lösen Sie die Nussmasse mit dem Spatel von den Wänden, wenn nötig. Weiter pürieren und bei Bedarf esslöffelweise Wasser zugeben. Die Masse sollte glatt und möglichst dick sein. Mit Salz nach Belieben abschmecken.

Ein Sieb in eine Schüssel hängen und mit einem Mulltuch auslegen. Die Nussmasse in das Sieb gießen und mit dem Mulltuch abdecken. Die Enden überschlagen. Ein schweres Gewicht auf den Käse legen, um damit die restliche Flüssigkeit herauszudrücken. Die Masse 24 Stunden lang bei Zimmertemperatur fermentieren lassen.

Den Käse aus dem Tuch holen und in einem verschlossenen Behälter im Kühlschrank lagern. Oder in eine Springform geben, die mit Butterbrotpapier ausgelegt ist. Der Käse wird im Kühlschrank fester. Wenn er schnittfest ist, hält er sich noch etwa 1 Woche lang.

Wenn Sie wollen, können Sie den Käse auch in eine kleine Springform geben und für etwa 10 Stunden bei 43 °C in den Dörrautomaten stellen. Dann bekommt der Käse eine Rinde. Nehmen Sie den Käse aus dem Dörrautomaten, lassen Sie ihn abkühlen und legen Sie ihn noch zum Auskühlen in den Kühlschrank. Öffnen Sie die Springform erst dann.

Mimis Tipp

Nachdem der Käse fermentiert ist, können Sie eine Mischung aus 1 Teelöffel Tamari, Miso oder Nama Shoyu unterrühren – oder auch Kräuter Ihrer Wahl wie Schnittlauch, Knoblauch, schwarzen Pfeffer und Dill oder sonnengetrocknete Tomaten. Formen Sie ihn zu Bällchen, zu einer Rolle, oder vierteln Sie ihn und bestreuen ihn mit frischen Kräutern. Servieren Sie den Kräuterkäse zu Leinsamen-Crackern, Gemüsesticks oder Veggie-Brot und -Pizza. Oder verarbeiten Sie ihn in Nori-Sushirolls, Kohl-Wraps und anderen Leckereien.

Frischkäse

- 2 Tassen Cashewkerne, 4 Stunden lang in 3 Tassen Quellwasser eingeweicht
- ½ Teelöffel Himalajasalz oder graues Meersalz aus der Bretagne
- 4 Esslöffel Irish-Moss-Paste (Seite 102)
- 1 Teelöffel Zitronensaft
- ½ Teelöffel probiotisches Pulver, vegan
- 1 Esslöffel Würzhefe (nicht roh, aber vegan)
- 1 Tasse Quellwasser oder mehr

Alle Zutaten im Mixer glatt pürieren. Fügen Sie zuerst nur 1 Tasse Wasser hinzu. Geben Sie dann esslöffelweise Wasser zu, bis Sie eine glatte, aber dicke und cremige Mischung erhalten. Probieren Sie die Nussmasse, um sicherzustellen, dass die Nüsse auch ausreichend zerkleinert sind.

Ein großes Sieb in eine Schüssel hängen und mit einem Mulltuch auslegen. Die Nussmischung in das Sieb geben, mit dem Mulltuch abdecken. Die Enden übereinanderschlagen und ein Gewicht auf den Käse legen, damit die überschüssige Flüssigkeit herausgepresst wird. 24 Stunden lang bei Zimmertemperatur fermentieren lassen.

Käse aus dem Tuch nehmen, in einem verschlossenen Behälter in den Kühlschrank stellen. Der Käse wird beim Auskühlen fest. Danach hält er sich im Kühlschrank noch gut eine Woche.

Sie können Dillkäse machen, indem Sie 2 Esslöffel gehackten Dill zugeben, nachdem Sie den Käse aus dem Mulltuch genommen haben. Dill gut unterrühren und wie beschrieben vorgehen.

Paprika-Käse

- ½ Tasse rote Paprikaschote, fein gehackt
- 2 Tassen Cashewkerne, 1 Stunde in 3 Tassen Quellwasser eingeweicht
- 2 Teelöffel Zitronensaft
- ½ Teelöffel Himalajasalz oder graues Meersalz aus der Bretagne
- ⅛ Teelöffel Paprikapulver
- ½ Teelöffel probiotisches Pulver, vegan
- 1 Esslöffel Würzhefe (nicht roh, aber vegan)
- 1 Tasse Quellwasser oder mehr

Die roten Paprikawürfel in eine kleine Glasschüssel geben. Mit Salz bestreuen und mit Öl übergießen. Bei 43 °C 1 bis 2 Stunden im Dörrautomaten trocknen, bis sie weich sind. Das Öl abgießen. Alle Zutaten außer dem Paprika im Mixer glatt pürieren. Fügen Sie zunächst nur 1 Tasse Wasser hinzu. Geben Sie dann esslöffelweise Wasser dazu, bis Sie eine glatte Mischung ohne Klumpen erhalten. Die Nussmasse sollte so dick wie möglich sein. Fügen Sie nun 1 Esslöffel Paprikawürfel hinzu und mixen Sie weiter, bis die Würfel gut eingearbeitet sind.

Ein großes Sieb in eine Schüssel hängen und mit einem Mulltuch auslegen. Die Nussmischung in das Sieb geben, mit dem Mulltuch abdecken. Die Enden übereinanderschlagen und ein Gewicht auf den Käse legen, damit die überschüssige Flüssigkeit herausgepresst wird. 24 Stunden lang bei Zimmertemperatur fermentieren lassen.

Holen Sie den Käse aus dem Tuch und mischen Sie mit dem Spatel die restlichen Paprikastückchen unter. Mit Salz abschmecken. In einem verschlossenen Behälter in den Kühlschrank stellen und fest werden lassen. Danach hält sich der Käse im Kühlschrank noch gut eine Woche.

Bringen Sie ihn mit der Hand in jede beliebige Form oder geben Sie ihn in eine Springform, die Sie mit sauberem Butterbrotpapier ausgelegt haben. Drücken Sie den Käse gut an, stoßen Sie die Form auf dem Küchentisch auf, um die letzten Luftbläschen zu entfernen. Den Käse kühl stellen, bis er fest wird. Dann stürzen oder mit dem Butterbrotpapier aus der Form heben.

Cheddarkäse

- 2 Tassen Macadamianüsse, 4 Stunden in 3 Tassen Quellwasser eingeweicht
- 1 Esslöffel Paprikapulver
- 1 Teelöffel Zitronensaft
- ½ Teelöffel Himalajasalz oder graues Meersalz aus der Bretagne
- ½ Teelöffel probiotisches Pulver, vegan
- 1 Esslöffel Würzhefe (nicht roh, aber vegan)
- ⅛ Teelöffel Kurkuma
- 1 Tasse Quellwasser oder mehr

Alle Zutaten im Mixer glatt pürieren. Fügen Sie zuerst nur 1 Tasse Wasser hinzu. Geben Sie dann esslöffelweise Wasser zu, bis Sie eine glatte, aber cremige Mischung erhalten. Ein großes Sieb in eine Schüssel hängen und mit einem Mulltuch auslegen. Die Nussmischung in das Sieb geben und mit dem Mulltuch abdecken. Die Enden übereinanderschlagen und ein Gewicht auf den Käse legen, damit die überschüssige Flüssigkeit herausgepresst wird. Die Mischung 24 Stunden lang bei Zimmertemperatur fermentieren lassen.

Käse aus dem Tuch holen, in einem verschlossenen Behälter in den Kühlschrank stellen. Der Käse wird beim Auskühlen fest. Danach hält er sich im Kühlschrank noch gut eine Woche. Pressen Sie den Käse in eine mit einem sauberen Tuch ausgelegte Form. Stoßen Sie die Form auf dem Tisch auf, damit noch verbliebene Luftbläschen entweichen können. Mit dem Tuch aus der Form heben.

Veggie-Sauerrahm

- 1 Tasse Cashewkerne, 4 Stunden eingeweicht
- ½ Teelöffel probiotisches Pulver, vegan
- 3 Esslöffel Zitronensaft
- 1 Teelöffel nicht pasteurisiertes helles Miso
- ¼ Teelöffel Salz
- ¾ bis 1 Tasse Quellwasser

Alle Zutaten in den Mixer geben und glatt und cremig pürieren. Geben Sie mehr Wasser zu, wenn nötig. In einem verschlossenen Behälter im Kühlschrank aufbewahren. Die Mischung wird beim Auskühlen fest. Wenn sie dünnflüssiger sein soll, geben Sie mehr Wasser dazu. Dicker wird sie, wenn Sie 2 Esslöffel Irish-Moss-Paste (Seite 102) einrühren. Wenn Sie den Veggie-Sauerrahm in eine Spritzflasche füllen, können Sie Ihre Gerichte damit dekorieren.

Mimis Tipp

Halbieren Sie die angegebenen Mengen, wenn Sie nur wenig Veggie-Sauerrahm brauchen, beispielsweise für ein einzelnes Gericht.

Veggie-Parmesan

- 1 Tasse Cashewkerne
- 1 Knoblauchzehe
- ⅛ Teelöffel Himalajasalz

Geben Sie alle Zutaten in den Mixer und verarbeiten Sie sie mit der Pulse-Taste zu einer krümeligen Masse. Fügen Sie nach Belieben Salz hinzu.

Dieser »Parmesan« hält sich im Kühlschrank mehrere Wochen. Würzen Sie Ihre Gemüsespaghetti, Salate und Pizzas damit.

Aufstriche, Hummus und Tapenaden

Aufstriche sind herrlich für einen schnellen Snack. Und so vielseitig. Immer ein paar schnelle Zutaten im Kühlschrank zu haben, die es uns leicht machen, auf dem rohköstlichen Pfad zu bleiben, ist wirklich praktisch. Wenn Sie keine Zeit haben, eine aufwendige Mahlzeit zuzubereiten, nehmen Sie ein Salatblatt, ein Blatt Markstammkohl oder ein Noriblatt und füllen es mit einem Aufstrich. Oder schneiden Sie ein paar Gemüsesticks und verwenden den Aufstrich als Dip.

Mit leckeren Würzpasten, den Tapenaden, können Sie Cracker oder rohköstliches Brot bestreichen oder eine Pizza aufpeppen.

Zucchini-Hummus

- 2 Zucchini, geschält und grob gehackt
- 1 Zitrone, entsaftet
- 3 Knoblauchzehen, fein gehackt
- 1 Tasse Tahin
- ¼ Tasse Sesamsamen
- ½ Teelöffel Himalajasalz
- frisch gemahlener Pfeffer zum Abschmecken
- ½ Teelöffel Kreuzkümmel
- Wasser nach Bedarf
- 3 Esslöffel kalt gepresstes Olivenöl nativ extra
- Paprika

Alle Zutaten außer Olivenöl und Paprika in den Mixer geben. Esslöffelweise Wasser zugeben und zu einer dicken, glatten Masse pürieren. Nach Belieben abschmecken. Vielleicht mögen Sie das Hummus mit etwas mehr Tahin? Oder Salz? Oder mit einer Jalapeño-Schote? Nur zu, würzen Sie ganz nach Ihrem Geschmack

Das Hummus auf einem flachen Teller servieren, mit dem Löffel in der Mitte eine Vertiefung hineindrücken. Olivenöl hineingießen, das Ganze mit Paprika bestreuen und mit ein paar frischen Petersilienblättern garnieren.

Cashew-Hummus

- 1 Tasse Cashewkerne, 4 Stunden eingeweicht
- 1 Esslöffel Zitronensaft
- 3 Esslöffel Tahin
- 1 bis 2 Knoblauchzehen
- ½ Teelöffel Kreuzkümmel
- Himalajasalz oder graues Meersalz aus der Bretagne zum Abschmecken
- so viel Wasser wie nötig, um die Mischung glatt zu pürieren

Alle Zutaten in den Mixer geben, immer gerade so viel Wasser aufgießen, dass die Mischung nicht stockt. Pürieren, bis die Masse dick und glatt ist.

Mit Leinsamen-Crackern servieren, in ein Wrap einwickeln oder als Dip zu rohem Gemüse reichen.

(Natürlich können Sie Hummus auch aus Kichererbsen machen, die zuvor aber zum Keimen angesetzt werden sollten. Siehe dazu die Anleitung zum Sprossenziehen auf Seite 180 ff.)

Tsatsiki

- 1 Tasse Cashewkerne, 4 Stunden eingeweicht
- ½ Tasse Pinienkerne, 4 Stunden eingeweicht
- 1 Esslöffel Zitronensaft
- 1 Gurke, entkernt und fein gehackt
- 1 Teelöffel kalt gepresstes Olivenöl nativ extra
- ½ Tasse Quellwasser
- 1 Frühlingszwiebel, gehackt
- Himalajasalz zum Abschmecken
- 1 Esslöffel frischer Dill, gehackt

In Griechenland heißt dieses Gericht »Tsatsiki«, in Indien »Raita«. Wie auch immer: Es schmeckt großartig.

Zubereitung: Gurke leicht salzen und 30 Minuten ziehen lassen. In der Zwischenzeit Cashewkerne, Pinienkerne, Zitronensaft und Olivenöl mit wenig Wasser zu einer glatten, cremigen Masse pürieren. In die Küchenmaschine geben. Die Gurken ausdrücken, um sie von überschüssiger Flüssigkeit zu befreien. Zusammen mit allen anderen Zutaten außer dem Dill zur Nussmasse geben. 4-mal die Pulse-Taste drücken.

Die Mischung in eine Rührschüssel geben und den Dill unterrühren. Im Kühlschrank 4 Stunden oder über Nacht ziehen lassen. Wenn die Masse nach dem Kühlen zu dick sein sollte, geben Sie 1 bis 2 Esslöffel Wasser dazu, sodass das Ganze locker und cremig wirkt. Wenn Sie mögen, fügen Sie noch etwas gehackte Gurke hinzu.

Pilz-Aufstrich

- 2 große Egerlinge oder 12 bis 15 Champignons
- ½ Tasse Walnüsse
- 1 Knoblauchzehe
- 2 Esslöffel Tamari oder Nama Shoyu
- 2 Esslöffel kalt gepresstes Olivenöl nativ extra
- frisch gemahlener schwarzer Pfeffer zum Abschmecken

Die Pilzkappen mit einem feuchten Papiertuch abwischen. Stiele abschneiden und putzen. Die Pilze in Scheiben schneiden und in Öl und Tamari 30 Minuten lang marinieren, dabei gelegentlich wenden.

Walnüsse im Mixer grob zerkleinern. Knoblauchzehe und Pilze zugeben. Mit der Pulse-Taste einarbeiten. Die Mischung sollte noch bissfeste Stücke enthalten. Nach Belieben abschmecken. Mit Leinsamen-Crackern servieren oder mit etwas Gemüse in ein Wrap rollen.

Aufstrich mit rotem Paprika

- 1 Tasse Walnüsse
- ½ Tasse Cashewkerne
- 1 rote Paprikaschote, entkernt und grob geschnitten
- 1 Stange Staudensellerie, in Stücke geschnitten
- 1 Frühlingszwiebel, in Stücke geschnitten
- 3 Esslöffel Nama Shoyu oder Tamari
- Himalajasalz oder graues Meersalz aus der Bretagne (3 bis 4 Umdrehungen mit der Salzmühle)
- 1 Esslöffel kalt gepresstes Olivenöl nativ extra
- ⅛ Teelöffel Currypulver
- 1 Knoblauchzehe

Walnüsse und Cashewkerne in die Küchenmaschine geben. 4- bis 5-mal die Pulse-Taste drücken und grob zerkleinern. Restliche Zutaten zugeben und glatt pürieren. Als Dip zu Gemüse oder Crackern reichen. Mit Rosinen und Sprossen in Nori-Algen oder ein Salatblatt wickeln.

Aufstrich aus Kürbis- und Sonnenblumenkernen

- 1 Tasse Kürbiskerne
- 1 Tasse Sonnenblumenkerne
- 2 Esslöffel Zitronensaft
- ½ Tasse Frühlingszwiebeln
- 1 bis 2 kleine Knoblauchzehen, zerdrückt
- 2 Esslöffel Tahin
- 1 Esslöffel Nama Shoyu, Miso oder Tamari
- Himalajasalz zum Abschmecken
- ½ Tasse Wasser oder mehr

Kürbis- und Sonnenblumenkerne mit etwas Wasser glatt mixen. Die anderen Zutaten hinzufügen, esslöffelweise Wasser zugeben und mit der Pulse-Taste zu einer glatten Masse verarbeiten. Mit Leinsamen-Crackern servieren.

Tomaten-Rucola-Tapenade

Fein gehackte Tomaten, Rucola, Basilikum, Zucchini und rote oder weiße Zwiebeln mit etwas Olivenöl vermengen. Mit Salz und Pfeffer abschmecken. Zu mit Knoblauchöl bestrichenem Fladenbrot (Seite 166) verzehren.

Oliven-Tapenade

1 Tasse fein gehackte Oliven, ¼ Tasse eingeweichte sonnengetrocknete Tomaten (fein gehackt), 1 Esslöffel Kapern, 1 zerdrückte Knoblauchzehe, 1 Esslöffel gehacktes Basilikum, je 1 Prise Thymian, Oregano, Rosmarin und Majoran verrühren. Mit Salz und Pfeffer abschmecken. Zu Fladenbrot reichen.

Pilz-Tapenade

½ Tasse Walnüsse, 1 Tasse Champignons, ¼ einer kleinen Zwiebel, 1 Esslöffel Nama Shoyu oder Tamari in die Küchenmaschine geben und mit der Pulse-Taste zu einer grobkörnigen Masse mixen. Mit Salz und frisch gemahlenem Pfeffer abschmecken. Mit Basilikumblättern garniert zu Fladenbrot reichen.

Wrappen Sie doch mal!

Wraps und Rolls sind in der Rohkostküche Standard. Sie sind schnell zuzubereiten und lassen sich mit Aufstrichen und Hummus füllen. Wrappen Sie mit Markstammkohlblättern (ohne Stiele), Romana- oder Kopfsalatblättern, Kohlblättern, nicht gerösteten Noriblättern und Mais-, Spinat- oder Kokosnuss-Tortillas (Rezepte siehe Seite 226 ff.).

Lassen Sie bei der Füllung Ihre Fantasie spielen: eine beliebige Kombination aus einem Aufstrich, Avocado, Veggie-Käse, Hummus, Gemüse, Früchten und Kräutern.

Salat-Wraps

Für 2 bis 3 Portionen

- 1½ Tassen Jicama-Wurzel, fein gehackt
- 1½ Tassen Shiitake-Pilze, fein gehackt
- ¼ Tasse rote Zwiebeln, fein gehackt
- ¾ Tasse rote Paprikaschote, fein gehackt
- 1 Tasse Mungbohnensprossen, fein gehackt
- ½ Tasse Zuckererbsen, in feine Ringe geschnitten
- 2 Frühlingszwiebeln, fein gehackt
- 3 Esslöffel Tamari
- 1 Esslöffel Limettensaft
- 1 Esslöffel kalt gepresstes Olivenöl nativ extra
- 1 junger Kopfsalat
- ½ Tasse Minzblätter
- ½ Bund Koriandergrün mit Stängeln
- grob gemahlene Erdnüsse zum Verzieren

Ich liebe diese Salat-Happen, weil sie schnell fertig sind und so gut aussehen.

Zubereitung: Die Kopfsalatblätter waschen, in ein Küchentuch einschlagen und in den Kühlschrank legen, bis sie schön knackig sind. Das Gemüse außer Kopfsalat, Minze und Koriandergrün 10 Minuten lang in einer Sauce aus Öl und Tamari marinieren. Die Füllung auf einem Teller servieren und die Kopfsalatblätter mit Koriandergrün und Minze auf einer Servierplatte auftragen.

Füllung auf ein Salatblatt geben, mit Minze- und Korianderblättern garnieren und zu einem Wrap rollen. Auf jedes Wrap ein paar Erdnüsse, Koriander und Tamari geben. Die Füllung kann warm oder kalt serviert werden. Ich mag die Füllung gern warm in kalten, crispen Salatblättern.

Mimis Tipp

Wenn Sie die Zutaten für die Füllung vor der Verarbeitung 1 Stunde lang bei 43 °C in den Dörrautomaten stellen, wird das Gemüse weicher.

Saucen

Bereiten Sie drei Dips zu. Die folgenden Rezepte können Sie zu jedem Wrap servieren.

Erdnusssauce

- ¼ Tasse rohes Erdnuss- oder Mandelmus
- 1 Knoblauchzehe, fein gehackt oder zerdrückt
- Saft von 1 Limette
- 2 Esslöffel Agavendicksaft in Rohkostqualität
- 3 Esslöffel Tamari oder Nama Shoyu
- 3 Esslöffel Wasser nach Bedarf
- 2 Teelöffel geraspelter frischer Ingwer oder 1 Prise Ingwerpulver
- 1 Prise Chiliflocken in Bio-Qualität zum Abschmecken (Für alle, die es gern scharf mögen: Nehmen Sie ½ frische Serrano-Chilischote.)

Nussmus, Knoblauch, Limettensaft, Agavendicksaft, Tamari, Wasser, Ingwer und Chili in einer kleinen Schale mit dem Schneebesen gut verrühren. Nehmen Sie nur so viel Wasser, wie nötig ist, um eine glatte Mischung zu erhalten.

Koriandersauce

- ½ Tasse Koriandergrün, fein gehackt
- Saft von ½ Limette
- 1 Esslöffel Wasser
- 1 Spritzer Süßungsmittel nach Wahl

Alle Zutaten glatt rühren.

Tamarisauce

- 2 Esslöffel Tamari oder Nama Shoyu
- 2 Esslöffel Wasser

Die Zutaten gut verrühren.

Füllungen für Wraps und Rolls

Ihre Wraps und Rolls können Sie ganz nach Ihrem Geschmack mit den folgenden Aufstrichen, Füllungen und Saucen köstlich verfeinern.

Aufstrich oder Hummus

Aufstrich mit rotem Paprika, Zucchini-Hummus, Kichererbsen-Hummus, Aufstrich aus Kürbis- und Sonnenblumenkernen, Oliven-Tapenade oder Hummus pur.

Gemüsefüllung

Für die Gemüsefüllung können Sie alles nehmen, was Sie in feine Streifen oder Scheiben schneiden können: Karotten, Gurken, Jicama-Wurzel, rote Paprika, Zucchini, Pilze oder Spinat.

Pikante Füllung

Sprossen, Salat, Spinat, Chicorée, Avocado, Kokosnussfleisch, sonnengetrocknete Tomaten, schwarze Oliven, Kapern, Nusskäse.

Süße Füllung

Mandelmus, Cashewmus, Bananen, Mango, Papaya, Birnen, Erdbeeren, Heidelbeeren, Himbeeren, Brombeeren, Pfirsiche, Pflaumen, Kiwis, Kirschen, Kokosraspel, Aprikosen, Feigen, Kakaobutter, Kakaonibs, gehackte Nüsse, süßer Nusskäse, Eiscreme, Rosinen und Datteln.

Saucen zum Dippen und Darüberträufeln

Kakaosauce, Erdbeersauce, Aprikosensauce, Tahin, Zitronendressing, Tamaridip, roher Erdnussdip, Limettendip, roher Cashewcremedip.

Tortillas und Crêpes

Tortillas sind – herzhaft oder süß gefüllt – immer eine Sünde wert. Erwecken Sie Ihren inneren Küchenchef zum Leben und lassen Sie Ihre Fantasie spielen. Füllen Sie die Fladen mit der Rohversion von allem, was Sie gern essen. Oder kreieren Sie ganz neue köstliche Kombinationen. Welche Farbe Ihre Tortillas haben, hängt ganz von den verwendeten Zutaten ab. Dunkelgrün wird's mit Spinat, gelb mit Mais oder gelben Paprikaschoten, rot oder orange mit Süßkartoffeln, Kürbis oder Roten Beten. Für eine Party sind Tortillas in unterschiedlichen Farben natürlich der Hit.

Süße Kokos-Paprika-Wraps

- Fleisch von 7 jungen Thai-Kokosnüssen
- 2 rote Paprikaschoten
- 2 Datteln, eingeweicht
- ¼ Tasse Pinienkerne
- Himalajasalz oder graues Meersalz aus der Bretagne zum Abschmecken
- Wasser nach Bedarf
- ½ Tasse Leinsamen, frisch gemahlen

Alle Zutaten außer den Leinsamen in einem Mixer glatt pürieren. Nach Bedarf Wasser oder Apfelsaft zugeben. Leinsamen esslöffelweise unterrühren, auch hier wieder nur so viel Flüssigkeit zugeben, dass die Mischung glatt bleibt. Zu einem glatten, dickflüssigen Teig pürieren. Nach Belieben abschmecken. 2 bis 3 Esslöffel davon auf eine Dörrfolie geben und mit dem Spatel oder der Rückseite des Löffels zu dünnen Fladen ausstreichen. 5 Stunden lang bei 43 °C trocknen.

Wenn die Wraps an der Oberfläche trocken sind, auf einen Gitterboden stürzen und weitere 5 bis 6 Stunden trocknen, bis sie zwar trocken, aber noch formbar sind. *Keinesfalls zu trocken werden lassen.* In einem verschlossenen Behälter im Kühlschrank aufbewahren. Die Wraps halten sich bis zu 3 Tage.

Mimis Tipp

Im Rezept steht zwar, dass der Teig in eine runde Form gebracht werden soll, aber natürlich können Sie auch die Dörrfolie damit ausstreichen und das Ganze dann in vier Rechtecke aufteilen.

Maistortillas

- Körner von 6 bis 8 frischen Maiskolben
- ½ Tasse gelbe Leinsamen, gemahlen
- ⅛ Tasse Himalajasalz oder graues Meersalz aus der Bretagne
- ¼ Tasse gelbe Zwiebeln, gewürfelt
- ¼ Tasse Mexikanische Gewürzmischung, zum Beispiel aus Kreuzkümmel, Oregano und Knoblauchpulver
- 1 Teelöffel kalt gepresstes Olivenöl nativ extra
- Wasser, so viel wie nötig

Alle Zutaten außer den Leinsamen in einem Mixer glatt pürieren. Nach Bedarf Wasser oder Apfelsaft zugeben. Leinsamen esslöffelweise unterrühren, auch hier wieder nur so viel Flüssigkeit zugeben, dass die Mischung glatt bleibt. Sie sollte dickflüssig sein. Nach Belieben abschmecken. 2 bis 3 Esslöffel Teig auf eine Dörrfolie geben und mit dem Spatel oder der Rückseite des Löffels zu dünnen Fladen ausstreichen. Bei 43 °C 5 Stunden lang trocknen. Wenn die Tortillas an der Oberfläche trocken sind, auf einen Gitterboden stürzen und weitere 5 bis 6 Stunden trocknen, bis sie zwar trocken, aber noch formbar sind. *Keinesfalls zu trocken werden lassen*. In einem verschlossenen Behälter im Kühlschrank aufbewahren. Die Tortillas halten sich bis zu 3 Tage.

Grüne Crêpes

- 1 Tasse Spinat
- 2 Zucchini, grob gehackt
- ½ grüne Paprikaschote
- ¼ mittelgroße Zwiebel, grob gehackt
- 1 Avocado, grob geschnitten
- 1 Esslöffel Petersilie
- ¼ Tasse Basilikum
- 1 Esslöffel kalt gepresstes Olivenöl nativ extra
- ½ Tasse Leinsamen, gemahlen
- 1 Prise Himalajasalz oder graues Meersalz aus der Bretagne
- Wasser nach Bedarf

Alle Zutaten außer den Leinsamen im Mixer glatt pürieren. Nach Bedarf Wasser oder Apfelsaft zugeben. Leinsamen esslöffelweise unterrühren, auch hier wieder nur so viel Flüssigkeit zugeben, dass die Mischung glatt und dickflüssig bleibt. Nach Belieben abschmecken. 2 bis 3 Esslöffel des Teigs auf eine Dörrfolie geben und mit dem Spatel oder der Rückseite des Löffels zu dünnen Fladen ausstreichen. Bei 43 °C 5 Stunden lang trocknen. Wenn die Crêpes an der Oberfläche trocken sind, auf einen Gitterboden stürzen und weitere 5 bis 6 Stunden trocknen, bis sie zwar trocken, aber noch formbar sind. *Keinesfalls zu trocken werden lassen*. In einem verschlossenen Behälter im Kühlschrank aufbewahren. Die Crêpes halten sich bis zu 3 Tage.

Süßkartoffel-Wraps

- 2 Tassen Süßkartoffeln, geschält und grob gehackt
- 3 Datteln, eingeweicht und püriert, oder 1 Teelöffel Agavendicksaft in Rohkostqualität
- ½ Banane
- ¾ Tasse Leinsamen, frisch gemahlen
- 1 Esslöffel kalt gepresstes Olivenöl nativ extra
- ½ Teelöffel Zimt
- 1 Prise Ingwerpulver
- Quellwasser oder frischer Apfelsaft nach Bedarf

Alle Zutaten außer den Leinsamen im Mixer glatt pürieren. Nach Bedarf Wasser oder Apfelsaft zugeben, damit die Mischung glatt wird. Leinsamen esslöffelweise unterrühren, auch hier wieder nur so viel Flüssigkeit zugeben, dass die Mischung dickflüssig bleibt. Nach Belieben abschmecken. Jeweils 2 bis 3 Esslöffel auf eine Dörrfolie geben und mit dem Spatel oder der Rückseite des Löffels zu dünnen Fladen ausstreichen. Bei 43 °C 5 Stunden lang trocknen. Wenn die Wraps an der Oberfläche trocken sind, auf einen Gitterboden stürzen und weitere 5 bis 6 Stunden trocknen, bis sie zwar trocken, aber noch formbar sind. *Keinesfalls zu trocken werden lassen*. In einem verschlossenen Behälter im Kühlschrank aufbewahren. Die Wraps halten sich bis zu 3 Tagen.

Wie Sie aus Markstammkohlblättern Wraps machen

Nehmen Sie große Markstammkohlblätter. Entfernen Sie die harten Stiele. Legen Sie dazu das Blatt flach auf ein Schneidbrett und schneiden Sie den Stiel mit einem scharfen Messer heraus. Waschen und trocken tupfen. Die Kohlblätter mit einer Sauce aus ½ Teelöffel Zitronensaft, ½ Teelöffel kalt gepresstem Olivenöl und 1 Prise Salz einreiben. Die Blätter mit der glänzenden Seite nach unten auf das Schneidbrett legen.

Eine Füllung aus Nüssen herstellen: 1 Tasse eingeweichte Walnüsse, 1 Stück fein gehackte Zwiebel, etwas zerdrückte Knoblauchzehen und Zitronensaft. Mit Salz und Pfeffer abschmecken. In der Küchenmaschine zu einer grobkörnigen Masse mixen und auf das Blatt streichen. Dann das Blatt wahlweise mit Hummus oder einem Aufstrich bestreichen. Dabei einen breiten Rand lassen.

Fein geschnittenes Gemüse (Rotkohl, Weißkohl, Sprossen, rote Paprika oder Frühlingszwiebeln) auf die Nussmischung geben. Wahlweise auch ein paar Nori-Algen, Karottenstifte oder Kokosnussfleisch. Da die kurzen Enden des Wraps offen bleiben, sollte das Gemüse etwas überstehen.

Das Blatt an einem Ende über der Füllung einfalten und der Länge nach eng aufrollen. Mit dem Saum nach unten auf einer Servierplatte anrichten. Eine andere Methode: Sie schlagen während des Rollens eine lange Seite ein, sodass das Wrap unten geschlossen ist. Dann können Sie das kleine Paket direkt aus der Hand essen.

Und zum Abschluss noch ein paar besondere Leckereien und Kniffe

Wie Sie aus Noriblättern ein Veggie-Sushi machen

Legen Sie ein ganzes Noriblatt mit der glänzenden Seite nach unten auf ein Schneidbrett oder eine Sushimatte aus Bambus. Mit einer Sushimatte können Sie Wraps besonders fest rollen. Sie bekommen die Matten in gut sortierten Asia-Shops oder im Internet. Damit die Rolle nicht zu locker wird, fangen Sie mit einem trockenen Blatt Romanasalat an, das Sie auf das Ende legen, an dem Sie zu rollen beginnen. Dann drapieren Sie abwechselnd Ihre Füllungen: Sprossen, Aufstrich, Gemüsestreifen, Hummus. Denken Sie daran, dass man die Füllung sieht, wenn das Röllchen fertig ist. Es wird beschnitten und auf ein Ende gestellt, am anderen Ende ist die Füllung zu sehen. Achten Sie also darauf, dass die Abfolge Ihrer Füllungen optisch etwas hermacht.

Nehmen Sie immer etwas mehr Füllung, als Sie für nötig halten. Die Füllung wird beim Rollen zusammengepresst. Wenn Sie die Zutaten auf dem Blatt verteilt haben, heben Sie die Sushimatte an dem Ende an, das genau vor Ihnen liegt, und fangen an zu rollen. Besonders die erste Lage sollte so eng wie möglich gerollt sein.

Dann rollen Sie das Noriblatt mit der Matte unter leichtem Druck ganz auf. Wenn Sie fertig sind, tauchen Sie Ihre Finger in kaltes Wasser. Streichen Sie damit über die noch offene Seite des Noriblatts, um es zu versiegeln. Drücken Sie das Ende kurz an. Schneiden Sie die Röllchen mit einem scharfen Messer in der gewünschten Größe ab. Setzen Sie den Schnitt gerade oder diagonal an. Je länger die Nori-Röllchen sind, umso mehr Wasser saugt das Algenblatt auf. Dann wird es glitschig und ist schwierig durchzubeißen. Daher sollten Nori-Röllchen am besten nach der Zubereitung sofort verzehrt werden.

Rohköstliche Sushi-Füllung

Für 1 Tasse

- 1 Esslöffel Nama Shoyu oder unbehandeltes helles Miso, mit Wasser angerührt
- 4 Esslöffel Pinienkerne
- 2 Tassen Pastinaken, geschält

Pastinaken und Pinienkerne in der Küchenmaschine grob zerkleinern, sodass die Stücke die Größe von Reiskörnern haben. Die Pastinakenmischung in eine Schüssel geben. Nama Shoyu oder Miso unterrühren. Eventuell mehr Nama Shoyu oder Miso zugeben, wenn nötig.

Mimis Tipp

In Noriblätter gewickelt, können Sie mit der Pastinakenfüllung wunderbare Sushis machen.

Weitere Zutaten für Veggie-Sushi: Aufstrich mit rotem Paprika, Gemüsetaler, Avocado, Umeboshi-Paste, Wasabi, Napakohl, Romanasalat, Pak Choi, Sonnenblumen- oder Erbsensprossen, Kokosraspel, Koriandergrün, Minzblätter

Wie Sie aus Kohlblättern Wraps machen

Es ist eine Kunst, ein ganzes Blatt von einem Kohlkopf zu lösen. Doch mit einem Trick wird es Ihnen gelingen: Schneiden Sie das Herz des Kohlkopfs heraus und legen Sie ihn dann in eine große Schüssel mit Wasser, in die Sie 2 bis 3 Tassen Eiswürfel geben. Stellen Sie die Schüssel über Nacht in den Kühlschrank. Wenn Sie dafür nicht genug Platz haben, lassen Sie sie auf dem Tisch stehen, füllen aber noch mehr Eiswürfel nach. Nach einigen Stunden beginnen sich die Kohlblätter zu lösen. Dann können Sie sie vorsichtig Blatt für Blatt abziehen.

Oder Sie halbieren den Kohlkopf, schneiden das Herz heraus und halten den Kopf dann unter fließendes, kaltes Wasser, während Sie die Blätter Schicht um Schicht abziehen. Mit der ersten Methode allerdings bekommen Sie größere Blätter am Stück.

Wenn Sie Kohlwickel machen wollen, sollten Sie den Stiel des Blatts der Länge nach einschneiden, um das Aufrollen zu erleichtern. Sie können die Blätter füllen und dann aufrollen oder Sie füllen sie nur halb und klappen wie bei einem Taco eine Seite über die andere.

Wie Sie aus Salatblättern Wraps machen

Verwenden Sie dafür Romanasalat, Kopfsalat, Chicorée oder Radicchio. Füllen Sie das Blatt mit den gewählten Zutaten und falten Sie es zusammen. Kopfsalat lässt sich besonders schön zusammenfalten, da seine Blätter weich sind.

Chicorée kommt wie ein Zylinder mit eng aneinander liegenden Blättern daher. Der Radicchio hingegen hat attraktive rote Blätter, die von dicken, weißen Adern durchzogen sind. Wie Chicorée schmeckt er leicht bitter, was aber nicht jedermanns Geschmack ist. Wenn Sie Rucola mögen, schmeckt Ihnen wahrscheinlich auch Radicchio.

Party-Wraps

Nehmen Sie halbe Rotkohlblätter und füllen Sie jedes mit einer der folgenden Zutaten: Karottenstifte, dünne Gurkenscheiben, Mungbohnensprossen und Zucchinistifte. Halbieren Sie 1 Avocado. Den Stein entfernen, dann die Haut abziehen und mit einem Messer der Länge nach diagonal einschneiden. Die

Spitze jedoch nicht einschneiden. Die Avocadohälften auffächern und auf einen Teller legen. Die Rotkohl-Schälchen rundherum verteilen.

Auf einem extra Teller Romana- oder Kopfsalatblätter anrichten. Ebenso Koriandergrün und Minze bereitstellen. Jeder Gast kann sich sein eigenes Salat-Wrap zusammenstellen, indem er es nach seinem Geschmack füllt, aufrollt, mit Koriander oder Minze bestreut und in einen Dip tunkt.

Chicorée-Wraps

Füllen Sie die natürlich gerundeten Blätter mit Hummus, Aufstrich, Nussmus und Gemüsestiften. Die Blätter sind stets knackig und etwas bitter. Sie sind ideal für köstliche Vorspeisen und sehen auch als Party-Food gut aus.

Wie Sie aus Gurkenscheiben Wraps machen

Hobeln Sie eine Gurke der Länge nach in rollbare Scheiben. Bestreichen Sie diese mit einer dünnen Schicht Aufstrich, Hummus oder Avocadopüree. Schneiden Sie Gemüsestifte, die 2 Zentimeter länger sind als die Gurkenstreifen breit. Auch Salat wird in attraktive Streifen derselben Länge geschnitten. Legen Sie dann das Gurkenblatt der Länge nach mit Gemüsestiften und Salatstreifen aus, sodass beide auf einer Seite überstehen. Lassen Sie auf der anderen Seite einen schmalen Rand. Rollen Sie das Ganze dann von einem Ende eng auf. Wenn das Röllchen den richtigen Durchmesser hat, schneiden Sie das restliche Stück Gurkenblatt ab. Stecken Sie die Röllchen mit Zahnstochern zusammen und richten Sie sie nebeneinander auf einem Teller an. Oder legen Sie sie mit dem »Saum« nach unten flach hin.

Kapitel 10

Gemüsegerichte und Beilagen

Rohköstlicher Rosenkohl

Für 2 Portionen

- ½ Pfund Rosenkohl, in hauchdünne Scheiben geschnitten

Für das Dressing

- 2 Esslöffel kalt gepresstes Olivenöl nativ extra (oder Kürbiskernöl)
- 1½ Esslöffel Zitronensaft
- 3 Esslöffel Frühlingszwiebeln oder Schnittlauch
- Himalajasalz zum Abschmecken
- frisch gemahlener Pfeffer zum Abschmecken
- ⅓ Tasse Mandeln, gehobelt

Nur wenige werden Rosenkohl als ihr Lieblingsgericht bezeichnen. Diese Rohkost-Version könnte aber leicht einen Sinneswandel auslösen. Dazu kommt noch, dass Gemüsesorten aus der Familie der Kreuzblütler, zu der auch der Rosenkohl gehört, eine krebshemmende Wirkung haben.

Zubereitung: Alle Dressingzutaten außer den Mandeln in eine kleine Schale geben und mit dem Schneebesen verrühren. Nach Belieben abschmecken. Dressing über den Rosenkohl geben und vorsichtig unterheben.

Auf mit Mandeln bestreuten Tellern anrichten. In einer großen Schüssel auf den Tisch bringen, wenn Sie Gäste haben.

Pastinaken-Blumenkohl-Püree

- ½ Tasse Cashewkerne, 3 bis 4 Stunden eingeweicht
- 1½ Tassen Pastinaken, geschält und in grobe Stücke geschnitten
- ½ Tasse Blumenkohl, in Stücke geschnitten
- Saft von ½ Zitrone
- 1 Esslöffel kalt gepresstes Olivenöl nativ extra
- Himalajasalz zum Abschmecken
- 1 kleine Knoblauchzehe oder ½ Teelöffel Knoblauchpulver
- 2 Esslöffel Würzhefe (nicht roh, aber vegan)
- ½ Tasse Quellwasser
- 1 Teelöffel natürliches Trüffelöl oder 1 Prise Trüffelsalz (wahlweise)
- frisch gemahlener Pfeffer

Statt Kartoffelpüree!

Zubereitung: Alle Zutaten außer dem Trüffelöl in die Küchenmaschine geben und fein zerkleinern. Bei Bedarf Wasser zugeben, sodass ein dickes, glattes Püree entsteht.

Wenn die Mischung nicht glatt werden sollte, lieber den Mixer nehmen. Auch hier bei Bedarf Wasser zugeben. Das Püree sollte in der Konsistenz an Kartoffelbrei erinnern.

Mimis Tipp

Nach Belieben mit Trüffelöl, Salz oder Kräutern der Wahl abschmecken.

Ratatouille

Für 4 bis 6 Portionen

- 3 Esslöffel kalt gepresstes Olivenöl nativ extra
- 1 mittelgroße Zwiebel, gehackt
- 1 Aubergine, geschält und gewürfelt
- 1 bis 2 Zucchini, grob gehackt
- 2 Paprikaschoten (1 gelbe, 1 rote), grob gehackt
- Fleisch von 4 Tomaten, ohne Kerne
- ⅛ Teelöffel Oregano
- ⅛ Teelöffel Majoran
- ½ Tasse Oliven, halbiert
- ¼ Tasse Kapern
- Himalajasalz oder graues Meersalz aus der Bretagne zum Abschmecken
- frisch gemahlener Pfeffer zum Abschmecken

Ratatouille kommt aus dem Süden Frankreichs und ist ursprünglich ein Gericht aus geschmortem Gemüse. Es kommt als eigenständiges Gericht auf den Tisch, wird aber auch als Füllung für Crêpes verwendet. Es gibt zahllose Abwandlungen dieses Klassikers, hier ist die Rohkostvariante:

Zubereitung: Auberginenwürfel in ein Sieb geben und mit Salz bestreuen. 1 Stunde stehen lassen, damit überschüssige Flüssigkeit abtropfen kann. Olivenöl in einer Auflaufform aus feuerfestem Glas im Dörrautomaten bei 46 °C oder im Wasserbad erwärmen. Auberginen trocken tupfen, das Gemüse zu dem warmen Olivenöl in die Auflaufform geben und unterheben. Mit Kräutern, Salz und Pfeffer abschmecken. 2 Esslöffel Wasser zugeben und die Form mit Alufolie bedecken. 6 Stunden lang trocknen, bis das Gemüse weich ist. Nach Belieben würzen.

Warm oder bei Zimmertemperatur servieren. Schmeckt wunderbar zu warmem Wildem Reis (Seite 246).

Gefüllte Zucchiniblüten

Für 4 bis 6 Portionen

- 6 bis 12 Zucchiniblüten mit oder ohne Zucchini dran
- 2 Esslöffel Schnittlauch, gehackt
- 1 Esslöffel Basilikum, gehackt
- 1 Grundrezept für Kräuterkäse (Seite 212)
- 1 Esslöffel kalt gepresstes Olivenöl nativ extra
- Himalajasalz zum Abschmecken
- frisch gemahlener Pfeffer zum Abschmecken
- 1 große Zucchini, der Länge nach in dünne Streifen geschnitten
- je 1/8 Teelöffel gemahlener Oregano und Majoran
- ein paar Spritzer Trüffelöl oder 1 Prise Trüffelsalz

Ein leckeres Sommergericht für die Zucchini-Hochsaison.

Zubereitung: Schnittlauch, Basilikum, Oregano und Majoran mit einem Spatel in den Käse einrühren. Mit Salz und Pfeffer abschmecken. Die Zucchiniblüten vorsichtig öffnen und mit dem Käse füllen.

Einen Bambusdämpfer mit den Zucchinistreifen oder Kopfsalatblättern auslegen. Die Zucchiniblüten darauflegen und mit Öl beträufeln. Mit einem Stück Alufolie bedecken. Nun den Dämpfer in eine feuerfeste Auflaufform stellen. Die Auflaufform ein paar Zentimeter hoch mit Wasser füllen. Das Ganze in den Dörrautomaten stellen und dort 1 bis 2 Stunden lang trocknen lassen, bis die Blüten leicht welk aussehen. Zucchiniblüten in eine Schüssel geben und mit ein paar Spritzern Trüffelöl oder 1 Prise Trüffelsalz würzen.

Jicama-Pommes

- 1 Jicama-Wurzel
- 1 Esslöffel kalt gepresstes Olivenöl nativ extra
- ½ Teelöffel Himalajasalz
- 1 Esslöffel Paprikapulver
- ½ Teelöffel Knoblauchpulver
- 1 Prise Chilipulver, wenn Sie es gern scharf mögen

Die Jicama schälen und mit dem Gemüsehobel oder dem Messer in längliche Stifte in Pommesgröße schneiden. Mit den restlichen Zutaten in eine Schüssel geben und gut durchmengen, damit alle »Pommes« mit Öl und Gewürzen bedeckt sind. Roh essen oder für 1 Stunde bei 43 °C in den Dörrautomaten stellen. Mit Ketchup servieren. (Seite 217)

Grünkohl-Chips

- 2 Bund Grünkohl
- 2 Esslöffel kalt gepresstes Olivenöl nativ extra
- 3 Esslöffel Tamari oder Nama Shoyu
- 1 Prise Knoblauchpulver
- ½ Tasse Würzhefeflocken oder mehr (nicht roh, aber vegan)

Wenn Sie diese köstlichen Chips einmal probiert haben, werden Sie sie oft wieder machen wollen – und die Würzmischung können Sie ganz nach Geschmack abwandeln: mit italienischen Kräutern, Kräutern der Provence, à la mexicana oder mit Cashew-Sauerrahm als Dip.

Zubereitung: Legen Sie die Grünkohlblätter auf das Schneidbrett und entfernen Sie den Strunk mit einem scharfen Messer. Schneiden Sie die Blätter in zwei Hälften oder verarbeiten Sie die ganzen Blätter weiter. Der Grünkohl wird beim Trocknen »schrumpfen«.

Grünkohl in eine große Schüssel geben und alle Zutaten außer den Würzhefeflocken hinzufügen. Massieren Sie die Würzmischung mit den Händen gut ein. Streuen Sie die Würzhefe darüber und mengen Sie die Blätter noch einmal mit dem Salatbesteck durch. Alle Blätter sollten gut mit Hefe bedeckt sein, also nehmen Sie ruhig mehr, wenn nötig. Würzhefe verleiht den Chips einen Hauch von Käsegeschmack. Legen Sie die Streifen auf den Gitterboden des Dörrautomaten und trocknen Sie sie 4 bis 5 Stunden lang bei 46 °C. Sie sollten am Schluss schön knusprig sein. Die Gefahr ist groß, dass man sie gar nicht erst auf den Tisch bringt, sondern vorher schon aufgegessen hat. Vorsicht, Suchtgefahr!

Nachos

Für die Käsesauce (Für 2 Tassen)

- 2 Tassen Cashewkerne, 4 Stunden eingeweicht
- 1 rote Paprikaschote, entkernt und halbiert
- 3 Esslöffel Würzhefe (nicht roh, aber vegan)
- 1/8 Teelöffel Kurkuma
- 1/8 Teelöffel Paprikapulver
- 1 Knoblauchzehe, halbiert
- 1/8 Teelöffel Salz oder 1 Esslöffel Tamari bzw. Nama Shoyu
- 1 Tasse Quellwasser oder mehr

Für das Nacho-Topping

- Avocado, in Stücke geschnitten
- Frühlingszwiebeln, in Ringe geschnitten
- Tomaten, geachtelt
- Chilischoten

Bereiten Sie Mais-Chips wie auf Seite 169 zu. Schneiden Sie die Stücke aber etwas dicker, damit Sie die Käsesauce besser aufnehmen können.

Die Cashewkerne für die Käsesauce abgießen. Alle Zutaten in den Mixer geben. Eine halbe Tasse Wasser zugeben und pürieren. Esslöffelweise weiter Wasser zugeben, bis die Käsemasse glatt und gießfähig ist. Mit Salz und Gewürzen noch mal abschmecken, falls nötig. In einen Behälter aus feuerfestem Glas geben und im Dörrautomaten bei 43 bis 46 °C lang leicht erwärmen.

Mais-Chips auf einen Teller geben. Die warme Käsesauce über die Nachos verteilen. Mit Avocadostücken, Frühlingszwiebelringen, Tomatenachteln und Chilischoten belegen.

Mini-Tostadas

Für die Tostadas

- Körner von 6 bis 8 Maiskolben
- ½ Tasse helle Leinsamen, gemahlen
- ¼ Tasse gelbe Zwiebeln, gewürfelt
- ⅛ Teelöffel Salz
- ¼ Teelöffel Mexikanische Gewürzmischung mit Kreuzkümmel und Oregano
- Knoblauchpulver

Für die Guacamole

- 2 Avocados, mit der Gabel zerdrückt
- 2 Esslöffel Zwiebeln, fein gehackt
- 1 Tomate, fein gehackt
- 2 Esslöffel Zitronensaft

Für die Salsa

- 1 große oder 2 mittelgroße Tomaten
- 3 Esslöffel Koriandergrün
- 2 bis 3 Esslöffel Zwiebeln
- 1 Esslöffel Limettensaft
- je 1 Prise Oregano und Kreuzkümmel
- 1 Prise Salz und Pfeffer

Veggie-Sauerrahm (Siehe Seite 216)

Für die Tostadas Maiskörner, Zwiebelwürfel und Salz in der Küchenmaschine glatt mixen. Leinsamen zugeben und mit der Pulse-Funktion unterarbeiten. Manchmal gebe ich den Teig auch in den Mixer, damit er richtig glatt wird. Die Maismasse esslöffelweise auf Dörrfolie geben und zu runden Plätzchen von etwa 8 Zentimeter Durchmesser ausstreichen.

Etwa 8 Stunden lang bei 43 °C trocknen. Auf den Gitterboden Ihres Dörrautomaten stürzen und umgedreht weitere 7 bis 8 Stunden trocknen, bis die Tostadas knusprig sind.

Alle Zutaten für die Guacamole verrühren und mit Salz, Pfeffer und mexikanischer Gewürzmischung abschmecken. Wenn Sie es scharf mögen, geben Sie ein kleines Stück Jalapeño-Schote dazu.

Alle Zutaten für die Salsa in der Küchenmaschine pürieren oder mit dem Wiegemesser klein schneiden und verrühren.

Die Tostadas auf einem Teller stapeln. Guacamole, Salsa und Veggie-Sauerrahm in eine Schale geben. Eine Schale voll gehackte Frühlingszwiebeln dazugeben. Ihre Gäste sollten die Tostada nach Geschmack selbst frisch zusammenstellen können, da die Tostadas leicht feucht werden, wenn man sie vorher füllt.

Wilder Reis

- 1 Tasse gekeimter Wildreis
- 2 Esslöffel kalt gepresstes Olivenöl nativ extra
- 1/8 Teelöffel Kreuzkümmel
- 1 Tasse Eiertomaten, entkernt und gehackt
- ½ Gurke, entkernt und gehackt
- 2 Esslöffel Zwiebeln, gehackt
- 1 Knoblauchzehe, zerdrückt oder fein gehackt
- 1 Frühlingszwiebel, mit den grünen Spitzen gehackt
- ¼ Tasse Koriandergrün, gehackt
- ½ Tasse glatte Petersilie, gehackt
- 2 Esslöffel Zitronensaft
- Himalajasalz zum Abschmecken

Reis gehört in vielen Ländern zu den Grundnahrungsmitteln. Sie können ihn als Beilage reichen – ungewürzt oder mit allerlei Gewürzen aufgepeppt. Diese Wildreis-Variante ist lecker, bissfest und bringt einen Hauch Südamerika auf Ihren Tisch.

Gekeimter Wildreis bekommt nicht die für gekeimte Sprossen typischen kleinen »Schwänzchen«. Es gehen nicht alle Reiskörner auf und sie werden auch nicht durchweg weich, doch sie werden durch das Keimen »zum Leben erweckt« und stellen so quasi die Urform des Reises dar. Wildreis zum Keimen zu bringen dauert etwa drei Tage. Es geht jedoch etwas schneller, wenn Sie ihn in ein Glasgefäß geben und 12 Stunden lang bei 43 °C in den Dörrautomaten stellen. Wenn Sie den Dörrautomaten nicht verwenden wollen, keimen Sie den Reis nach der Anleitung zum Sprossenziehen auf Seite 180 ff.

Zubereitung: Alle Zutaten außer dem Reis in eine große Schüssel geben und vorsichtig vermengen. Reis zugeben. Erneut kurz unterheben. Sie können dieses leckere Gericht als Beilage reichen oder als Hauptmahlzeit genießen.

Taboulé

- ½ Tasse gekeimter Wildreis oder ½ Tasse Blumenkohlröschen
- 2 mittelgroße Tomaten, entkernt und gehackt
- 1 Gurke, entkernt und gehackt
- 1½ Tassen Petersilie, fein gehackt
- 2 Frühlingszwiebeln, gehackt
- 2 Esslöffel frische Minze, gehackt

Für das Dressing

- ½ Tasse kalt gepresstes Olivenöl nativ extra
- etwa 3 Esslöffel Saft von 1 Zitrone
- Himalajasalz zum Abschmecken
- frisch gemahlener Pfeffer zum Abschmecken

Ich mache immer etwas mehr davon, damit das Taboulé gleich für ein paar Tage reicht. Am besten servieren Sie ihn kalt oder bei Zimmertemperatur.

Zubereitung: Wenn Sie Blumenkohl verwenden, geben Sie diesen vorher in den Mixer und zerkleinern Sie ihn, indem Sie mehrmals die Pulse-Taste drücken. Er sollte etwa Reiskorngröße haben. Dann alle Taboulézutaten in eine Salatschüssel geben.

Das Dressing über die Taboulézutaten geben und gut vermischen.

Knackige Gurkenschleifen

Für 1 bis 2 Portionen

- 1 große Salatgurke
- ⅓ Tasse Apfelessig
- 1 gehackte Frühlingszwiebel
- 1 Esslöffel Hanfsamen
- 1 Esslöffel Agavendicksaft in Rohkostqualität oder ein Süßungsmittel nach Wahl
- Himalajasalz zum Abschmecken

Wenn die Gurke nicht aus biologisch-organischem Anbau stammt, sollten Sie sie schälen. Schneiden Sie die Gurke danach in 3 Stücke. Stecken Sie sie auf den Spiralschneider mit der geraden Klinge. Streifen in beliebiger Länge schneiden.

Apfelessig mit dem Süßungsmittel Ihrer Wahl verrühren. Dressing über die Gurkenschleifen geben und vorsichtig unterheben. Mit Salz bestreuen. Nötigenfalls mehr Süße dazugeben. Gurkenschleifen in zwei Schalen geben, mit gehackten Frühlingszwiebeln und Hanfsamen bestreuen. Mit Essstäbchen servieren.

Kapitel 11

Hauptgerichte

Pasta alla checca

Für 2 Portionen

- 3 große Zucchini
- 4 bis 5 Tomaten, entkernt und gewürfelt, *wahlweise* Kirschtomaten
- 1 Knoblauchzehe, fein gehackt
- ½ Tasse Oliven, grob gehackt
- 20 frische Basilikumblätter, in Streifen geschnitten
- 2 Esslöffel Kapern
- ½ Tasse kalt gepresstes Olivenöl nativ extra
- Veggie-Parmesan (Seite 216)
- Himalajasalz zum Abschmecken
- frisch gemahlener Pfeffer zum Abschmecken

Ich liebe italienische Pasta. Und ich liebe meinen Spiralschneider, mit dem ich meine geliebten Nudeln aus Zucchini machen kann. Die sehen zwar aus wie Spaghetti, schmecken aber viel aromatischer. Und erst recht mit den traditionellen Zutaten zu diesem Gericht!

Pasta alla checca wird in Italien in den Sommermonaten serviert, wenn die Tomaten reif sind, denn dieses Gericht besteht nur aus Nudeln, frischen Tomaten und Kräutern. Was wirklich »molto buono« ist.

Natürlich können Sie diese Zucchinipasta auch mit anderen Saucen servieren.

Zubereitung: Zucchini schälen. Ohne Schale ähnelt sie mehr den gewohnten Spaghetti, aber der schmale grüne Streifen sieht einfach gut aus.

Zucchini mit dem Spiralschneider zu Spaghetti verarbeiten. Wahlweise mit dem Kartoffelschäler Bandnudeln machen. Die Zucchinistreifen leicht salzen und 15 bis 30 Minuten lang ziehen lassen. In der Zwischenzeit Tomaten, Knob-

lauch, Oliven, Kapern, Olivenöl, Salz und Pfeffer verrühren. Die Mischung bei Zimmertemperatur 30 Minuten lang durchziehen lassen, damit sich die Aromen verbinden.

Zucchinistreifen abgießen und trocken tupfen. In eine große Schüssel geben. Die Hälfte der Sauce darüber gießen. Drei Viertel der Basilikumblätter dazugeben. Vorsichtig unterheben.

Mithilfe eines hohen Dessertrings die Zucchininudeln zu kleinen Türmen anrichten oder die Nudeln in Schalen anrichten. Den Rest der Tomatenmischung darübergeben, mit Veggie-Parmesan (Seite 216) bestreuen und mit dem restlichen Basilikum garnieren. Buon appetito!

Chili sin Carne *Ergibt etwa ½ Liter*

Für die Sauce

- 1 Tasse sonnengetrocknete Tomaten, 30 bis 60 Minuten eingeweicht
- 2 Tassen Tomaten, gehackt
- ½ Tasse Karotten, gehackt
- 1 kleines Stück Jalapeño-Schote, fein gehackt
- 1 Knoblauchzehe
- 2 Esslöffel Tamari oder Nama Shoyu
- je 1 Esslöffel kalt gepresstes Olivenöl nativ extra, Apfelessig, Agavendicksaft in Rohkostqualität und Chilipulver
- je 1 Teelöffel Kreuzkümmel, Oregano und Paprika
- frisch gemahlener Pfeffer zum Abschmecken

Für die Einlage

- 1 Tasse Sprossen von Azukibohnen, Linsen oder Mungbohnen oder eine Kombination daraus (½ Tasse Mungbohnen gibt 1 Tasse Sprossen. Siehe Anleitung zum Sprossenziehen auf Seite 180 ff.)
- 1 Avocado, grob gehackt
- ½ Tasse Staudensellerie, fein gehackt
- ½ Tasse weiße Zwiebeln, fein gehackt
- ½ Tasse Koriandergrün ohne Stängel, gehackt

Die sonnengetrockneten Tomaten für die Sauce in 2 Tassen Quellwasser einweichen. Mit dem Einweichwasser und den anderen Zutaten in den Mixer geben und glatt pürieren.

Die Zutaten für die Einlage vermengen. Die Sauce darübergießen und über Nacht im Kühlschrank ziehen lassen, damit sich die Aromen verbinden.

Das Ganze vor dem Servieren im Dörrautomaten bei 43 °C sanft erwärmen. In Schalen füllen und mit einem Klecks Veggie-Sauerrahm (Seite 216) und ein paar Korianderblättern servieren.

Schmeckt ausgezeichnet zu Maisbrot (Seite 164).

Käsemakkaroni

Für 2 Portionen

Für die Makkaroni
- 3 gelbe Zucchini, Kürbis oder Yamswurzeln

Für die Käsesauce
- 1½ Tassen Cashewkerne, 4 Stunden eingeweicht
- 2 Esslöffel Würzhefe (nicht roh, aber vegan)
- 2 Esslöffel Zitronensaft
- ¾ Tasse Wasser oder mehr
- ½ Tasse kalt gepresstes Olivenöl nativ extra
- 1 Knoblauchzehe
- 1 Esslöffel Zwiebeln, fein gehackt
- 1 Esslöffel helles Miso oder Nama Shoyu
- 2 kräftige Prisen Kurkuma
- 1 bis 2 Prisen Paprikapulver
- Himalajasalz oder graues Meersalz aus der Bretagne zum Abschmecken
- frisch gemahlener Pfeffer zum Abschmecken

Zucchini der Länge nach halbieren. Mit einem Löffel die Kerne in der Mitte entfernen. Zucchini, Kürbis oder Yamswurzeln mit dem Gemüsehobel oder dem Messer in halbmondförmige Scheiben schneiden, die – mit Käsesauce bedeckt – wie Makkaroninudeln aussehen. Leicht salzen und beiseitestellen.

Alle Zutaten für die Käsesauce in einem Mixer glatt pürieren. Zunächst nur eine halbe Tasse Wasser zugeben. Esslöffelweise Wasser zugeben, bis die Sauce eine dickflüssige, glatte Konsistenz hat. Nach Belieben abschmecken.

Die Gemüsenudeln nach Belieben mit Käsesauce vermengen. Im Dörrautomaten bei 43 °C 1 bis 5 Stunden lang erwärmen, sodass das Gemüse etwas weich wird und die Käsesauce warm ist.

Mimis Tipp

Mit dieser Käsesauce können Sie auch andere Gemüse auf den Tisch bringen, zum Beispiel leicht erwärmten Brokkoli oder Blumenkohl.

Falafel

- 1 Tasse Zucchini, grob gehackt, *oder* 1 Tasse gekeimte Kichererbsen
- ½ Tasse Champignons, gehackt
- 3 Esslöffel Petersilie, fein gehackt
- 2 Esslöffel Koriandergrün, fein gehackt
- ½ Tasse Zwiebeln, gehackt
- 1 Esslöffel Kreuzkümmel
- ½ Teelöffel Koriandergrün
- 2 Knoblauchzehen, fein gehackt
- Saft von ½ Zitrone
- 2 Esslöffel kalt gepresstes Olivenöl nativ extra
- ½ Tasse Walnüsse
- ½ Tasse Kürbiskerne, fein gemahlen
- ½ Tasse Sonnenblumenkerne, fein gemahlen
- ⅓ Tasse Leinsamen, gemahlen
- 1 großzügige Prise Himalajasalz oder graues Meersalz aus der Bretagne
- frisch gemahlener Pfeffer zum Abschmecken
- Tamari oder Nama Shoyu nach Belieben

Die gehackten Champignons in einer Sauce aus Tamari und Olivenöl 10 bis 15 Minuten marinieren.

Alle Zutaten außer den Leinsamen in die Küchenmaschine geben und mit der Pulse-Funktion zum Teig verarbeiten. Wasser esslöffelweise zugeben, bis die Masse homogen ist. Dabei den Teig mit dem Spatel von den Wänden ablösen, wenn nötig. Jeweils 1 Teelöffel Teig abstechen und mit den Händen zu einem kleinen Bällchen formen. In den gemahlenen Leinsamen wälzen und auf eine Dörrfolie geben. Die Bällchen 3 Stunden lang bei 41 °C trocknen. Dann auf einen Gitterboden setzen und weitere 3 bis 5 Stunden lang trocknen, bis sie eine Kruste bekommen. Die Bällchen sollten auf Druck leicht nachgeben.

Mikes Burger

Ergibt etwa 12 Burger

Das Gemüse für den Burger

- 2 Tassen gekeimter Kamut
- 2 Tassen Walnüsse
- 6 bis 7 Egerlinge
- ½ Zwiebel, grob gehackt
- 1 kleine rote Paprikaschote, grob gehackt
- 1 Zucchini, grob gehackt
- 1 Karotte, grob gehackt
- Himalajasalz oder graues Meersalz aus der Bretagne zum Abschmecken
- frisch gemahlener Pfeffer zum Abschmecken

Die Kerne für den Burger

- 1 Tasse Sonnenblumenkerne
- 1 Tasse Kürbiskerne
- Saft von ½ Zitrone
- 3 bis 4 Knoblauchzehen
- ½ Tasse Quellwasser
- Himalajasalz oder graues Meersalz aus der Bretagne zum Abschmecken
- frisch gemahlener Pfeffer zum Abschmecken

Die Würzmischung

- 1 Esslöffel Tamari oder Nama Shoyu
- 1 Esslöffel Basilikum, gehackt
- Kräuter nach Wahl
- 1 Esslöffel Italienische Würzmischung

Für das Gemüse den gekeimten Kamut in der Küchenmaschine zu Püree verarbeiten. In eine Rührschüssel geben und beiseitestellen.

Walnüsse in der Küchenmaschine grob hacken. Auf keinen Fall zu Püree verarbeiten. Zum Kamut geben. Pilze, Zwiebel, Paprika, Zucchini und Karotten mit der Pulse-Funktion fein hacken und zu den anderen Zutaten geben.

Die Kerne im Mixer zu einem glatten Püree rühren, dabei das Wasser esslöffelweise zugeben, bis eine dicke, glatte Masse entsteht. Herausnehmen und zum Gemüse geben.

Würz- und Kräutermischung in die Rührschüssel zu den anderen Zutaten geben. Mit den Händen gründlich vermengen. Nach Belieben abschmecken.

Aus dem Teig 1 Zentimeter dicke Burger in beliebiger Größe formen. Auf 3 Dörrfolien verteilen. 3 Stunden lang bei 41 bis 43 °C trocknen. Auf Gitterboden stürzen und gewendet noch einmal 2 bis 4 Stunden lang trocknen, bis sie außen trocken und innen noch weich sind.

Als »Brötchen« nehme ich 2 Blätter Romanasalat, die ich mit den Innen-

seiten über den Burger lege (siehe Foto). Mein Partner Mike schwört aber auf Eissalatblätter. Salatblätter auf das Schneidbrett legen. Wenn Sie Romanasalat nehmen, sollten Sie den Stiel etwas einschneiden, damit er sich leichter biegen lässt. Bei Eisbergsalat hingegen sollten Sie das Blatt im Ganzen vom Salatkopf lösen. Befreien Sie den Salatkopf vom Strunk und legen Sie ihn für mindestens ½ Stunde in Eiswasser, dann lassen sich die Blätter leichter ablösen. 2 bis 3 ganze Blätter ergeben ein wunderbares »Burgerbrötchen«.

Geben Sie vegetarisches Thousand Island Dressing (Seite 208) auf die Salatblätter. Legen Sie den warmen Burger hinein, darauf 1 bis 2 Scheiben Avocado, 1 Scheibe Tomate, 1 Gurkenstreifen, 1 Basilikumblatt und ein paar dünne Zwiebelringe. Das Salatblatt darum falten wie bei einem Sandwich.

Die Burger auf einzelnen Tellern mit ein paar sauren Dillgurken (Seite 118) servieren.

Krabbenfreier Burger mit Tartarsauce

Für 5 bis 6 Burger

Für die Burger

- 1½ Tassen Walnüsse, 4 Stunden eingeweicht
- ½ Tasse Sonnenblumenkerne, gemahlen
- ½ Tasse Kürbiskerne, gemahlen
- 1 Esslöffel Leinsamen, fein gemahlen
- ½ Tasse Yamswurzeln, grob geraspelt
- 1 Tasse Zucchini, grob geraspelt
- 1 Tasse Karotten, grob geraspelt
- 1 Knoblauchzehe, fein gehackt oder zerdrückt
- 1 Esslöffel rote Paprikaschote, fein gehackt
- 2 Esslöffel Zwiebeln, fein gehackt
- 2 Esslöffel Kapern
- 1 Esslöffel Dill, fein gehackt
- 1 Esslöffel Petersilie, fein gehackt
- ¼ Tasse Hijiki-, Dulse- oder Arame-Algen, eingeweicht und abgegossen
- 1 Esslöffel Meeresgemüse-Gewürzmischung (Seite 114)
- 1 Esslöffel kalt gepresstes Olivenöl nativ extra
- 1 Esslöffel Limettensaft
- 2 Esslöffel Zitronensaft
- ½ Teelöffel Senfsamen oder Dijon-Senf oder selbst gemachter Senf (Seite 117)
- 2 Esslöffel Mayonnaise (Seite 116)
- 1 Esslöffel Würzhefe (nicht roh, aber vegan)
- ½ Teelöffel Himalajasalz oder graues Meersalz aus der Bretagne
- frisch gemahlener Pfeffer zum Abschmecken

Für die Tartarsauce

- ½ Tasse Cashewkerne, 4 Stunden eingeweicht
- Saft von ½ Zitrone
- Wasser nach Bedarf
- 2 Esslöffel Kapern (die Hälfte gehackt, der Rest ganz)
- 2 Esslöffel Staudensellerie, fein gehackt
- 1 Esslöffel Zwiebeln, fein gehackt
- 1 Esslöffel Dill, fein gehackt
- ¾ Esslöffel frischer Rettich, geraspelt und leicht gesalzen
- Himalajasalz oder graues Meersalz aus der Bretagne zum Abschmecken
- frisch gemahlener Pfeffer zum Abschmecken

Walnüsse abgießen und grob zerkleinern. In eine Rührschüssel geben. Gemahlene Sonnenblumenkerne hinzufügen. Zucchini auspressen und dazugeben.

Yamswurzel, Karotte und Knoblauch in die Küchenmaschine geben und mit der Pulse-Funktion alles grob vermengen. Die Mischung sollte noch Biss haben. Restliche Zutaten außer Walnüssen, Zucchini und Sonnenblumenkernen zugeben und mit der Pulse-Funktion zu einem grobkörnigen Teig verarbeiten. In die Rührschüssel geben und unter die anderen Zutaten ziehen. Mit Salz und Pfeffer nach Belieben abschmecken. Formen Sie daraus Burger von 1,5 Zentimeter Dicke und legen Sie sie auf die Dörrfolie. Im Dörrautomaten bei 41 °C etwa 3 Stunden lang trocknen. Dann umdrehen und weitere 2 bis 3 Stunden lang trocknen, bis die Burger innen weich sind und außen eine dünne Kruste haben.

Die krabbenfreien Burger mit einem Tupfen Tartarsauce und mehreren Zitronenschnitzen auf den Tisch bringen.

Für die Tartarsauce Cashewkerne, Zitronensaft und Wasser in die Küchenmaschine geben und zu einer glatten, dicken Masse pürieren. In eine Rührschüssel geben. Alle restlichen Zutaten zu der Cashewmasse geben und gründlich unterziehen. Nach Belieben abschmecken. Die Tartarsauce sollte einen Tag vor dem Servieren zubereitet werden, damit die Aromen gut durchziehen können.

Spinattarte

Für 4 kleine Törtchen oder 1 große Tarte

Für den Teig

- 1 Tasse Macadamianüsse
- ½ Tasse Cashewkerne
- 2 Esslöffel Leinsamen, fein gemahlen
- 1 zerdrückte Knoblauchzehe
- ¼ Tasse Zucchini, gehackt
- 1 Esslöffel Basilikum, gehackt
- 1 Teelöffel Zitronensaft
- 1 Esslöffel Würzhefe (nicht roh, aber vegan)
- 1 Teelöffel kalt gepresstes Olivenöl nativ extra
- 1 Prise Salz
- 1 Esslöffel Wasser

Für die Spinatfüllung

- 1½ Tassen Champignons, gesäubert und gehackt
- 2 Tassen Spinat, evtl. etwas mehr
- ½ Tasse Pinienkerne (ein paar zur Dekoration beiseitelegen)
- 1½ Tassen Cashewkerne, 4 Stunden eingeweicht, wahlweise Frischkäse (Seite 213)
- 1 Tasse Zucchini, gehackt
- ½ Tasse Zwiebeln, gehackt
- 1 Esslöffel Tamari, helles Miso oder Nama Shoyu
- 1 Teelöffel Dill, fein gehackt
- 1 Knoblauchzehe, fein gehackt
- 1 Teelöffel Basilikum, gehackt
- 2 Eiertomaten, entkernt und fein gehackt
- 1 Esslöffel Würzhefe (nicht roh, aber vegan)
- 1 Esslöffel Zitronensaft
- 1 Prise Himalajasalz oder graues Meersalz aus der Bretagne

Griechische Spinattartes (*spanakopita*) sind mit Spinat, Zwiebeln, Kräutern und Käse gefüllt. Diese Füllung wird in Filoteig gehüllt. Ich habe diesen Klassiker rohköstlich abgewandelt.

Am besten wird die Spinattarte, wenn Sie Tarteformen mit herausnehmbarem Boden verwenden, da der Teig dann besser durchtrocknet und nicht so leicht brechen kann. Sollten Sie eine solche Form aber nicht dahaben, legen Sie einfach eine Springform mit Butterbrotpapier aus, bevor Sie den Teig hineingeben. Ich finde, eine Tarteform ist eine Investition wert, denn Tartes, deren Teigmuschel nicht zerbröselt ist, sehen einfach viel professioneller aus.

Zubereitung: Alle Zutaten für den Teig (außer dem Wasser) in die Küchenmaschine geben. Mit der Pulse-Taste die Nüsse grob zerkleinern. Dann esslöffelweise Wasser zugeben, bis der Teig zusammenhält. Die Tarteformen gründlich mit Kokosfett einfetten. Den Teig in vier gleiche Teile teilen und mit feuchten Händen in die Formen pressen.

Die Formen in den Dörrautomaten stellen und bei 43 bis 46 °C 2 Stunden lang trocknen, bis der Teig fest genug ist. Die Tarte vorsichtig stürzen, auf einen Gitterboden setzen und weitere 6 bis 8 Stunden lang trocknen.

Für die Spinatfüllung die Pilze mit 1 Teelöffel Tamari oder Nama Shoyu 10 Minuten lang marinieren. Abgießen. Mit den Cashewkernen, Würzhefe, Zitronensaft und Salz in den Mixer geben. Mit ½ Tasse Wasser glatt pürieren, sodass eine dicke Käsesauce entsteht. Die Cashew-Pilz-Masse in eine Rührschüssel geben. Zucchini, Tamari, Zwiebeln, Dill und Knoblauch in die Küchenmaschine geben und glatt pürieren. Zu der Cashew-Pilz-Masse geben. Den Spinat in der Küchenmaschine oder mit der Hand grob hacken und in die Rührschüssel geben. Alle Zutaten gut vermengen.

Die Teigschalen mit gemahlenen Pinienkernen ausstreuen und dann bis zum Rand mit der Spinatmischung füllen. 24 Stunden lang trocknen lassen, bis die Mitte fest ist Stechen Sie die Törtchen ruhig in der Mitte an. Wenn die Tartes abkühlen, wird die Masse noch fester.

Auf Tellern servieren. Die Eiertomatenstücke in einer Sauce aus Olivenöl, Knoblauch, Salz und Pfeffer 10 bis 15 Minuten lang marinieren. Die Törtchen mit ein paar Basilikumblättern und den Tomaten garnieren.

Mimis Tipp

Bringen Sie die Spinattarte mit einem knackigen Salat auf den Tisch.

Gefüllte Weinblätter

Für 4 Portionen

- 1 Glas Weinblätter (nicht roh), vor der Verwendung kräftig spülen, oder 1 Bund Mangoldblätter ohne Stiele
- 2 Tassen gekeimter Wildreis (siehe Anleitung zum Sprossenziehen auf Seite 180 ff.)
- 1 Tasse Walnüsse, grob gehackt
- 2 Knoblauchzehen, zerdrückt
- ½ Tasse Frühlingszwiebeln gehackt
- 1 großzügige Prise Salz und Pfeffer
- 1 Esslöffel Minze, gehackt
- 2 Esslöffel Zitronensaft
- 6 bis 7 Esslöffel Pinienkerne
- 2 Esslöffel Rosinen

Drei Viertel des gekeimten Wildreises mit Walnüssen, Knoblauch, Frühlingszwiebeln, Salz, Minze und Zitronensaft in die Küchenmaschine geben. 5- bis 6-mal die Pulse-Taste drücken, um eine grobkörnige Mischung herzustellen. In eine Rührschüssel geben, das restliche Viertel Reis, Rosinen und Pinienkerne hinzufügen und unterheben.

Wenn Sie ein Mangoldblatt verwenden, mit einem scharfen Messer den Stiel entfernen. Wenn die Blätter zu groß sind, halbieren. Sie sollten etwa die Größe der Weinblätter haben. Wenn die Weinblätter zu klein sein sollten, legen Sie zwei ineinander. Lassen Sie sie überlappen, damit Ihnen die Füllung nicht herausfällt. Geben Sie einen gehäuften Esslöffel Füllung auf das Blatt. Rollen Sie das Blatt zunächst über die Füllung. Falten Sie dann die Seitenteile ein und rollen Sie das Blatt weiter auf. Wenn Sie einen Bambusdämpfer besitzen, legen Sie ihn mit Weinblättern oder Grünkohlblättern aus. Legen Sie die gefüllten Röllchen mit dem Saum nach unten darauf.

Beträufeln Sie die Röllchen dann mit Zitronensaft. Pinseln Sie sie mit Olivenöl ein. Stellen Sie den Dämpfer in eine feuerfeste Auflaufform. Füllen Sie diese mit Wasser und ein paar Zitronenscheiben oder mit Wasser und 1 (samt Schale) entsafteten Zitrone. Mit Alufolie abdecken und in den Dörrautomaten stellen. 4 Stunden lang bei 43 °C trocknen. Am Ende sollten die Blätter weich sein.

Sie können dieses Gericht auch im Backofen zubereiten. Stellen Sie ihn auf die niedrigste Stufe und klemmen Sie ein Hölzchen zwischen Backofentür und Herd. Achten Sie darauf, dass das Gericht nur leicht erwärmt, aber nicht gebacken wird. Warm oder bei Raumtemperatur servieren. Mit Zitronenachteln und Tsatsiki (Seite 219) auf den Tisch bringen.

Veggie-Burger

Für 8 bis 9 Burger

- 5 bis 6 Karotten
- 1 Apfel
- 1 Tasse Kürbiskerne, fein gemahlen
- ¾ Tasse Sonnenblumenkerne, fein gemahlen
- 3 bis 4 Esslöffel Zitronensaft
- 2 bis 3 Knoblauchzehen
- 1 Esslöffel helles Miso oder Tamari
- ½ Tasse Quellwasser
- ¼ bis ½ Zwiebel, fein gehackt
- ½ rote Paprikaschote, fein gehackt
- ½ Tasse Hijiki-Algen, eingeweicht und abgegossen, *wahlweise* ¼ Tasse Dulse-Flocken
- 1 Esslöffel Kapern
- 1 Teelöffel Senf
- 1 Teelöffel Meeresgemüse-Gewürzmischung (Seite 114)
- 1 Prise Himalajasalz oder graues Meersalz aus der Bretagne
- frisch gemahlener Pfeffer zum Abschmecken

Karotten und Apfel entsaften. Die Überreste für die Burger verwenden. Gemahlene Kürbis- und Sonnenblumenkerne mit Zitronensaft, Knoblauch und Miso in den Mixer geben. Esslöffelweise Wasser hinzufügen und zu einer glatten, dicken Paste pürieren. Karotten- und Apfelreste in eine Rührschüssel geben. Kernmischung unterrühren. Hijiki-Algen, Zwiebeln, Paprikaschote gründlich unterheben. Mit Salz und Pfeffer abschmecken.

Formen Sie mit den Händen etwa 1 Zentimeter dicke Burger. Auf 2 bis 3 Dörrfolien legen. Oberfläche mit Olivenöl bestreichen. 2 Stunden lang trocknen, dann auf Gitterboden stürzen und weitere 2 bis 3 Stunden lang trocknen. Der fertige Burger sollte eine dünne Kruste haben, innen aber noch weich sein.

Mit frischem Zitronensaft beträufeln, mit Kapern bestreuen und mit Thousand Island Dressing (Seite 208) auf den Tisch bringen.

Veggie-Pizza

- 3 Tassen gekeimter Buchweizen, gemahlen
- ¼ Tasse Sonnenblumenkerne, gemahlen
- ¼ Tasse Agavendicksaft in Rohkostqualität oder ein Süßungsmittel nach Wahl
- 2 Tassen Zucchini, gehackt, gesalzen und trocken getupft
- 3 Esslöffel Sonnenblumenlecithin (als Emulgator; nicht roh, aber vegan)
- 2 Knoblauchzehen, gehackt
- 2 Esslöffel Irish-Moss-Paste (Seite 102)
- 6 Esslöffel kalt gepresstes Olivenöl nativ extra
- 2 Tassen Quellwasser
- 1 Teelöffel Himalajasalz oder graues Meersalz aus der Bretagne
- 3 Esslöffel Italienische Würzmischung
- ¾ Tasse Würzhefe (nicht roh, aber vegan)
- 1½ Tassen Leinsamen, gemahlen

Es gibt leckere Rohkostpizza, deren Teig etwas von einem Cracker hat. Das schmeckt zwar auch gut, aber ich wollte den Pizzaboden nachahmen, den ich als Vegetarierin immer gebacken habe. Ich habe eine Zeit lang gebraucht, bis ich den Pizzaboden so hinbekam, wie ich ihn mir vorgestellt hatte, aber jetzt kann ich genau die Pizza machen, die mir schmeckt. Ich gebe zu, dass es keine italienische Pizza ist, aber dafür ist die Veggie-Pizza viel gesünder.

Zubereitung: Alle Zutaten außer Würzhefe und Leinsamen in den Mixer geben und gut pürieren. Den Teig aus dem Mixer nehmen und die Leinsamen von Hand hineinkneten. Den Teig in zwei Hälften teilen und jede auf einer Dörrfolie mit einem nassen Spatel etwa 1 bis 1,5 Zentimeter dick ausstreichen. Die Ränder etwas dicker machen als bei einer echten Pizza. Etwa 10 Stunden lang bei 43 bis 46 °C trocknen. Wenn die Oberfläche eine leichte Kruste hat, die Mitte aber noch weich ist, vorsichtig abheben und auf Gitterböden geben. Weitere 9 Stunden lang trocknen, bis die Oberfläche leicht knusprig ist. Achten Sie darauf, dass der Pizzaboden nicht austrocknet. Nur wenn der Teig weich bleibt, haben Sie den vollen »Pizza-Effekt«.

Bestreichen Sie die Pizza mit Tomatensauce, Pesto (beides Seite 266 f.) und bestreuen Sie sie mit Kräuterkäse (Seite 212), gehackten Oliven, Champignonscheiben, Zwiebelringen, Kapern, frischen Tomaten, Paprikaringen, Basilikum und italienischen Kräutern.

Lasagne al Pomodoro

Für 5 bis 6 Portionen

Für die Nudeln

- 3 bis 4 große Zucchini

Für den Käse

- 1½ Tassen Cashewkerne, 4 Stunden eingeweicht
- 4 Esslöffel Irish-Moss-Paste (Seite 102)
- ½ Teelöffel probiotisches Pulver (vegan, für die Fermentation)
- 1 Esslöffel Würzhefe (nicht roh, aber vegan)
- 1 Teelöffel Zitronensaft
- 1 Prise Himalajasalz
- ¾ Tasse Quellwasser oder mehr

Für das Pesto

- 2 Tassen frisches Basilikum oder etwas mehr
- 1 bis 2 Knoblauchzehen
- ½ Tasse Walnüsse oder Pinienkerne oder eine Mischung aus beidem
- etwa 2 bis 3 Esslöffel kalt gepresstes Olivenöl nativ extra
- 1 großzügige Prise Himalajasalz

Für die Tomatensauce

- 2 Tassen Tomatenachtel
- 1½ Tassen sonnengetrocknete Tomaten, 1 Stunde eingeweicht
- 2 Knoblauchzehen, halbiert
- 1 Esslöffel Tamari oder Nama Shoyu
- 1½ Tassen italienische Kräuter wie Thymian, Rosmarin, Basilikum, Majoran oder Oregano
- 1 großzügige Prise Himalajasalz
- frisch gemahlener Pfeffer zum Abschmecken

Lassen Sie sich nicht von der langen Liste der Zutaten ins Bockshorn jagen. Das Rezept ist leicht zuzubereiten und geht schneller, als Sie denken. Außerdem ist die rohköstliche Lasagne einfacher zu machen als das ursprüngliche Gericht.

Fangen Sie mit der Zubereitung vielleicht schon ein paar Tage davor an, damit der Käse Zeit zum Fermentieren hat.

Zubereitung: Für die Nudeln Zucchini schälen und in Streifen schneiden. Für 4 Lagen brauchen Sie 24 Zucchinistreifen. Jede Lage besteht aus 6 Zucchinistreifen: 2 Reihen aus je 3 Streifen. Wenn Sie Lasagne für mehrere Personen zubereiten, richten Sie jede Portion am besten einzeln an. Das erleichtert Ihnen auch das Schneiden.

Alle Zutaten für den Käse in den Mixer geben und glatt pürieren. Die Irish-Moss-Paste können Sie auch weglassen, doch mit ihr wird der Käse fester. Geben Sie zuerst nur ½ Tasse Wasser zu. Die Käsemasse sollte dick und glatt werden, also bei Bedarf esslöffelweise Wasser hinzugeben. Sie können den Käse auch unfermentiert verwenden, doch fermentiert hat er ein feineres Aroma. Wenn Sie den Käse dennoch unfermentiert verwenden wollen, geben Sie 1 zusätzliche Handvoll Cashewkerne hinzu, damit er fester wird.

Geben Sie die Käsemasse in ein Sieb, das Sie mit einem Küchentuch ausgelegt haben. Die Enden des Tuchs über den Käse schlagen und einen Teller zum Beschweren darauflegen. Das Sieb in eine Schüssel hängen. So wird überschüssige Flüssigkeit herausgedrückt. Lassen Sie den Käse 24 Stunden stehen, bis er fermentiert und fest geworden ist. Nehmen Sie den Käse aus dem Tuch. In einem verschlossenen Behälter hält er sich im Kühlschrank etwa 5 Tage lang.

Für das Pesto Nüsse und Knoblauch in die Küchenmaschine geben und mit der Pulse-Funktion zu einer grobkörnigen Masse verarbeiten. Basilikum und Salz zugeben. Während Sie das Olivenöl durch die Öffnung im Mixer einlaufen lassen, immer wieder die Pulse-Taste drücken, bis die Sauce glatt und cremig ist. Mit Salz abschmecken und in eine Schüssel geben. *(Sie können die Reste des Pestos in der Küchenmaschine lassen, wenn Sie anschließend die Tomatensauce zubereiten.)*

Wenn Sie es gern scharf mögen, geben Sie eine Prise Chilipulver in die Tomatensauce oder ein Stück Jalapeño-Schote. Die sonnengetrockneten Tomaten in die Küchenmaschine geben und mit der Pulse-Taste grob zerkleinern. Frische Tomaten, Knoblauch, Tamari, Salz, Pfeffer und Kräuter zugeben. Mit der Pulse-Funktion zu einer dickflüssigen, stückigen Sauce verarbeiten.

Wahlweise können Sie zwischen die Zucchinilagen auch gehackte Oliven, Kapern und dünne Champignonscheiben schichten. Letztere sollten Sie aber vorher in Tamari und Olivenöl marinieren.

1. Geben Sie eine dünne Schicht Tomatensauce auf den Boden der Servierplatte. Legen Sie sie ihn dann mit den Zucchininudeln aus. Lassen Sie die Ränder überlappen. Auf die Nudeln setzen Sie einzelne Kleckse Käse, über den Sie schwarze Oliven und Kapern streuen.
2. Legen Sie die zweite Schicht Zucchininudeln darauf. Leicht andrücken. Mit Pesto bestreichen.
3. Legen Sie die dritte Schicht Zucchini darauf und drücken Sie sie leicht an. Platzieren Sie einzelne Kleckse Käse darauf und bestreuen Sie diese Schicht mit den marinierten Champignonscheiben.

4. Darüber geben Sie nun die vierte Schicht Nudeln. Leicht andrücken und großzügig Tomatensauce darübergeben.

Auf die Lasagne geben Sie nun eine Mischung aus: 1½ Tassen halbierten Kirschtomaten, die vorab 15 Minuten lang in einer Sauce aus Olivenöl, Basilikum, Salz, Pfeffer und 1 zerdrückten Knoblauchzehe durchgezogen sind. Die Kirschtomaten mit ganzen Basilikumblättern vermischen und auf die Lasagne geben.

Machen Sie nun etwas Parmesan, indem Sie eine großzügige Handvoll Cashewkerne (nicht eingeweicht) in die Küchenmaschine geben. Fügen Sie 1 Knoblauchzehe und 1 bis 2 Prisen Salz hinzu. Mit der Pulse-Taste zu einer grobkörnigen Mischung verarbeiten und über die Lasagne streuen.

Den Dörrautomaten auf 43 °C vorheizen. Alle unnötigen Einschübe entfernen. Die Lasagneteller hineinstellen. 1 bis 3 Stunden erwärmen, sodass das ganze Gericht warm wird.

Vor dem Servieren mit einem sehr scharfen Messer in einzelne Portionen unterteilen. Die Teller mit Pinienkernen, Kapern und gehacktem Basilikum dekorieren. Sofort auf den Tisch bringen.

Mimis Tipp

Eine Lasagne besteht aus vier Nudelschichten. Nehmen Sie eine rechteckige feuerfeste Servierplatte, die gut in den Dörrautomaten passt. Mit den angegebenen Mengenangaben können Sie zwei Portionen Lasagne von 10 mal 25 Zentimeter zubereiten. Sie sollten aber keine klassische Lasagneform nehmen, da die rohköstliche Lasagne nicht so leicht zu teilen ist. Wenn Sie keinen Dörrautomaten besitzen, stellen Sie das Gericht bei leicht geöffneter Tür in den Backofen und achten Sie darauf, es nicht zu überhitzen.

Gefüllte Champignons mit Pesto

Für 2 Portionen

- 2 große Egerlinge oder 6 bis 8 junge Champignons
- 4 Esslöffel Tamari oder Nama Shoyu
- 2 Esslöffel kalt gepresstes Olivenöl nativ extra
- 1 Basilikumpesto (Seite 266 f.)

Eine attraktive Leckerei für Partys. Und dabei so leicht zuzubereiten! Zeit braucht eigentlich nur das Anwärmen der Pilze im Dörrautomaten.

Die Pilze sind nach dem Erwärmen weich und saftig. Wenn Sie keinen Dörrautomaten haben, stellen Sie Ihren Backofen auf die niedrigste Stufe und lassen Sie die Tür einen Spalt offen. Damit Enzyme und Nährstoffe erhalten bleiben, darf die Temperatur im Backofen nicht über 46 °C steigen.

Wenn Sie das Gericht als Vorspeise servieren wollen, sollten Sie Baby-Champignons verwenden.

Zubereitung: Reiben Sie die Pilzkappen vorsichtig mit einem sauberen Papiertuch ab und entfernen Sie den Stiel. Schneiden Sie das Stielende ab und halbieren Sie die Stiele. Marinieren Sie die Pilzkappen und die Stielhälften in einer Sauce aus 3 Esslöffeln Olivenöl und 2 Esslöffeln Tamari oder Nama Shoyu. Wenden Sie die Pilze mehrmals in der Sauce. Bei Bedarf noch mehr Sauce auf die Pilze träufeln.

Nehmen Sie für die größeren Pilze zwei kleine Teller, die in den Dörrautomaten passen (für die kleinen eine feuerfeste Auflaufform). Legen Sie die Pilze mit der Kappe nach unten auf den Teller. Stellen Sie die verbleibende Marinade beiseite. Füllen Sie die Pilzkappen mit etwa 2 Esslöffeln Pesto. Glatt streichen. Geben Sie die marinierten Stiele auf die Teller.

Legen Sie eine halbierte Kirschtomate auf jeden Pilz oder bestreuen Sie die Pilze mit fein gehackten Tomaten. Mit der restlichen Marinade übergießen. Sollte keine Marinade übrig sein, mit Tamari oder Nama Shoyu würzen.

Stellen Sie die Teller auf zwei Einschübe in den Dörrautomaten und trocknen Sie die Pilze bei 43°C 1 bis 2 Stunden lang, je nachdem, wie groß die Pilze sind. Sie sind gar, wenn der äußere Rand dunkler wird und wie »gekocht« aussieht.

Vor dem Servieren frischen Zitronensaft darüberträufeln.

Süßkartoffelgnocchi

Für 2 Portionen

Für die Gnocchi

- 2 Tassen Jicama-Wurzel
- 2 Tassen Süßkartoffeln
- 1 Tasse Kräuterkäse (Seite 212) oder 1 Tasse Sonnenblumensamen und 1 Tasse Kürbiskerne
- ¼ Tasse Irish-Moss-Paste (Seite 102)
- 2 Esslöffel Würzhefe (nicht roh, aber vegan)
- 1 Teelöffel Himalajasalz
- frisch gemahlener Pfeffer zum Abschmecken
- Quellwasser nach Bedarf

Für die Sauce

- ½ Tasse kalt gepresstes Olivenöl nativ extra
- 1 fein Knoblauchzehe, gehackt
- 12 Salbeiblätter, gehackt
- Basilikum, gehackt
- Himalajasalz zum Abschmecken (die Sauce sollte leicht salzig schmecken)
- frisch gemahlener Pfeffer zum Abschmecken
- Kapern zum Garnieren

Gnocchi sind eine italienische Spezialität, die aus mehligen Kartoffeln, Eiern und Mehl besteht. Meine Rohkost-Variation schmeckt einfach lecker und enthält deutlich mehr Vitalstoffe als das Original.

Sie können mit einer Vielfalt von Saucen serviert werden, sind aber auch nur mit Olivenöl und Salbei köstlich. Natürlich schätzen wir Gnocchi mit Tomatensauce, Nusssauce oder Pesto. Hier stelle ich Ihnen eine einfache, aromatische Sauce vor, die den Geschmack der Gnocchi unterstreicht.

Zubereitung: Wenn Sie Sonnenblumen- und Kürbiskerne für die Gnocchi verwenden, diese im Mixer mit dem Saft von ½ Zitrone und ½ Tasse Wasser oder mehr nach Bedarf zu einem glatten, dicken Püree verarbeiten.

Jicama-Wurzel und Süßkartoffel in die Küchenmaschine geben und mit der Pulse-Funktion glatt pürieren. In den Mixer umfüllen. Mit dem Stopfer nach unten drücken und weitermixen, bis das Püree sehr fein ist. Die Mischung in einen Nussmilchbeutel geben oder durch ein sehr feines Sieb abseihen. Das Püree sollte nun trocken, aber immer noch weich sein. In eine Schüssel geben. Käse, Irish-Moss-Paste und Würzhefe unterheben. Nach Belieben mit Salz abschmecken.

Eine teelöffelgroße Menge abstechen und mit den Händen zu kleinen Nocken formen. Mit einer Gabel eindrücken, sodass die Gnocchi-typischen Rillen entstehen. Auf eine Dörrfolie geben und etwa 4 Stunden lang trocknen, bis sie außen eine leichte Kruste haben und innen weich noch sind. Warm schmecken sie am besten.

Alle Zutaten für die Sauce in eine Schüssel geben und verrühren. In den Dörrautomaten stellen, damit die Sauce schmilzt und warm wird.

Ich wärme meine Teller gern im Dörrautomaten an, damit die Gnocchi nach dem Servieren länger warm bleiben. Auf zwei Teller verteilen und löffelweise Sauce darübergeben. Mit gehacktem Basilikum und Kapern bestreuen.

Pilzeintopf

Für 4 Portionen

- 3 große Egerlinge oder 6 mittelgroße
- ½ mittelgroße Zwiebel, fein gehackt
- 6 Esslöffel Pesto (Seite 266 f.)
- 6 Esslöffel Nusskäse (Seite 212) oder 1 Tasse Schneller Cashewkäse
- 2 mittelgroße Tomaten, gehackt
- ½ Tasse Oliven, gehackt
- ¼ Tasse Kapern
- 3 Esslöffel kalt gepresstes Olivenöl nativ extra
- 2 Esslöffel Tamari oder Nama Shoyu
- Pinienkerne und gehackte Petersilie zum Garnieren

- ¼ Tasse Karotten, in dünne Scheiben geschnitten
- ¼ Tasse Tomaten, gehackt
- ¼ Tasse Staudensellerie, fein gehackt
- ¼ Tasse rote Paprikaschote, in dünne Ringe geschnitten
- ¼ Tasse Zucchini, halbiert und in dünne Scheiben geschnitten

Alternativ zum Nusskäse: Schneller Cashewkäse

- 1 Tasse Cashewkerne
- ¾ Tasse Quellwasser oder mehr
- 3 Esslöffel Würzhefe (nicht roh, aber vegan)
- 1 Esslöffel Zitronensaft
- Himalajasalz zum Abschmecken
- frisch gemahlener Pfeffer zum Abschmecken

Die Pilzkappen mit einem feuchten Papiertuch abwischen. Die Stielenden abschneiden. Stiele entfernen. Pilzkappen in drei Teile schneiden. Die Scheiben in eine Auflaufform aus feuerfestem Glas geben, die in den Dörrautomaten passt. 15 Minuten lang mit Olivenöl und Tamari marinieren, dabei immer wieder umdrehen.

Pilze auf einen Teller geben. Den Boden der Auflaufform mit gehackten Zwiebeln auslegen. Pilzscheiben auf den Zwiebeln verteilen. Pesto und Käse darübergeben. Mit gehackten Tomaten, Oliven und Kapern bestreuen.

2 bis 3 Stunden lang bei 43 °C trocknen, bis die Pilze weich und Pesto und Käse geschmolzen sind. Wenn Ihr Eintopf nach dem Trocknen noch Biss haben soll, rühren Sie Karottenscheiben, Staudensellerie, Tomaten, Paprikaschote und Zucchini ein. Noch einmal für 20 Minuten erwärmen. Auf Teller geben und mit Pinienkernen und gehackter glatter Petersilie bestreuen.

Alle Zutaten für den Cashewkäse in einen Mixer geben und glatt pürieren.

Shiitake-Spieße

Für 4 Portionen

- 12 kleine Shiitake-Pilze
- 6 Enoki-Pilze (Samtfußrübling)
- 4 Esslöffel Tamari
- 1/8 Teelöffel kalt gepresstes Olivenöl nativ extra
- 1 Esslöffel Agavendicksaft in Rohkostqualität oder Ahornsirup
- Daikonrettich, geraspelt
- 1 kleines Stück Ingwerwurzel, geraspelt

Die Kappen der Shiitake-Pilze mit einem feuchtem Tuch säubern. Stiele entfernen. Die Enoki-Pilze in 24 Stücke von etwa 5 Zentimeter Länge schneiden. Marinieren Sie die Pilze etwa 15 bis 30 Minuten lang in einer Sauce aus Tamari, Olivenöl und Agavendicksaft. Drehen Sie sie dabei regelmäßig um, damit sie von allen Seiten gut benetzt werden.

Einen Enoki-Pilz quer auf ein hölzernes Spießchen stecken. Dann eine Shiitake-Kappe und wieder einen Enoki-Pilz. Bestücken Sie auf diese Weise 12 Spieße. Legen Sie die Spieße auf eine Dörrfolie. Trocknen Sie sie bei 40 °C 30 bis 60 Minuten lang. Stechen Sie die Pilze nach 30 Minuten mit einem Zahnstocher an. Wenn sie schon weich sind, den Einschub herausnehmen. Daikonrettich und geraspelten Ingwer verrühren.

Je zwei Spieße auf einen Teller geben. Den Teller mit einem hauchdünnen Faden Marinade verzieren. Je 1 Teelöffel Rettich-Ingwer-Mischung zwischen die Spieße geben und servieren.

Enchiladas

Für 4 Portionen

- 4 Tortillas (Seite 228)

Für die Gemüsefüllung

- 4 Zucchini, fein gehackt
- 1 kleine rote Zwiebel, fein gehackt
- 1 rote Paprikaschote, fein gehackt
- Körner von 1 Maiskolben
- 1 Frühlingszwiebel, fein gehackt
- ½ Tasse schwarze Oliven, grob gehackt

Für die Salsa

- 2 Tomaten, entkernt und fein gehackt
- ¼ Zwiebel, fein gehackt
- ½ Knoblauchzehe, fein gehackt
- ½ Tasse Koriandergrün, gehackt
- 1 kleines Stück Jalapeño-Schote, fein gehackt
- 1 Esslöffel Limettensaft
- 1 Prise Kreuzkümmel
- Salz und Pfeffer zum Abschmecken

Zum Darüberstreuen

- 1 Avocado, gehackt
- 3 Frühlingszwiebeln, gehackt
- Salsa
- Veggie-Sauerrahm (Seite 216)

Alle Zutaten für die Gemüsefüllung (außer der Frühlingszwiebel) und schwarzen Oliven in eine Auflaufform geben. Mit 2 Esslöffeln Olivenöl beträufeln. Mit Salz und Pfeffer würzen, 1 Esslöffel Wasser darübergeben und vermengen, damit das Gemüse gut benetzt ist. Mit Alufolie bedecken und für etwa 3 Stunden in den Dörrautomaten stellen.

Tortilla auf das Schneidbrett legen. 1 bis 2 Esslöffel der Gemüsefüllung darauf verteilen. Mit gehackten Frühlingszwiebeln und Oliven bestreuen, einen Tupfer Sauerrahm darauf geben. Zusammenrollen und mit dem Saum nach unten in eine feuerfeste Auflaufform geben. Bedecken und in den Dörrautomaten stellen, um die Zutaten etwa 1 Stunde lang zu erwärmen.

Die Enchiladas mit dem Spatel auf einen Teller legen. Mit gehackter Avocado bestreuen. Salsa und Veggie-Sauerrahm darübergeben. Mit gehackten Frühlingszwiebeln bestreuen.

Mit Wildem Reis (Seite 246) und einem leichten, grünen Salat auf den Tisch bringen.

Fajitas

Für die Gemüsefüllung

- 1 Zucchini, in dünne Scheiben geschnitten
- 1 rote Paprikaschote, entkernt und in dünne Ringe geschnitten
- ¼ kleine Zwiebel, in dünne Scheiben geschnitten
- 1 Tomate, halbiert und in dünne Scheiben geschnitten
- 5 kleine Champignonköpfe, in dünne Scheiben geschnitten
- große Markstammkohlblätter, ohne Stiele

Für die Marinade

- 2 Esslöffel kalt gepresstes Olivenöl nativ extra
- 1 Esslöffel Nama Shoyu oder Tamari
- 1 Esslöffel Zitronensaft
- frisch gemahlener Pfeffer zum Abschmecken
- ⅛ Teelöffel Kreuzkümmel
- 1 Knoblauchzehe, zerdrückt
- 1 Prise Chiliflocken in Bio-Qualität
- 1 Spritzer Agavendicksaft in Rohkostqualität oder ein Süßungsmittel nach Wahl

Gewöhnliche Fajitas enthalten sautiertes Gemüse in einer Hülle aus Mais- oder Weizentortillas. Bei meiner rohköstlichen Variante wird die Gemüsefüllung in ein Markstammkohlblatt oder eine rohe Maistortilla (Seite 228) eingehüllt.

Zubereitung: Zucchini mit Salz bestreuen und trocken tupfen. Mit den anderen Gemüsesorten vermengen. Marinade mit dem Schneebesen verrühren und abschmecken. Über das Gemüse geben und 30 Minuten lang marinieren.

Sie können das marinierte Gemüse auch in eine feuerfeste Auflaufform geben. 2 Esslöffel Quellwasser zugeben und mit Alufolie bedecken. Erwärmen Sie es 2 Stunden lang im Dörrautomaten.

Markstammkohlblätter auf ein Schneidbrett legen und mit einem scharfen Messer vom Stiel befreien. Füllung mit dem Löffel darauf geben, dabei am unteren Ende einen zwei Zentimeter breiten Rand frei lassen. Den Rand über die Füllung schlagen und das Blatt aufrollen. Mit dem Saum nach unten auf einen Teller legen. Wenn Sie die Fajitas mit Maistortillas machen, sollten Sie Füllung und Tortillas getrennt bereitstellen, damit sich jeder selbst seine Fajita zubereiten kann. Zudem weichen die Tortillas sehr schnell durch.

Warme asiatische Nudeln

Für 2 bis 4 Portionen

- 3 bis 4 Zucchini, geschält
- 1½ Tassen warmes Wasser
- 1 Knoblauchzehe
- 4 Esslöffel Nama Shoyu oder helle Misopaste
- 2 Esslöffel kalt gepresstes Olivenöl nativ extra
- 2 Esslöffel Tamari
- ½ Teelöffel Sesamsamen
- etwa 1 Zentimeter Ingwerwurzel, geschält und geraspelt
- 1 Esslöffel Erdnussmus oder Sesammus in Rohkostqualität
- ⅛ Teelöffel Paprikapulver
- 1 Prise Chiliflocken in Bio-Qualität
- frisch gemahlener Pfeffer zum Abschmecken
- 1 Spritzer Reisessig
- 1 Esslöffel Agavendicksaft in Rohkostqualität oder ein Süßungsmittel nach Wahl
- 1 Tasse Shiitake-Pilze, ohne Stiele, in Scheiben geschnitten
- 1 Esslöffel Dulse-Algen
- ½ Tasse Schnittlauch, gehackt
- 3 Esslöffel Daikonrettich, gehackt
- 3 Frühlingszwiebeln, gehackt
- 1 Tasse Mungbohnensprossen

Die Shiitake-Pilze in eine Schüssel geben, mit Olivenöl und Tamari beträufeln. 10 bis 15 Minuten lang in der Marinade ziehen lassen, dabei immer wieder wenden. Die Zucchini mit dem Spiralschneider oder dem Kartoffelschäler zu Bandnudeln schneiden. Leicht salzen und beiseitestellen.

Wasser auf dem Herd leicht erwärmen. Nicht zum Kochen bringen. Das handwarme Wasser in den Mixer geben. Knoblauch, Miso, Olivenöl, Sesamsamen, Ingwer, Erdnuss- oder Sesammus, Paprikapulver, Chiliflocken, Essig und Agavendicksaft zugeben. Zu einer glatten Masse verrühren. Nach Belieben abschmecken. Die Zucchininudeln abgießen und in eine große Schüssel geben. Shiitake-Pilze mit Marinade zugeben. Dulse-Flocken, Schnittlauch, Rettich, Frühlingszwiebeln und Mungbohnensprossen unterheben. Gut vermengen. Die Nudeln können auf dem Herd leicht erwärmt werden. Achten Sie aber darauf, dass sie nicht überhitzt werden.

Nudeln in Schalen verteilen und mit gehacktem Schnittlauch und Sesamsamen bestreuen. Mit Stäbchen servieren.

Thai-Nudelsalat

Für 2 Portionen

Für die Nudeln

- 2 große gelbe Zucchini, geschält
- 1 Pastinake
- 1 rote Paprikaschote, in dünne Streifen geschnitten
- 1 Karotte, geraspelte
- 2 kleine, feste Gurken
- 2 Frühlingszwiebeln, gehackt
- 2 Esslöffel Sesamsamen
- 8 Basilikumblätter, gehackt
- ½ Tasse Koriandergrün oder mehr, grob gehackt

Für das Dressing

- 1 Tasse Wasser von jungen Thai-Kokosnüssen (ersatzweise Kokoswasser aus dem Naturkostladen oder Reformhaus)
- 1½ Tassen Cashewkerne, 4 Stunden eingeweicht
- ½ Tasse Basilikumblätter
- 1 Esslöffel Sesamsamen
- ¼ Tasse Agavendicksaft in Rohkostqualität oder ein Süßungsmittel nach Wahl
- 1 Knoblauchzehe, halbiert
- 1 Esslöffel Apfelessig
- 1 Teelöffel Tamari oder Nama Shoyu
- ½ Teelöffel frische Ingwerraspel oder ⅛ Teelöffel Ingwerpulver
- 1 kleines Stück Jalapeño-Schote, fein gehackt, oder 1 Prise Chiliflocken in Bio-Qualität
- frisch gemahlener Pfeffer zum Abschmecken
- Himalajasalz zum Abschmecken

Für die Nudeln Zucchini und Pastinaken mit dem Spiralschneider oder dem Kartoffelschäler zu Nudeln schneiden. Die Zucchini halbieren, wenn Sie einen Spiralschneider benutzen, damit die Nudeln nicht zu lang werden. Schneiden Sie die Gurken in feine Stifte. Mit den Zucchini in eine Schüssel geben und leicht salzen. Etwa 1 Stunde ziehen lassen. Dann mit einem Papiertuch abtrocknen. Alle Nudelzutaten in eine große Salatschüssel geben.

Alle Zutaten für das Dressing in den Mixer geben und glatt pürieren. Wasser zugeben, wenn nötig. Abschmecken. Die Mischung sollte eine cremige Sauce ohne Klümpchen ergeben.

Nudeln in eine große Schüssel geben. Die Hälfte des Dressings darüberschütten und vorsichtig unterheben. Dann den Rest des Dressings darübergeben und einarbeiten.

Sie können den Nudelsalat dekorativ servieren, wenn Sie ihn in einem hohen Dessertring anrichten. Packen Sie den Salat hinein und drücken ihn leicht an.

Ziehen Sie dann den Ring ab, sodass ein Türmchen auf dem Teller stehen bleibt. Mit Pinienkernen, ganzen Korianderblättchen und 1 bis 2 Stängeln Schnittlauch belegen.

Kapitel 12

Süßspeisen und Desserts

Schokoladeneis

- 3 Tassen Wasser von jungen Thai-Kokosnüssen (ersatzweise Kokoswasser aus dem Naturkostladen oder Reformhaus) oder 3 Tassen Mandelmilch (Seite 132 f.) und ½ Tasse Cashewkerne, 4 Stunden eingeweicht
- ¾ Tasse Agavendicksaft in Rohkostqualität
- 6 Esslöffel Kokosöl in Rohkostqualität, flüssig
- Mark von 2 Vanilleschoten oder1 Teelöffel Vanillepulver
- ⅓ Tasse Kakaopulver in Rohkostqualität
- 1 Esslöffel Kakaonibs (*wahlweise*)

Alle Zutaten außer dem Kokosöl in den Mixer geben und glatt rühren. Langsam das Kokosöl durch die Öffnung im Deckel einfließen lassen, damit es gut eingearbeitet wird. Einige Minuten weiter mixen, dann abschmecken. Mehr Süßungsmittel zugeben, wenn nötig. Die Mischung in ein verschließbares Glas geben und über Nacht – mindestens 6 Stunden lang – im Kühlschrank ruhen lassen.

Wenn Sie eine Eismaschine besitzen, folgen Sie der Anleitung des Herstellers. Andernfalls holen Sie das Glas aus dem Kühlschrank, füllen die angedickte Mischung in eine gefrierfeste Glasdose und stellen sie in den Gefrierschrank. Lassen Sie die Eiscreme so fest werden, dass Sie mit dem Löffel einzelne Portionen abstechen können, nachdem Sie sie 10 Minuten lang bei Zimmertemperatur angetaut haben.

Vanilleeis

- 3 Tassen Wasser von jungen Thai-Kokosnüssen (ersatzweise Kokoswasser aus dem Naturkostladen oder Reformhaus) oder 3 Tassen Mandelmilch und ½ Tasse Cashewkerne, 4 Stunden eingeweicht
- ¾ Tasse Agavendicksaft in Rohkostqualität
- 6 Esslöffel Kokosöl in Rohkostqualität, flüssig
- Mark von 2 Vanilleschoten oder 1 Teelöffel Vanillepulver

Alle Zutaten außer dem Kokosöl in den Mixer geben und glatt rühren. Langsam das Kokosöl durch die Öffnung im Deckel einfließen lassen, damit es gut eingearbeitet wird. Noch einige Minuten weiter mixen.

Die Mischung in ein verschließbares Glas geben und über Nacht – mindestens 6 Stunden lang – im Kühlschrank ruhen lassen.

Wenn Sie eine Eismaschine besitzen, folgen Sie der Anleitung des Herstellers. Andernfalls holen Sie das Glas aus dem Kühlschrank, füllen die angedickte Mischung in eine gefrierfeste Glasdose und stellen sie in den Gefrierschrank. Lassen Sie die Eiscreme so fest werden, dass Sie mit dem Löffel einzelne Portionen abstechen können, nachdem Sie sie 10 Minuten lang bei Zimmertemperatur angetaut haben.

Mimis Tipp

Fleisch einer jungen Thai-Kokosnuss mit in den Mixer geben.

Erdbeereis

- 3 Tassen Wasser von jungen Thai-Kokosnüssen (ersatzweise Kokoswasser aus dem Naturkostladen oder Reformhaus)
- 4 Tassen frische Erdbeeren
- ¾ Tasse Agavendicksaft in Rohkostqualität
- 6 Esslöffel Kokosöl, flüssig
- Mark von 2 Vanilleschoten oder 1 Teelöffel Vanillepulver

Alle Zutaten außer dem Kokosöl in den Mixer geben und glatt rühren. Langsam das Kokosöl durch die Öffnung im Deckel einfließen lassen, damit es sich gut mit den restlichen Zutaten vermischt. Weiter mixen. Abschmecken, dabei nötigenfalls noch mehr Süßungsmittel zugeben.

Die Mischung in ein verschließbares Glas geben und über Nacht – mindestens 6 Stunden lang – im Kühlschrank ruhen lassen.

Wenn Sie eine Eismaschine besitzen, folgen Sie der Anleitung des Herstellers. Andernfalls holen Sie das Glas aus dem Kühlschrank, füllen die angedickte Mischung in eine gefrierfeste Glasdose und stellen sie in den Gefrierschrank. Lassen Sie die Eiscreme so fest werden, dass Sie mit dem Löffel einzelne Portionen abstechen können. Rohe Eiscreme wird hart, wenn sie gefriert, also lassen Sie 10 Minuten lang antauen, bevor Sie sie servieren.

Mimis Tipps

Geben Sie das Fleisch einer jungen Thai-Kokosnuss zum Kokoswasser oder zur Mandelmilch.

Sie können das Kokoswasser auch durch 3 Tassen Mandelmilch (Seite 132 f.) und ½ Tasse Cashewkerne, 4 Stunden in Quellwasser eingeweicht, ersetzen.

Mandel-Plätzchen

- 1 Tasse Mandeln, über Nacht eingeweicht und im Dörrautomaten 4 Stunden getrocknet
- 2 Esslöffel Agavendicksaft in Rohkostqualität oder ein Süßungsmittel nach Wahl
- 1 Esslöffel Kokosraspel
- ¼ Teelöffel Vanillepulver
- 4 Medjoul-Datteln, eingeweicht und abgespült
- ½ Tasse Pinienkerne
- 1 Prise Salz
- ½ Teelöffel Ahornsirup
- ¼ Tasse Mandelmus

Die Mandeln zu feinem Mehl mahlen. Alle Zutaten bis auf ein Drittel des Mandelmehls und die Pinienkerne in die Küchenmaschine geben. Zu einem glatten Teig pürieren. Dabei den Teig mit einem Spatel von den Wänden schaben, wenn nötig. Pinienkerne von Hand unterrühren.

Der Teig wird weich und klebrig. Das restliche Mandelmehl auf dem Backbrett ausbreiten. Teig darauf geben. Das Mehl mit der Hand einarbeiten. Den fertigen Teig für mindestens 5 Stunden, besser noch über Nacht, in den Kühlschrank geben. Wenn der Teig fest geworden ist, auf dem Backbrett etwa 1 Zentimeter dick ausrollen. Das Nudelholz dabei mit gemahlenen Mandeln bestreuen. Mit dem Messer oder einem Plätzchenausstecher zu Plätzchen formen. Auf einen Gitterbodeneinschub des Dörrautomaten legen und 10 Stunden lang bei 43 °C trocknen. Sie müssen nicht umgedreht werden und sind fertig, wenn sie außen knusprig, innen aber noch weich sind.

Eiscreme-Sandwich

Bereiten Sie Mandel-Plätzchen (siehe oben) zu. Bereiten Sie Eiscreme einer beliebigen Geschmacksrichtung zu. Setzen Sie ein Plätzchen auf ein Stück Plastikfolie. Geben Sie einen Esslöffel Eiscreme darauf. Setzen Sie ein weiteres Plätzchen darauf und drücken Sie es leicht an. Glätten Sie die Seiten und wälzen Sie das gedoppelte Plätzchen in Kokosraspeln, Kakaopulver oder gehackten Nüssen. Sie können es auch mit einer Seite in Schokolade tauchen. Wickeln Sie das Sandwich dann in Plastikfolie ein und legen Sie es in den Kühlschrank, bis es hart ist. 10 Minuten vor dem Servieren aus dem Kühlschrank nehmen.

Einfache Schokolade

Ergibt etwa 2 Tassen

- 1¾ Tassen Kakaobutter in Rohkostqualität, geraspelt
- Mark von 1 Vanilleschote
- ½ Tasse feiner Ahornzucker oder Rohrohrzucker
- ¾ Tasse Kakaopulver in Rohkostqualität
- 1 Esslöffel Agavendicksaft in Rohkostqualität

Kakaobutter vorsichtig im Wasserbad schmelzen. Vanillemark einrühren. In einer großen Schüssel Kakaopulver, geschmolzene Kakaobutter, Salz und Süßungsmittel in Pulverform zugeben. (Verwenden Sie hier keinesfalls ein flüssiges Süßungsmittel.) Mit einem Schneebesen so verrühren, dass keine Klümpchen bleiben. Ist die Masse glatt gerührt, abschmecken. Benutzen Sie dafür nach Belieben Agavendicksaft oder Ahorn- bzw. Rohrohrzucker, je nachdem, ob Sie lieber bittere oder süße Schokolade mögen.

Sie können die Schokolade zum Dippen verwenden oder sie in Förmchen gießen. Oder Sie kleiden eine Auflaufform mit Butterbrotpapier aus und gießen die Schokolade hinein. Drücken Sie gehackte Pekannüsse oder Mandeln in die Oberfläche und stellen Sie die Form in den Gefrierschrank. Vor dem Servieren in Stücke brechen. Bewahren Sie die Schokolade im Kühlschrank oder im Gefrierschrank auf.

Schoko-Nuss-Pralinen

- 1 Tasse Kokosraspel
- 1 Tasse rohe Kokoschips
- ¼ Tasse Kakaonibs
- 1 Esslöffel Vanillepulver
- 1 Prise Salz
- 1 Tasse Pekannüsse
- ½ Tasse Datteln, eingeweicht
- 4 Esslöffel Kokosöl in Rohkostqualität, flüssig
- 1¾ Tasse Kakaobutter in Rohkostqualität, geraspelt
- Mark 1 Vanilleschote
- ½ Tasse feiner Ahorn- oder Rohrohrzucker
- ¾ Tasse Kakaopulver in Rohkostqualität
- 1 Esslöffel Agavendicksaft in Rohkostqualität

Nüsse in der Küchenmaschine grobkörnig zerkleinern. Stück für Stück die Datteln zugeben und 4- bis 5-mal die Pulse-Taste drücken. Mischung in eine Rührschüssel geben. Die Küchenmaschine muss nicht gesäubert werden. Geben Sie Kokosraspel, Kokoschips, Kakaonibs, Vanille und Salz und die restlichen Zutaten hinein. Drücken Sie 3- bis 4-mal die Pulse-Taste. Die Mischung zu den Nüssen geben und gut einarbeiten.

Mit einem Teelöffel kleine Häufchen abstechen und auf eine Dörrfolie setzen. In den Gefrierschrank stellen, bis sie hart werden. Schokolade nach dem Rezept auf Seite 287 zubereiten. Pralinen aus dem Gefrierschrank holen. Auf einen Zahnstocher spießen und in die Schokolade tunken. Restliche Schokolade abtropfen lassen. Auf ein mit Butterbrotpapier ausgelegtes Backblech setzen und zurück in den Gefrierschrank stellen.

Schoko-Bananen

Bereiten Sie Schokolade nach dem Rezept auf Seite 287 zu. Bananen schälen und in der Mitte durchschneiden. Ein Eisstäbchen aus Holz hineinstecken und auf einem mit Butterbrotpapier ausgelegten Backblech in den Gefrierschrank stellen. Gefrorene Bananenstücke einzeln in Tüten geben, damit sie nicht aneinanderkleben und im Gefrierschrank aufbewahren. Aus dem Gefrierschrank holen und in die Schokolade dippen, bis sie ganz bedeckt sind. Wieder auf dem Backblech in den Gefrierschrank stellen.

Makronen

- 1 Tasse rohe Kokoschips
- 1 Tasse Fleisch von jungen Thai-Kokosnüssen
- ¾ Tasse fein gemahlene Mandeln
- ½ Tasse Agavendicksaft in Rohkostqualität oder ein Süßungsmittel nach Wahl
- 2 Esslöffel Kokosöl in Rohkostqualität, flüssig
- ½ Teelöffel Vanillepulver
- ⅛ Teelöffel Salz
- 1 bis 2 Tropfen natürliches Bittermandelöl, säurefrei

Kokosnuss, Mandelmehl und Salz in die Küchenmaschine geben. 4- bis 5-mal die Pulse-Taste betätigen. Restliche Zutaten zugeben und mit der Pulse-Funktion einarbeiten. Jeweils einen Teelöffel der Mischung mit den Händen zu einer Kugel formen. Auf eine Dörrfolie setzen und leicht flach drücken. So trocknen die Makronen besser durch. Bei 43 °C 8 Stunden lang trocknen. Dann sind sie immer noch weich, können aber in den Kühl- bzw. Gefrierschrank gestellt werden, wo sie etwas fester werden.

Mimis Tipp

Um den Makronen ein gebäckartiges Aussehen zu verleihen, können Sie eine Mischung aus 1 Teelöffel Zimt und etwas Wasser anrühren. Bepinseln Sie die Makronen mit der Zimtmischung und lassen Sie sie im Kühlschrank trocknen. Tauchen Sie die Makronen danach zur Hälfte in Schokolade (Seite 287).

Chiapudding

Für 2 Portionen

- 2 Tassen Mandelmilch (Seite 132 f.)
- 1 Esslöffel Agavendicksaft in Rohkostqualität oder ein Süßungsmittel nach Wahl
- ⅛ Teelöffel Zimt (*wahlweise*)
- 2/3 Tasse Chiasamen
- ½ Teelöffel Vanillepulver

Chiasamen sind wahrhaft eine Gabe Gottes, weil sie unendlich viele Omega-3-Fettsäuren enthalten, die nicht nach Meer schmecken. Zudem haben sie einen hohen Ballaststoffanteil. Omega-3-Fettsäuren regulieren den Blutdruck, senken den Cholesterinspiegel, stärken Muskeln und Knochen und sind gut für die Verdauung. Das Rezept schmeckt ein bisschen wie Tapiokapudding.

Zubereitung: Chiasamen in Mandelmilch einweichen. Gut durchmengen und 15 Minuten ziehen lassen. Mit einer Gabel durchrühren, um eventuelle Klumpenbildung zu verhindern. Weitere 10 Minuten lang ruhen lassen. Agavendicksaft und Vanillepulver unterrühren. Die Mischung zum Festwerden über Nacht in den Kühlschrank stellen.

Mimis Tipp

Sie können auch Beeren unter den Chiapudding ziehen oder ihn mit Ahornsirup aromatisieren. Ersetzen Sie die Mandelmilch doch durch das Wasser junger Thai-Kokosnüsse. Rühren Sie Kakaopulver unter oder ein beliebiges Süßungsmittel.

Bananenpudding

Für 1 Portion

- 1 Tasse Mandelmilch (Seite 132 f.)
- ⅓ Tasse Chiasamen
- 1 reife Banane, zerdrückt
- ¼ Teelöffel Vanillepulver
- 1 Esslöffel Agavendicksaft in Rohkostqualität oder ein Süßungsmittel nach Wahl

Chiasamen in 1 Tasse Mandelmilch einweichen. Gut durchmischen und 15 Minuten lang ziehen lassen. Mit einer Gabel durchrühren, um eventuelle Klumpenbildung zu verhindern. Noch einmal 10 Minuten ruhen lassen. Agavendicksaft und Vanillepulver unter die zerdrückte Banane rühren. Die Mischung unter die Chiasamen ziehen und diese zum Festwerden über Nacht in den Kühlschrank stellen. Mit Zimt bestreuen und servieren.

Mimis Tipp

Alle Zutaten in den Mixer geben und das Fleisch von 1 jungen Thai-Kokosnuss oder ½ Avocado zugeben. Gut durchmixen. Etwas mehr Süßungsmittel hinzufügen.

Extra saftige Schoko-Karamell-Riegel

Erste und vierte Lage

- 1¾ Tassen Kakaobutter in Rohkostqualität, geraspelt
- Mark von 1 Vanilleschote
- ½ Tasse feiner Ahornzucker oder Rohrohrzucker
- ¾ Tasse Kakaopulver in Rohkostqualität
- 1 Esslöffel Agavendicksaft in Rohkostqualität

Zweite Lage

- 1 Tasse Walnüsse
- ⅛ Tasse Kokosraspel
- 2 Esslöffel Kokosöl in Rohkostqualität, flüssig

Dritte Lage

- ½ Tasse Erdnuss- oder Mandelmus
- 1 Esslöffel Mandelsirup oder Agavendicksaft in Rohkostqualität
- 1 Esslöffel Kokosöl, flüssig
- ¼ Teelöffel Vanillepulver
- 7 Medoul-Datteln, eingeweicht
- ¼ Teelöffel Vanillepulver
- ¼ Tasse Kakaonibs

Bereiten Sie Schokolade nach dem Rezept von Seite 287 zu, sie dient als unterste und oberste Schicht dieser leckeren Süßspeise.

Zubereitung: Für die erste und vierte Lage Kakaobutter im Wasserbad schmelzen. Vanillemark einrühren. In einer großen Schüssel Kakaopulver, geschmolzene Kakaobutter, Salz und Süßungsmittel zugeben. (Keine flüssige Süße verwenden.)

Mit einem Schneebesen glatt rühren, sodass keine Klümpchen übrig bleiben. Ist die Masse glatt, eventuell nachsüßen. Verwenden Sie nach Belieben Agavendicksaft oder Ahorn- bzw. Rohrohrzucker, je nachdem, wie bitter Sie Ihre Schokolade mögen. Geben Sie die Hälfte der Schokolade auf ein mit Butterbrotpapier ausgelegtes Backblech oder in eine Springform. In den Gefrierschrank stellen. Die zweite Hälfte der Schokolade für die oberste Schicht des Konfekts beiseitestellen.

Für die zweite Lage Nüsse in die Küchenmaschine geben und mit der Pulse-Funktion zu einer grobkörnigen Masse verarbeiten. Die restlichen Zutaten zugeben und mit der Pulse-Funktion einarbeiten, bis die Mischung zusammenklebt, wenn Sie sie zwischen den Fingern rollen. Schokoladenboden aus dem Gefrierschrank holen und die zweite Lage des Konfekts darauf verteilen. Zurück in den Gefrierschrank stellen.

Die Zutaten für die dritte Lage von Hand verrühren und auf die zweite Lage des Konfekts streichen.

Für die vierte Lage brauchen Sie die zweite Hälfte der Schokoladenmasse. Sollte sie fest geworden sein, im Wasserbad wieder verflüssigen und glatt rühren. Ist die Schokolade zu dick, rühren Sie einfach etwas mehr Kakaobutter ein. Wenn sie die richtige Konsistenz hat, auf dem Konfekt verteilen. Zum Aushärten erneut in den Gefrierschrank stellen.

Vor dem Servieren aus dem Gefrierschrank holen und 10 bis 15 Minuten antauen lassen. Dann mit einem scharfen Messer in Schnitten teilen. Im Kühlschrank aufbewahren.

Backobst

Früchte der Wahl nehmen: Pfirsiche, Aprikosen, Nektarinen, Birnen oder Äpfel.

Die Früchte halbieren. Stein oder Kerngehäuse entfernen. In eine feuerfeste Auflaufform geben, die in den Dörrautomaten passt. Mit Zimt bestreuen und mit einem Süßungsmittel Ihrer Wahl beträufeln. Ich verwende am liebsten Ahornsirup oder selbst gemachten Dattelsirup. 3 bis 4 Stunden lang trocknen lassen, bis die Früchte weich und warm sind. Mit Vanilleeis servieren oder warm zum Frühstück genießen.

Süße Crêpes

Bananen-Crêpes

- Fleisch von 7 bis 8 jungen Thai-Kokosnüssen
- 1 Banane, in Hälften geschnitten
- ½ Tasse Cashewkerne, 2 Stunden eingeweicht
- 2 entsaftete Orangen
- 2 Datteln, eingeweicht und püriert
- Mark von 1 Vanilleschote oder ½ Teelöffel Vanillepulver
- ½ Tasse Leinsamen, fein gemahlen
- ½ Tasse Quellwasser oder mehr

Auch Crêpes können Sie mit allerlei Füllungen aus Nusscreme und Früchten lecker zubereiten.

Alle Zutaten bis auf die Leinsamen und die Hälfte des Orangensafts in den Mixer geben und glatt pürieren. Mehr Orangensaft zugeben, wenn nötig. Leinsamen zugeben und einarbeiten, esslöffelweise Wasser zugeben, um eine gleichmäßige Konsistenz zu erhalten. Der Teig sollte dickflüssig sein. Nach Belieben Süßungsmittel zugeben. Die Mischung auf 2 Dörrfolien ausstreichen, dabei einen zwei Zentimeter breiten Rand lassen. Bei 43 °C 4 bis 5 Stunden lang trocknen. Wenn der Teig an der Oberfläche trocken ist, auf einen Gitterboden stürzen. Die Dörrfolie abziehen, falls erforderlich mit dem Messer lösen. Gewendet noch 1 Stunde lang trocknen. In vier Teile schneiden. Eine weitere Stunde trocknen, bis die Crêpes trocken sind, aber noch gefaltet werden können. Sofort verwenden oder im Kühlschrank in einem luftdicht schließenden Gefäß aufbewahren. Die Bananen-Crêpes halten sich etwa 3 Tage lang.

Erdbeer-Crêpes

- Fleisch von 7 bis 8 jungen Thai-Kokosnüssen
- 2 Tassen Erdbeeren, gewaschen und geputzt
- 1 Banane, in Hälften geschnitten
- 4 Datteln, eingeweicht und püriert
- Mark von 1 Vanilleschote oder ½ Teelöffel Vanillepulver
- ¾ Tasse Leinsamen, fein gemahlen
- Wasser nach Bedarf

Alle Zutaten bis auf die Leinsamen in den Mixer geben und glatt pürieren. Leinsamen einarbeiten, dabei esslöffelweise Wasser zugeben, um eine gleichmäßig glatte Konsistenz zu erhalten. Der Teig sollte dickflüssig sein. Nach Belieben Süßungsmittel zugeben. Die Mischung auf 2 Dörrfolien ausstreichen, dabei einen zwei Zentimeter breiten Rand lassen. Bei 43 °C 4 bis 5 Stunden lang trocknen. Wenn der Teig an der Oberfläche trocken ist, auf einen Gitterboden stürzen. Die Dörrfolie abziehen, falls erforderlich mit dem Messer lösen. Gewendet noch 1 Stunde trocknen. In vier Teile schneiden. Eine weitere Stunde trocknen, bis die Crêpes trocken sind, aber noch gefaltet werden können. Sofort verwenden oder im Kühlschrank in einem luftdicht schließenden Gefäß aufbewahren. Die Erdbeer-Crêpes können etwa 3 Tage aufbewahrt werden.

Mango-Crêpes

- Fleisch von 7 bis 8 jungen Thai-Kokosnüssen
- 2 Tassen Mangos, gewürfelt
- 1 Banane, in Stücke geschnitten
- 4 Datteln, eingeweicht und püriert
- Mark von 1 Vanilleschote oder ½ Teelöffel Vanillepulver
- ¾ Tasse Leinsamen, fein gemahlen
- Wasser nach Bedarf

Alle Zutaten bis auf den Leinsamen in den Mixer geben und glatt pürieren. Leinsamen einarbeiten, dabei esslöffelweise Wasser oder nach Belieben Saft zugeben, um eine gleichmäßig glatte Konsistenz zu erhalten. Der Teig sollte dickflüssig sein. Nach Belieben süßen. Die Mischung auf 2 Dörrfolien ausstreichen, dabei einen zwei Zentimeter breiten Rand lassen. Bei 43 °C 4 bis 5 Stunden lang trocknen. Wenn der Teig an der Oberfläche trocken ist, auf einen Gitterboden stürzen. Die Dörrfolie abziehen, falls erforderlich mit dem Messer lösen. Gewendet noch 1 Stunde lang trocknen. In vier Teile schneiden. Eine weitere Stunde trocknen, bis die Crêpes trocken sind, aber noch gefaltet werden können. Sofort verwenden oder im Kühlschrank in einem luftdicht schließenden Gefäß aufbewahren. Die Mango-Crêpes halten sich etwa 3 Tage lang.

Brownies, Kuchen, Tartes und Törtchen

Für 1 große Tarte oder 4 kleine Törtchen. Sie können die Teigschalen nach Belieben mit Obst füllen. Verwenden Sie nach Möglichkeit Formen mit herausnehmbarem Boden.

Macadamia-Törtchen

- 2 bis 3 Tassen Macadamianüsse, je nach Größe der Form
- ⅛ Teelöffel Salz

Die Nüsse in der Küchenmaschine krümelig mahlen. Darauf achten, dass die Mischung nicht zu ölig wird, was passiert, wenn die Nüsse zu fein gemahlen werden. Arbeiten Sie mit der Pulse-Funktion und lösen Sie den Nussteig mit einem Spatel von den Wänden, wenn nötig. Geben Sie den Teig in die Form und drücken Sie ihn leicht an. Formen Sie einen leicht erhöhten Rand und schon können Sie die Teigschale füllen.

Ein Rezept für eine Füllung finden Sie auf der folgenden Seite.

Schokotörtchen

- 1½ Tassen Walnüsse
- 10 bis 12 Medjoul-Datteln
- 1 Prise Vanillepulver
- 1 Esslöffel Kakaopulver in Rohkostqualität
- ½ Tasse Kakaobohnen in Rohkostqualität
- 1 Esslöffel Kokosraspel
- 1 Prise Salz

Alle Zutaten in der Küchenmaschine krümelig zerkleinern. Wenn Sie etwas Teig herausnehmen und er sich zu einer kleinen Kugel formen lässt, hat er genau die richtige Konsistenz. Wenn er noch zu krümelig ist, geben Sie 1 bis 2 Esslöffel Wasser hinzu. In die Form füllen und vorsichtig andrücken. Einen leicht erhöhten Rand formen und füllen.

Nuss-Törtchen

- 2 Tassen Mandeln, Pekannüsse, Paranüsse oder Walnüsse
- 4 bis 5 Medjoul-Datteln
- ¼ Tasse Kokosfett
- 1 Prise Salz

Die Nüsse in der Küchenmaschine mit der Pulse-Funktion zu einer krümeligen Masse vermahlen. Eine Dattel nach der anderen einarbeiten. Kokosfett und Salz zugeben und noch ein paar Mal die Pulse-Taste betätigen, um alles einzuarbeiten. Wenn Sie aus der Mischung eine kleine Kugel formen können, ist der Teig genau richtig. Wenn nicht, geben Sie noch Datteln bzw. Wasser hinzu. Den Teig in die Tarteform füllen und sachte andrücken. Nach Belieben füllen.

Fruchtfüllung für Tartes und Törtchen

- 2 Körbchen Beeren (Erdbeeren, Heidelbeeren, Himbeeren) oder andere Früchte wie Pfirsiche oder Kiwi
- ½ Tasse Agavendicksaft in Rohkostqualität oder ein Süßungsmittel nach Wahl
- 1½ Tassen Zitronensaft
- 7 Esslöffel Kokosöl in Rohkostqualität, flüssig
- 60 Milliliter Irish-Moss-Paste (Seite 102)
- 1 Esslöffel Sonnenblumenlecithin (nicht roh, aber vegan)

Zitronensaft, Irish-Moss-Paste und Süßungsmittel in der Küchenmaschine glatt rühren. Sonnenblumenlecithin zugeben. Das Kokosöl langsam einlaufen lassen, während die Küchenmaschine läuft.

Bei einer großen Tarteform dem Zitronensaft ½ Körbchen zerdrückte Beeren zugeben. Wenn Sie vier verschiedene Törtchen machen wollen, mixen Sie jeweils 2 Esslöffel von jeder Frucht mit einem Viertel des Zitronensafts (75 Milliliter) und der Irish-Moss-Paste (15 Milliliter).

Geben Sie die Füllung in die Törtchen. Setzen Sie ganze Beeren darauf. Legen Sie sie von außen nach innen zu einer Spirale. Größere Früchte können Sie in Streifen schneiden und ansprechend drapieren.

Im Kühlschrank fest werden lassen.

Apfelkuchen

Für die Teigschale

- 1½ Tassen Macadamianüsse, 2 Stunden eingeweicht
- ⅛ Teelöffel Himalajasalz
- 1½ Tassen Walnüsse oder Pekannüsse, 2 Stunden eingeweicht

Für die Füllung

- 4 Tassen getrocknete Äpfel, in 2 Tassen Apfelsaft eingeweicht
- 3 Tassen Äpfel, frisch geraspelt
- 7 Medjoul-Datteln, eingeweicht
- 60 Milliliter Irish-Moss-Paste (Seite 102), über Nacht eingeweicht
- ½ Teelöffel Zimt
- 1 großzügige Prise Muskatnuss
- 1 Esslöffel Agavendicksaft in Rohkostqualität oder Ahornsirup
- 1 Teelöffel Vanillepulver
- 1 Prise Himalajasalz

Zum Darüberstreuen

Hier können Sie Ihrer Fantasie freien Lauf lassen!

- 1 Tasse Pekannüsse, fein gehackt
- 4 Medjoul-Datteln, fein gehackt
- 1 Messerspitze Vanillepulver

Alle Zutaten für den Teig in der Küchenmaschine zu einer körnigen Masse verarbeiten. Wenn Sie die Küchenmaschine zu lange laufen lassen, wird die Nussmasse zu ölig. Wenn nötig, entfernen Sie den Teig mit dem Spatel von den Wänden. Nehmen Sie eine kleine Menge heraus und drücken Sie sie zwischen den Fingern zusammen. Wenn Sie ein Kügelchen formen können, ist die Konsistenz genau richtig. Verteilen Sie den Teig in einer Springform und drücken Sie ihn fest. Achten Sie darauf, dass der ganze Boden mit Teig bedeckt ist (auch an den Rändern).

Für die Füllung können Sie getrocknete Äpfel aus dem Naturkostladen nehmen oder sie im Dörrautomaten selbst herstellen. Achten Sie darauf, dass die Äpfel aus biologisch-organischem Anbau stammen. Geben Sie über die frisch geraspelten Äpfel 1 Esslöffel Zitronensaft, damit sie nicht braun werden.

Verwenden Sie das Einweichwasser der getrockneten Äpfel für die Irish-Moss-Paste. Geben Sie die erforderliche Menge Irish Moss in den Mixer und gießen Sie mit 1½ Tassen des Einweichwassers auf. Gut durchmixen, bis ein dickes Gel entsteht. Bei Bedarf mehr Flüssigkeit zugeben. Achten Sie darauf, dass keine Klümpchen zurückbleiben.

Frisch geraspelte Äpfel, Irish-Moss-Paste, Medjoul-Datteln, Zimt, Muskatnuss, Süßungsmittel, Vanille und Salz in die Küchenmaschine geben und

zu einem glatten Teig verrühren. Mischung in eine Rührschüssel geben. Die getrockneten Äpfel mit einem Spatel unterheben. Die Apfelmischung in die Teigschale geben.

Alle Zutaten zum Darüberstreuen so vermengen, dass eine krümelige Mischung entsteht. Über den Apfelkuchen streuen. Diesen in den Kühlschrank stellen, damit die Aromen durchziehen und der Kuchen sich setzen kann.

Pfirsich-Crumble

Für 8 Portionen

Für die Teigschale

- 3 Tassen Macadamianüsse, 2 Stunden eingeweicht
- ⅛ Teelöffel Himalajasalz

Für die Füllung

- 4 Tassen Pfirsiche, in dünne Scheiben geschnitten
- 5 Medjoul-Datteln, eingeweicht
- 1 Tasse Apfelsaft
- 1 Esslöffel Zitronensaft
- 60 Milliliter Irish-Moss-Paste (Seite 102)
- ⅛ Teelöffel Zimt

Zum Darüberstreuen

- 1 Tasse Pekannüsse
- 1 Esslöffel Kokosfett, im Wasserbad verflüssigt
- ½ Tasse Datteln, eingeweicht
- 1 Prise Vanillepulver

Die Zutaten für den Teig in der Küchenmaschine zu einer krümeligen Masse mixen. Nicht zu lange rühren, sonst werden die Nüsse zu ölig. Teig mit einem Spatel von den Wänden lösen, falls nötig. Der Teig ist fertig, wenn sich die Mischung zu einer Kugel formen lässt. In die Tarteform geben und vorsichtig andrücken.

Für die Füllung die Pfirsichscheiben in eine Schüssel geben, mit 1 Esslöffel Zitronensaft beträufeln. Vorsichtig durchmengen. Mit der Pürierscheibe des Entsafters Dattelpaste herstellen. Sie können die Datteln aber auch in der Küchenmaschine mit ein wenig Wasser zur Paste verarbeiten. Das Irish Moss in den Mixer geben. 1 Tasse Apfelsaft hinzufügen und gut durchmixen. So viel Flüssigkeit zugeben wie nötig, um ein dickes Gel ohne Klümpchen zu bekommen. 1 Tasse Pfirsiche, Dattelpaste und Irish-Moss-Paste in die Küchenmaschine geben Mit der Pulse-Funktion zu einer glatten Masse verarbeiten.In einer Rührschüssel mit den restlichen Pfirsichen vermengen. In die Teigschale geben.

Alle Zutaten zum Darüberstreuen in die Küchenmaschine geben und zu einer grobkörnigen Masse vermahlen. Über die Pfirsiche geben. Crumble mit Zimt bestreuen und in den Kühlschrank stellen, damit er durchziehen kann.

Mikes Geburtstags-Brownies

Für die Schokocreme

- 1 Tasse Mandelmilch (Seite 132 f.)
- ½ Tasse Kakaonibs
- 3 Esslöffel Agavendicksaft in Rohkostqualität oder ein Süßungsmittel nach Wahl
- 1 Handvoll Cashewkerne, 4 Stunden eingeweicht
- Mark von 1 Vanilleschote oder ½ Teelöffel Vanillepulver
- 2 bis 3 Esslöffel Wasser

Für den Schokoteig

- 15 Medjoul-Datteln, 15 Minuten eingeweicht
- 4 Esslöffel Kakaopulver in Rohkostqualität
- 1 Prise Himalajasalz
- 4 Tassen Walnüsse, fein gemahlen
- 2 bis 3 Esslöffel Irish-Moss-Paste (Seite 102) oder Agar-Agar (nicht roh)
- ¾ Tasse Walnüsse, grob gehackt
- 1 Handvoll Rosinen

Für den Schokoguss

- ½ Tasse Mandelmilch (Seite 132 f.)
- ¼ Tasse Kakaonibs
- 2 bis 3 Esslöffel Kakaopulver
- Mark von ½ Vanilleschote
- ¼ Tasse Agavendicksaft in Rohkostqualität oder ein Süßungsmittel nach Wahl
- halbe Pekannüsse zum Dekorieren

Es waren mehrere Anläufe nötig, bis ich ein rohköstliches Brownierezept ausgetüftelt hatte, das den Ansprüchen meines Freunds genügte. Schließlich erhielt ich grünes Licht von ihm. Mit Vanilleeis serviert sind diese Brownies eine köstliche Geburtstagsschlemmerei. Sie bestehen zwar aus drei verschiedenen Komponenten, sind aber trotzdem schnell fertig. Und während Sie Ihre Leckereien trocknen, erfüllt ein feiner Schokoladenduft das ganze Haus, bei dem Ihnen garantiert das Wasser im Mund zusammenläuft.

Zubereitung: Die Zutaten für die Schokocreme in den Mixer geben und so lange pürieren, bis die Nibs gemahlen sind. Sie brauchen einen dickflüssigen, glatten Teig. Beiseitestellen.

Für den Schokoteig stellen Sie zunächst das »Walnussmehl« her. Weichen Sie 4 Tassen Walnüsse ein und lassen Sie sie anschließend über Nacht im Dörrautomaten trocknen. Vermahlen Sie sie dann zu feinem Mehl.

Datteln in Küchenmaschine geben und zu einer glatten Paste mixen. Herausnehmen und in eine Rührschüssel geben. Kakaopulver, Salz, Irish-Moss-Paste,

Walnussmehl, gehackte Walnüsse und Rosinen zugeben. Mit einem Löffel oder Spatel gut vermengen. Die Hälfte der Schokocreme in die Schüssel geben und gut unterziehen. Den Rest der Schokocreme esslöffelweise einarbeiten, bis Sie einen dicken und cremigen Teig erhalten, den Sie auf der Dörrfolie ausstreichen können. Mit Süßungsmittel nach Belieben abschmecken.

Teig aufteilen und auf 3 Dörrfolien etwa 2,5 Zentimeter dick ausstreichen. Mit einem nassem Spatel flach ausstreichen.

Für den Schokoguss Mandelmilch, Kakaonibs, Kakaopulver, Vanille und Süßungsmittel glatt rühren. Wenn die Mischung zu dünn wird, ein paar Cashewnüsse zum Andicken zugeben. Sie sollte in etwa die Konsistenz eines normalen Zuckergusses haben. Mit Kakaopulver und Süßungsmittel nach Belieben abschmecken. Mit einem flachen Spatel den Guss auf den Brownies verteilen. Den Spatel in Wasser tauchen, wenn nötig. Pekannüsse in den Guss drücken und die Brownies 2 Stunden lang bei 46 °C trocknen, dann noch mal 6 bis 8 Stunden bei 40 °C weitertrocknen. Mit einem Zahnstocher anstechen. Herausnehmen, wenn die Brownies die gewünschte Konsistenz haben. Sie sollten eine feine Kruste haben, innen aber noch weich sein. Aber lassen Sie hier Ihren Geschmack entscheiden.

Mimis Tipp

Sie können die Teigplatten übereinanderlegen, um eine üppige Torte daraus zu machen. Füllen Sie sie doch einmal mit Früchten. Oder schneiden Sie die Brownies ganz klassisch in kleine Quadrate.

Brombeer-Käsekuchen mit Ahornsirup-Guss

Für den Teig

- 2 Tassen Pekannüsse
- 5 Esslöffel Kakaonibs
- 5 Medjoul-Datteln, entsteint
- 3 Esslöffel Kakaopulver in Rohkostqualität
- 1 Prise Salz
- 1 Prise Vanillepulver

Für die Käsekuchen-Füllung

- 3 Tassen Cashewkerne, eingeweicht und abgegossen
- 2 Tassen Mandelmilch (Seite 132 f.)
- Saft von ½ Zitrone
- 1 Esslöffel Ahornsirup
- ⅓ Tasse Agavendicksaft in Rohkostqualität oder ein Süßungsmittel nach Wahl
- 1 Prise Salz
- 1 Prise Vanillepulver
- 1 Tasse Kokosöl in Rohkostqualität, flüssig plus 2 Esslöffel extra
- ¼ Tasse Sonnenblumenlecithin (nicht roh, aber vegan) oder Irish-Moss-Paste (Seite 102)

Für den Brombeersirup und das Dekor

- 3 Tassen Brombeeren, 1 Tasse extra für die Dekoration

Für den Teig alle Zutaten außer den Datteln in die Küchenmaschine geben und mit der Pulse-Taste klein hacken. Die Datteln einzeln zugeben und einarbeiten. Die Mischung sollte körnig bleiben. Wenn Sie sie zwischen den Fingern zu einer kleinen Kugel rollen können, ist der Teig fertig.

Die Nussmischung in eine Springform füllen, leicht andrücken. Die Seiten zu einem 2 bis 3 Zentimeter hohen Rand hochziehen. Im Abstand von etwa 5 Zentimetern zum Rand mit Brombeeren garnieren. Den Teig zur Seite stellen. Wenn Sie den Kuchen aus der Springform lösen, geben die Brombeeren ein hübsches Dekor.

Für den Sirup und das Dekor Brombeeren in den Mixer geben und glatt pürieren. Nach Belieben süßen. Mischung durch ein feines Sieb abgießen, um die Samen herauszufiltern. Rühren Sie im Sieb mehrmals um, damit die Flüssigkeit besser durchläuft. Brombeersirup beiseitestellen.

Für die Käsekuchenfüllung Cashewkerne, Mandelmilch, Zitronensaft, Süßungsmittel, Vanille und Salz glatt pürieren. Während der Mixer noch läuft, Kokosöl durch die Öffnung im Deckel zugeben. Wenn Sie Lecithin verwenden, dieses ebenfalls einlaufen lassen.

Ein Drittel der Mischung in eine Schüssel geben und noch 1 Esslöffel Ahornsirup einrühren. Nach Belieben nachsüßen und beiseitestellen. Dies ist Ihr Ahornsirup-Guss. Brombeersirup zu der Cashew-Mischung geben, die noch im Mixer ist. Durchmixen und nach Belieben süßen.

Die Hälfte der Mischung in die Teigschale gießen. Mit Ahornsirup beträufeln und die Form auf den Tisch klopfen, damit das Ganze sich setzt. Den Rest der Brombeer-Cashew-Mischung darübergeben. Erneut die Form auf den Tisch klopfen. Für 15 bis 20 Minuten in den Gefrierschrank stellen.

Aus dem Gefrierschrank nehmen und mit dem Ahornsirup-Guss überziehen Den Käsekuchen erneut 4 bis 5 Stunden lang in den Kühlschrank stellen. Den Käsekuchen 10 bis 15 Minuten vor dem Servieren aus dem Gefrierschrank nehmen. Den Ring der Springform abnehmen.

Ahornsirup auf den Kuchen geben und mit einem Spatel glatt streichen. So haften die Brombeeren besser. Den äußeren Rand des Kuchens mit Pekannusshälften belegen. Den inneren Rand ringförmig mit Brombeeren auslegen. Ich bringe den Kuchen auf den Tisch, wenn die Mitte noch leicht gefroren ist.

Wenn Sie den Kuchen auf Tellern servieren, diese mit einem dünnen Faden vom restlichen Brombeersirup bzw. Ahornsirup verzieren.

Was ich Ihnen empfehlen kann

Sich rohköstlich zu ernähren krempelt das ganze Leben um. Sie fühlen sich fitter, kraftvoller und glücklicher. Viele meiner Rohkostfreunde meinen außerdem, sie seien nach der Umstellung viel sensibler dafür geworden, wie ihre Nahrung produziert wird. Ich lebe in Nord-Kalifornien und sehe daher immer wieder Farmer, die mit gebeugtem Rücken auf ihren Feldern ackern, während die Sonne unbarmherzig auf sie niederbrennt. Ich sehe, wie viel Mühe es macht, unsere Nahrungsmittel zu erzeugen und sie auf den Tisch zu bringen. Häufig besuche ich am Tag der offenen Tür Bio-Bauern in meiner Nähe. Dann wird mir klar, dass diese Menschen einen gewaltigen Schritt vorwärts tun, indem sie versuchen, unsere Nahrung ohne Kunstdünger und Unkrautvernichtungsmittel anzubauen.

Es freut mich, dass die Zahl der Selbstversorger in den letzten Jahren stetig angestiegen ist. Wenn wir beim Essen auf unsere Gesundheit achten, entwickeln wir auch mehr Verständnis für die Gesundheit unseres Ökosystems. Uns wird klar, wie viel Chemie in unserer Nahrung steckt, in unseren Putz- und Waschmitteln und unseren Kosmetikprodukten. Bald merken wir, dass wir mit unserer Kaufentscheidung beeinflussen können, in welcher Welt wir leben.

Der Schritt zur Rohkosternährung ist für mich ebenso wichtig wie die Entscheidung für vegetarisches Essen, die ich bereits vor Jahrzehnten traf. Immer mehr Menschen ernähren sich vegetarisch. In Indien sind es sogar 40 Prozent der Gesamtbevölkerung.

Meiner Ansicht nach wird Rohkost in den nächsten Jahren immer wichtiger werden. Dann wird es überall rohköstliche Alternativen geben, ob wir nun einkaufen oder im Restaurant essen wollen. Adressen finden Sie auf folgenden

Webseiten: *www.germanygoesraw.de* (für Deutschland); *www.austriagoesraw.at* (für Österreich); *www.rohvolution.ch* (für die Schweiz).

Dort finden Sie auch Artikel über die Super-HeROHs: Menschen, die viel dafür getan haben, die rohköstliche Ernährungsweise bekanntzumachen, zum Beispiel Philipp McCluskey, Angela Stokes und Markus Rothkranz. Sie werden erstaunt sein, wie sehr sich das Leben dieser Menschen veränderte, als sie beschlossen, auf Rohkost umzusteigen.

Und natürlich legen Rohköstler im Allgemeinen ein geschärftes Umweltbewusstsein an den Tag, denn die Qualität unserer Nahrung hat viel mit der Qualität der Erde zu tun, die sie nährt, und mit dem Regen, der ihr Feuchtigkeit schenkt. Ich war erst kürzlich Ehrengast auf dem Schiff der *Riverkeeper*, einer gemeinnützigen Organisation, die es sich zur Aufgabe gemacht hat, den Hudson River mit all seinen Nebenflüssen ökologisch intakt zu halten. Dieses Binnengewässersystem schenkt immerhin 9 Millionen New Yorkern gesundes Trinkwasser. Die *Riverkeeper* patrouillieren auf dem Hudson auf und ab, um Umweltsünder auf frischer Tat zu ertappen.

Ich habe mich schon in den Achtzigerjahren (des 20. Jahrhunderts) für die Umwelt engagiert, während ich für die *Environmental Media Association* arbeitete, deren Ziel es war, immer mehr Menschen auf Umweltprobleme aufmerksam zu machen. Es gibt viele Wege, sich zu engagieren. Die folgenden Organisationen setzen sich aktiv für die Umwelt ein: *World Wildlife Fund* (WWF), *Greenpeace*, *BUND Natur*, *Friends of the Earth* und so weiter. Filme zum Thema sind beispielsweise: *The 11th Hour* von LeonardoDi Caprio und *Warum das Elektroauto sterben musste* (siehe *www.youtube.com/watch?v=PLf1Is3GA-M*).

Auch der Tierschutz ist für Rohköstler stets ein wichtiges Anliegen, da nicht wenige Menschen sich für Rohkost entscheiden, um unseren Mitgeschöpfen auf der Erde ein unbarmherziges Schicksal zu ersparen, das von den grausamen Bedingungen der Massen- und Versuchstierhaltung bis zur Tötung im Minutentakt reicht. Auch hier gibt es zahlreiche Möglichkeiten, seine Meinung deutlich zu äußern, indem man sich für die gequälten Geschöpfe engagiert: *PROVIEH – Verein gegen tierquälerische Massenhaltung*, *Animal's Angels*, *PETA – People for the Ethical Treatment of Animals* und viele Bürgerinitiativen. Informieren Sie sich auf: *www.gegen-massentierhaltung.de*.

Filme und Bücher zum Thema: *The China Study* von T. Colin Campbell, *The World Peace Diet* von Will Tuttle, *Das Omnivoren-Dilemma* von Michael Pollan

und natürlich *Tiere essen* von Jonathan Safran Foer. Im Film begegnen Sie diesen Themen zum Beispiel in *Earthlings* (siehe *www.videogold.de/earthlings-uncut-edition-deutsch/*), *Food Inc.* (siehe *www.youtube.com/watch?v=KL1TQ93-gBM*), *The Cove – Die Bucht* (siehe *www.youtube.com/watch?v=VRTvv2b4s8I*), *FoodMatters* (siehe *youtube.com/watch?v=r4DOQ6Xhqss*).

Anhang

Register der Rezepte

Getränke